律师看法
资本市场那些事

谢菊萍 —— 著

江苏人民出版社

图书在版编目(CIP)数据

律师看法：资本市场那些事 / 谢菊萍著. 一南京：江苏人民出版社, 2021.4
ISBN 978-7-214-23740-8

Ⅰ.①律… Ⅱ.①谢… Ⅲ.①资本市场-金融法-基本知识-中国 Ⅳ.①D922.280.4

中国版本图书馆 CIP 数据核字(2019)第 147684 号

书　　　名	律师看法：资本市场那些事
著　　　者	谢菊萍
责 任 编 辑	朱晓莹
装 帧 设 计	潇　枫
出 版 发 行	江苏人民出版社
地　　　址	南京市湖南路1号A楼,邮编:210009
网　　　址	http://www.jspph.com
照　　　排	江苏凤凰制版有限公司
印　　　刷	南京新洲印刷有限公司
开　　　本	718 毫米×1 000 毫米　1/16
印　　　张	23
字　　　数	360 千字
版　　　次	2021 年 4 月第 1 版
印　　　次	2021 年 4 月第 1 次印刷
标 准 书 号	ISBN 978-7-214-23740-8
定　　　价	78.00 元

(江苏人民出版社图书凡印装错误可向承印厂调换)

序言
律师的利舌、妙笔与深思熟虑

徐 海

有些职业主要靠手吃饭，如裁缝、厨师；有些职业主要靠口吃饭，如节目主持人、推销员，乃至各行业的培训师。有些职业要依赖身、手、口全部家当吃饭，比如律师、记者、医生。他们不但要弄清问题脉络，查事实、找表相、挖证据，还需要不断地思考、诘问、表达。

一个成功的律师必须具备利舌，这是人所共知的常识，而成功律师除了具备利舌外，还需要具备妙笔，这却是常人忽视的地方。人们喜欢找能言善辩的大律师，却极少考察这位律师的写作能力。

手的妙用，医生、记者自不必多说，而律师之所以要用手，是因为必须要写。现在法院案牍事务繁重，法官一日须断数案已经成其工作常态，导致案件开庭时间被严重压缩，如何在有限时间内呈现争议点、描述对自己有利的案情、开示证据、阐述价值及法律判断，都需要律师提前精心阅卷，思考方案和技巧，选择与安排证据。因此，律师收集、整理、撰写材料的能力成为其必备技能。

律师必须有高超的写作技巧，熟练掌握一支"刀笔"，将诉状、答辩状、上诉状、法庭陈述等法律文书写得清晰简洁、逻辑严谨、文字精粹；在代表当事人或自我表述情感时文字收放自如，庄谐间杂、抑扬交错，才能打动法官、观众和媒体，让对方哑口。

无论是口才还是文笔，反映的是作者的思路和逻辑。口和手是表，思与心是里。一个合格的律师必须有开阔的思路、精深的法律知识和经过严格训练后的逻辑推理能力，以及见微知著的敏感性和捕捉力。

我没有见过谢菊萍律师，也没有听过她的声音，不知她口才是否了得，但我知道她有一支生花妙笔和深思熟虑的大脑。我读完谢菊萍律师的第一本著作（不知道是不是她的第一本）《私募股权基金法律合规——从设立到项目投资》

比较吃惊。我见过的律师不少，遇到能打交道的能干律师也很多，即使他们非常优秀，给我的印象也是碎片式的。他们要么长于某个法律领域，要么长于社会交往；要么精干，要么稳重；在进行个案分析时也让你茅塞顿开，但要在某个领域全面、系统、深入地进行研究，谢律师是我罕见的一位。我在上市公司凤凰传媒做副总，详细地阅读了她的著作，特别是关于"对赌"的章节，获益良多。

　　故事仿佛还没有完，就开始了大反转。在系统阅读《私募股权基金法律合规——从设立到项目投资》时，谢律师给我留下了严谨、好学、有系统思维和拥有丰富金融投资知识的印象，当然，图书封面勒口照片也悄悄地展示了她美丽大气的形象。在新冠疫情暴发前，出版社又收到她的另一部书稿《律师看法：资本市场那些事》。编辑说谢律师有意请我写序。

　　为了写序，我又读了谢律师第二部书稿。通读完毕，发现了另外一个谢律师。如果说她的第一本著作是一部面容冷峻而严肃的法学专著，那她的第二部著作简直就是妙趣横生、机智好玩的"以案说法"大众读本。前一本是给律师、高管、投资客、法律系学生看的，而眼前这本是给所有读者看的，除了适宜第一本书的读者外，也应包括一般的高中生、作为散户的股民以及对资本市场有兴趣的所有逐利客。当然，当一位面目严肃的政府决策官在偷偷阅读本书并不时发出忍俊不禁的笑声时，你一定不要奇怪，因为他不但发现了谢菊萍大律师在书中集中展示的资本市场种种光怪陆离的乱象，也会读出书中中肯的、充满正能量的合理化建议，而且，他一定会喜欢律师队伍中、特别是女律师队伍中极其少见诙谐有趣的笔法，以至于如此严肃正经的文章不需要紧锁眉头也可轻松读完。

　　与此书轻松有趣的风格相反，2020年谢律师经历了奇异的、难以言表的焦虑。去美国探亲的她，被疫情锁在了异国他乡，她却利用无聊、沉闷的隔离期，继续了她的海外学业，真是失之东隅，收之桑榆。

（作序者为江苏凤凰出版传媒集团有限公司副总经理）

CONTENTS 目　录

1　合伙创业七年后一毛钱没拿到，你是不是傻？　/ 1
2　悲"洗"人生
　　——英达洗钱被抓的法律真相　/ 7
3　公司章程中的"陷阱"，90%的老板不知道！　/ 9
4　贾跃亭"后院失火"，爱江山还是爱美人？　/ 13
5　创投圈屡屡上演"宫斗"大戏，不想黯然离场，你得学学这五招　/ 17
6　把你孩子的教育变成一门"生意"，你乐不乐意？　/ 21
7　京城四少今何在？ 对赌协议：一念天堂一念地狱　/ 26
8　它利用你的隐私半年狂捞50.7亿元，可你依然对它又爱又恨　/ 30
9　过河拆桥？ 商业市场不相信眼泪！　/ 33
10　三刷《人民》，我有话说（上）
　　——盗版猖狂的背后，我们需要付出什么代价？　/ 38
11　三刷《人民》，我有话说（中）
　　——走红背后，是4000万股权纠纷血泪教训　/ 42
12　三刷《人民》，我有话说（下）
　　——以律师的名义，聊聊公司对外担保的正确姿势　/ 47
13　《人民的名义》里的信托真的有奇效？　/ 50
14　一文掌握"股权转让"所有税费问题　/ 53

15 没有金箍棒的"毛巾哥"三战网易严选 / 57

16 股权代持
　　——那些纷纷扰扰的事! / 61

17 用这一招来避税,一下省了500万,背后却隐藏着巨大的法律风险 / 67

18 摸不透的美图模式,限售股解禁掀起轩然大波 / 71

19 五年翻五倍,身家高达1800亿!
　　——医药行业惊人并购数据背后,你被套路了吗? / 77

20 只有挣钱的企业,才有资格"坐下来谈论它的社会责任"? / 81

21 有《公司法》保护,我们就能够对股权转让高枕无忧吗? / 86

22 有关世纪并购,你需要知道点什么?
　　——一文看懂并购交易中法律尽职调查的操作要点 / 91

23 《战狼2》破纪录! 你贡献的票房钱,吴京能赚多少? / 95

24 滴滴出行再被反垄断局约谈:滴滴一下,马上加价 / 100

25 100%的人都听说过,但90%以上都不知道TA背后的法律责任 / 105

26 从万达告别房地产聊起
　　——海外并购屡屡受挫,"国民公公"转型不易 / 110

27 一文看懂乐视始末
　　——管他英雄悲歌或王者归来,终须回归现实 / 115

28 重大资产重组,想离IPO更近,却也可能渐行渐远 / 119

29 聚美私有化搁浅,为自己代言的陈欧还能"撑"多久? / 125

30 合伙人之间恩怨情仇的中国式关系
　　——LP、GP为何相爱相杀? / 135

31 48只私募基金投了乐视,打水漂你参与了没? / 142

32 谎称拿下海外两亿订单，被外交部"点名"，这家公司或遭强制退市 / **150**

33 "慷慨"的股权激励：企业大佬们打得一手好算盘 / **157**

34 "了不起"的比特币，一文读懂ICO为何会被定性为涉嫌非法集资 / **167**

35 资本的游戏

——优先股，有钱人的最爱，融资者的利器 / **172**

36 橙黄大战何时休？小黄车和摩拜能否牵手成功？ / **176**

37 奇瑞：十年前的销量王，为何迟迟无法上市？ / **182**

38 李彦宏、马云、刘强东……他们为何不会成为下一个王石？ / **189**

39 "吃"之前请先"洗手"

——透过红黄蓝事件看教育投资法律风险 / **194**

40 潘多拉的魔盒

——扒一扒让人又爱又恨的"对赌协议" / **200**

41 IPO被否，关联交易成闯关"杀手" / **207**

42 赵薇的滑铁卢

——51倍杠杆拿下万家文化？别把信息披露当儿戏 / **216**

43 小马奔腾创始人遗孀负债2亿元

——"马失前蹄"谁之祸？ / **223**

44 VIE结构之"搭建"

——想要出海曲线上市？教你做一名合格的"翻墙党" / **230**

45 彩票还是镰刀？面对"无本万利"的可转债，请留一份清醒 / **236**

46 VIE结构之"拆除"

——"西游"之路不好走，返乡之途多坎坷 / **241**

47 公司控制权争夺战已打响，如何利用公司章程来斗法？ / **248**

48 钱宝之殇 / **256**

49 上市公司隐瞒实控人遭问责,"群龙无首"背后的那些事儿 / 261

50 速度与激情
——VIE结构拆除实例之神速"百姓网" / 266

51 夫妻公司的夫妻劫
——当公司法Duang上婚姻法 / 271

52 中美贸易大战,人人都是预测帝,先把这5个法律背景搞懂了再说吧! / 275

53 24天叩响A股大门,独角兽"特权"了解一下? / 282

54 是去是留?"三类股东"这道难题到底怎么解? / 288

55 一分钟读懂"三+H"新模式(附实操手册) / 293

56 面对金融界新晋网红"三+H",企业和市场你们准备好了吗? / 299

57 "门口的野蛮人"来了,靠"金色降落伞"能安全着陆吗? / 304

58 港交所"同股不同权"的重启之路
——五年前马云播种,今天雷军摘桃 / 309

59 家族信托之"风控篇"
——让豪门谈钱不伤感情 / 315

60 全球征税时代来临,富豪的钱财将裸奔? / 321

61 股权激励这么火,上市国企却只能戴着镣铐跳舞? / 325

62 为一张牌照抢破头,上市公司抢滩布局的"融资租赁"到底是啥? / 332

63 "熬"了八年的小米香港上市,何时重启CDR仍是未知数 / 337

64 不仅仅是一场原创与盗版的博弈,背后的法律知识你了解多少? / 343

65 股东会决议有瑕疵?不想利益被侵犯,三大"救命法宝"看过来 / 348

66 华谊兄弟"解除质押—再质押"游戏继续,究竟什么叫"股权质押"? / 353

合伙创业七年后一毛钱没拿到,你是不是傻?

2017-02-28

一、 一场网络骂战

2017年2月22日,一篇名为《就算老公一毛钱股份都没拿到,在我心里,他依然是最牛逼的创业者》的文章刷爆了朋友圈,阅读量瞬间10万+。这篇近5000字的长文,其实翻来覆去就讲了一件事儿——股权。

名为Emily Liu的作者从一个创业者妻子的角度讲述了老公在某创业公司经历的事情。据文中描述,该公司2010年创立,作者老公是第二个进入该公司的员工,"算是联合创始人"。从加入之初,一直未与公司签署任何股权或期权协议(除了其间拿过100万元的奖金)。在前几日与CEO提出股权分配时,该创业者惨遭拒绝,面临"净身出户"或"继续拿每个月的死工资"的困境。

据圈内人士分析,Emily Liu所言的公司为北京展程科技有限公司,其老公则为该公司前技术人员韩冬辉,公司CEO为陈羽翔。

就在吃瓜群众"义愤填膺",撸起袖子表示要为民除害的时候,一篇名为《我逼走创业合伙人,白干七年净身出户,我是跪着前行的CEO》的反转帖又在朋友圈被疯狂转发,大意是"股权结构有严格的规则,不是你想拿就能拿的"。

而在创投圈内,也充斥各种声音,有力挺"最牛逼创业者"韩东辉的,也有"知情人"不断放出消息,称韩东辉初期虽然给公司做出了重要贡献,但后期并没有对公司发展有很大帮助,"一直被公司养着"。

事情真相是什么我们不得而知,但因股权而产生纠纷的公司并不在少数,例如明星创业公司"西少爷"在公司刚刚走上正轨时,因股权分配问题导致创始人团队分崩离析。

俗话说打天下容易守天下难,难在企业存续,难在创业者对企业的守护。优秀的产品和独特的商业模式可以成为创业的理由,而好的股权设计,对企业的可持续发展有非常重要的意义。

所以,借着这场网络骂战,我们就来谈谈股权激励的重要性。

二、股权激励

股权激励是指公司以本公司股票为标的,对其董事、高级管理人员及其他员工(以下简称职业经理人)进行的长期性激励的一项措施。其本质是公司实际控制人(老板)与职业经理人共享公司发展成果,提升其对公司的忠诚度,从而降低职业经理人代理风险,吸引人才的重要措施。

简单地说,股权激励本质上是公司的老板与职业经理人之间的博弈手段,"想要马儿跑,就得给马儿吃好草。"(不管"最牛逼创业者"韩东辉是不是"联合创始人",如果CEO及时给予股权激励,双方或许不至于闹这么僵。)

那么如何合理设计股权激励方案?股权激励有哪几种方式?激励多少?激励谁?怎么激励?股权激励会出现什么"尴尬"局面呢?

股权激励从形式上而言,主要可以分为以下几种措施:干股;持股平台的股权激励;虚拟股权;期权。

(一)干股

推荐指数:★★

概念解释:

所谓的"干股"是一个约定俗成的概念,通常是公司的老板为吸引人才,在职业经理人没有出资或只有少量出资的情况下,将职业经理人登记为公司的股东。

优劣分析:

1. 对老板而言,其给职业经理人的股权是真金白银,而对于职业经理人而言,如果公司没有上市,其通过市场套现的可能性也比较低,双方的投入产出比在创业阶段均是无法平衡的。一旦因为公司的管理产生争议,极易演变成老板和职业经理人之间的战争,要么就是公司解散鱼死网破,要么就是出现公司老板出高价回购的局面。

2. 不仅如此，因为已经将职业经理人登记为股东，其股权比例已经确定，无法再以绩效考核作为干股取得与否的前提，干股会导致老板对职业经理人考核的失效。

3. 同时，以干股作为股权激励的方式，还将导致税收和出资瑕疵的问题，在公司以后发展壮大的过程中，这些问题的存在会构成上市的障碍。

4. 更为严重的是，通常以干股形式给予职业经理人的股权是原始股权且份额较大，一旦公司上市后，职业经理人容易产生"世界很大，我想去看看"的欲望，将公司股权变现后另择高枝、甚至另起炉灶者比比皆是。

结论：

综上，干股不是一个优选的股权激励方案。

（二）持股平台

推荐指数：★★★★

概念解释：

持股平台的股权激励方式是较为常见的股权激励方式，通常由公司的老板发起成立一个有限合伙组织，由公司的实际发起人作为有限合伙中的普通合伙人（GP），将公司的激励对象作为有限合伙人（LP），通过合伙组织间接持有公司的股权。

优劣分析：

根据《合伙企业法》的规定，有限合伙组织中由GP执行合伙事务，而LP不执行合伙事务，这就决定了即使老板在有限合伙GP的份额只有1%，但由于其执行合伙事务，享有表决权，有限合伙所持公司股权的所有表决权仍是由老板所享有的，这就使得老板可以牢牢地控制公司的决策，虽然给职业经理人让渡了部分财产利益，但由于这样的财产利益无法在二级市场直接交易，而只能在合伙组织内部进行交易，相对限制了职业经理人的变现可能。

代表案例：

华为的股权激励的模式与之相仿，但华为不是通过有限合伙组织而是通过工会持股的方式进行，内部管理上也采用GP、LP的分权模式。目前以工会作为持股主体的合法性因为法律的修订而存在问题，导致华为因为股权清晰性的问题而无法在资本市场上市，可以说华为的成功已成不可复制的绝响。但可以看出，GP、LP的分权模式因具有很强的生命力而为众多的公司所采用。

结论：

持股平台方式对老板而言是有利的股权激励方式之一。

（三）虚拟股权

推荐指数：★★★

概念解释：

虚拟股权本质上不是股权而是一种薪酬制度，之所以冠以股权的名称是因为在计算方法上采用一定的股权比计算分红额度，通常的设置方式是，公司的股东会决定将一定年度内的一定比例的红利作为对职业经理人的现金奖励措施。

职业经理人权益

☑ 分红 ☑ 增值 ☒ 表决 ☒ 所有权 ☒ 出售

优劣分析：

这种冠以"股权"名义的激励措施并非财产权利，只与公司一定年限内的盈利有关而与公司的股票涨跌无关，这对老板而言是一个有利的方案，却是一个让职业经理人无法分享财产增值的制度安排。

结论：

这种方式会降低职业经理人对未来的预期而降低其忠诚度，所以采用此模式的公司也较为少见。

（四）期权

推荐指数：★★★★★

概念解释：

期权是公司授予职业经理人在未来一定期限内以预先确定的条件购买本公司一定数量股份的权利。

优劣分析：

1. 其特征不是赠予而是购买，这不仅为公司解决了现金流的问题，也提升了职业经理人对公司的认同感。

2. 购买的可以是普通股票也可以是限制性股票，这取决于公司的安排；同时，购买的人数、范围和需要达到的业绩要求均由公司设定，通过董事会考核。

结论：

这样的制度安排于各方而言较为公允，是上市公司中采用得比较多的股权激励模式。

三、结语

没有哪种股权激励措施对老板和职业经理人来说是完全公平无瑕的，很多发展到一定阶段的公司，将面临如何留住那些一起从草根干起来的老将、吸引现在能攻城略地的行业骨干的问题。对自己精挑细选出来的职业经理人，要想把他们留住，平稳地为公司的后十年甚至更长的时间继续做出贡献，就需要进行适当的制度设计和安排，把他们的利益和公司的利益结合在一起，达到共赢的目的。

附：

"最牛逼创业者"背后的博弈与人性

《就算老公一毛钱股份都没拿到，在我心里，他依然是最牛逼的创业者》的文章一出，引来无数热评，谈股权设计者有之，"人肉"是哪家公司者有之，恶评其老公任职公司者有之，但鲜有人评析其中的博弈和人性。

Emily liu 的老公，以一个"我从来都没看过他那么消沉的样子"的形象出现在自己的妻儿面前，伤心、绝望、无助……在家庭的庇护下舔着自己的伤口，在妻子的鼓励下期待再一次的征程，但人生能有几个 7 年？创业从来都是过了这村就没有这店的旅程，下一波的创业风口浪尖必定是另一拨的弄潮者。

Emily liu 的老公所在的"公司可能要上市了，财务审计做了好久了，不过之前老公司的账做得不好有些东西比较乱，所以要注册个新公司，这样上市可能更顺利"。"他作为公司第二个员工，最初参与开发的那个游戏，流水有一个亿，纯利也有五六千万，迄今依然是那款游戏的利润在养活全公司一百多号人。"

把这些信息汇总起来可以作一个判断，该公司已经过了初创期，进入了快速发展期，即将面临上市，已经不再是随时有灭顶之灾的一叶扁舟，而是一艘能抵御风浪、装备精良的海轮。此时的公司，犹如天下大定的新的王朝，既有安定天下、休养生息的外部需求，更有杯酒释兵权、终结功高盖主的老将从而把持朝政的内在动因。

　　Emily liu 的老公显然是选错了博弈的时机，这时候跟老板要股权，就跟年羹尧在得胜后班师回朝居功跟皇上谈封赏一样，跪着求皇上，皇上都会认为你有异心的！

　　如果 Emily liu 的老公选择有利的时机，公司产品已经初具雏形，销售和市场见涨，在这样的战果初现之际，让老板看到希望，让你走又颇有压力，这时跟老板谈点股票期权，可以说跟公司共同成长，也可以表明自己对公司忠心不二，一切名正言顺加水到渠成。时移势易，刘小姐的老公选择了错误的时间谈分封天下，失败在所难免！

　　这件事给我们的教训是：分封天下（股权）永远是由皇上决定的事，不会分封天下的人难成皇上。作为创业者，提出分封天下的时机，一定是待皇上还没成为皇上之时。否则一旦某人成为皇上，你就已经错过了唯一可以博弈的时机，这时候即使你匍匐在地，求得了皇上的赏赐，结局也会跟 Emily liu 的老公一样，一切付诸东流。

悲"洗"人生

——英达洗钱被抓的法律真相

2017 - 03 - 01

　　此前有报道称，56岁的华人Da Ying被控曾在2011年4月到2012年3月，不到一年的时间里，将46.4万美元拆分存入和妻子的联名账户中。为了掩人耳目，他和妻子在4家银行开了多个账户，故意每次都存入低于1万美金的数额。

　　根据美国《银行保密法案》(Bank Secrecy Act)规定，银行等金融机构如果在24小时内收到同一个人的累积1万美金以上的现金存款，必须上报给财政部的金融犯罪执法部门。在30天内，如果存款人多次、故意每次存款不超过1万美金，即有可能涉嫌洗钱、逃税或其他犯罪活动，银行也必须向美国国税局(IRS)报告这些可疑行为。分50次把钱存入，显然这位华人也意识到自己的行为违法，而他这种避免银行向联邦当局通报的行为被称作拆分洗钱，属于联邦罪行的一种。而此人在近日被证实，正是中国著名导演、宋丹丹前夫英达。

　　据爆料，英达已放弃庭审机会，并对"刻意规避申报要求""进行现金拆分"等违法行为认罪，一旦宣判结束，英达或将面临最高10年的刑期及最高50万美元的罚款。

　　每一次公共事件发生后，人们才会惊呼，原来自己处理自己的钱还是存在法律风险的，那可真是不可预知的陷阱。银行和保险公司为防止洗钱，列出不少警示"红旗"(Red Flags)：例如客户的经常或大额的交易与过去或目前的生意或就业不符；客户多次存入大量现金；大量资金以成千成万计的整数转移；许多小额资金从国外转入后被全部或大部分转出或交易，并与客户的生意或经历不符；大额资金从国外汇入，没有合理的原因，等等。

当"红旗"竖起时,银行和保险公司要进一步核查,如仍有可疑,要向国税局报告。许多中资背景的银行受到调查和处罚,都是因发现大量可疑交易却没有报告并阻止。

从上述"红旗"看,华人目前的许多交易习惯容易"中招"。如有些华人在银行只有少量存款,却将大量现金放在银行保险箱;不少华人长期低收入报税,却有大量现金买房和投资;或大量汇款与收入不符;或接受大量汇款却没有申报收入来源等等。中国实行外汇管制,每人每年有5万美元的外汇额度,有人为买房就不得不要请多人帮助汇钱,也容易被当作洗钱。这值得海外华人和移民人士以及拟在海外购置房产的人群引以为戒。

这次英达触犯的《银行保密法案》是美国的反洗钱法律规范之一。该法律与《洗钱控制法案》(Money Laundering Control Act)构成了美国反洗钱法体系的核心。中国自1997年与俄罗斯政府签订《关于在外汇监管领域的合作及互助协定》开始,反洗钱开始进入司法视野,并在2006年的刑法修正案(六)中增设了反洗钱条款,同年通过了《反洗钱法》,详细规范了反洗钱的监督管理、金融机构的反洗钱义务、反洗钱调查以及反洗钱国际合作等内容。最高人民法院2009年出台《关于审理洗钱等刑事案件具体应用法律若干问题的解释》,形成了以《反洗钱法》为主体,刑法规范为凭仗,行政规范为具体执行措施的反洗钱法体系。

目前我国法律在反洗钱领域打击的对象仍然是犯罪所得的漂白行为,只是对基于犯罪所得及其收益性质的洗钱活动进行规制,对于合法收入逃避政策监管的行为并未定性为犯罪。从此点可以看出中美两国在反洗钱领域理念上的重大差异,美国的理念是,只要刻意规避行政监管就构成犯罪,而不考虑其财产是否是非法所得;中国的理念是犯罪所得且将之漂白才构成犯罪。这导致中国在反洗钱领域的执法效果和打击能力大大低于美国,但随着我国税收政策及其稽核能力的提升,公民个人信用机制的确立,在可预见的未来,我国也将会把逃避监管的资金流动作为处罚的对象。

公司章程中的"陷阱"，90%的老板不知道！

2017-03-07

一、事件回顾

2017年2月6日，一则"深圳法院判宝能系增持万科无效"的乌龙新闻引发了市场的热议，再度将宝万之争推向舆论的焦点。第二天，这则新闻即被"打脸"：深圳市两级法院仅对宝能提出的管辖权异议予以了驳回，该案实体部分的审判一审尚未开庭。

万科工会起诉宝能，醉翁之意不在于"胜诉"，而在于阻止宝能在3月份董事会选举上行使投票权——通过罗湖法院的禁止令，冻结宝能的表决权等系列权利主张，在随后召开的股东大会、董事会等会议中，万科管理层将形成多数，从而修改公司章程，达成有利于自己的条款，彻底斩断宝能入主的梦想。

事实上，万科股权之争已经持续近两年的时间了，到前一段时间才有了柳暗花明的感觉。

二、万科股权之争时间轴

2015-07-10　前海人寿举牌万科

2015-08-27　前海回应增持万科：财务投资

2015-12-06　 宝能系持股20%，万科易主

2015-12-17　王石首度宣战，不欢迎宝能入驻

2015-12-23　万科发布公开信，不欢迎宝能收购

2015-12-24　宝能系持股升至24.26%

2016-01-24　　万科耗资1.6亿回购1248万股

2016-02-15　　宝能回应,是否减持遵守法律

2016-07-04　　 宝能系收购万科资金杠杆为1∶4

2016-07-19　　万科举报宝能7个资管计划违规

2016-08-16　　万科史上首次三连板

2016-12-18　　万科终止与深铁重组

三、公司章程还在用工商模板?

很多公司股东并不会认真地阅读公司章程的条款,并且认为通过公司章程的股东会或股东大会大多就是走个形式,举个手、投个票,搞定。

他们甚至都没有注意到《公司法》中最精辟的一句话:"公司章程另有规定的除外"。但事实往往是,不出现矛盾大家相安无事,一旦出了嫌隙,股东们便追悔莫及,"早知道对这个问题在公司章程中重新约定就好了"。这就是忽视了公司章程的法宝之一——任意性规范。

强制性规范 VS 任意性规范:

[强制性规范]

必须依照法律适用、不得通过当事人的约定排除其适用的法律规范。

[任意性规范]

当事人可以约定排除、选择使用的法律规范,允许主体变更。

公司法往往更加强调意思自治原则,因此具有大量的任意性规范。我国公司法的历次修订不断强化了公司自治,对规范公司章程的条款作了重大修正,不断扩大任意性规范的辐射范围,无疑体现了立法者价值取向的嬗变。

我国现行《公司法》规定以下内容可由公司股东自行在公司章程中约定:法定代表人,对外投资、对外担保,股东出资时间,增资认缴,股权转让的条件,股东会职权、召集程序、表决权、议事方式、表决程序,董事的任期,董事长、副董事长的产生,股东资格的继承,公司解散,执行董事的职权,监事会职工代表比例,监事会职权扩充。《公司法》中上述可由股东之间另行约定的内容都属于任意性规范。

四、公司章程：圣旨 or 废纸？

公司章程到底有多重要？如果只是看上面的"名词解释"，你可能会有点"懵"。下面两则案例，或许能为你解开疑惑。

【案例一】小股东只能眼看公司任由大股东折腾？

背景：

甲公司有 A、B、C 三个股东，三人成立甲公司系为投资乙公司，为与该投资比例相对应，三人约定股权比例为 A 占 51%，B 和 C 分别占 24.5% 的股权。B 和 C 虽为小股东，但对公司实际运营起到至关重要的作用。由于 A 的股份已过半数，B、C 担心 A 对一些事项私自作出决定影响自身利益。

困惑：

《公司法》规定，一般情况下，股东会会议由股东按照出资比例行使表决权，也就是说大股东凭借其占有优势的出资比例，在股东会表决时仅凭其一己之力就可以对一般事项作出通过的决议。

在此情况下，小股东毋宁说有实际的决策权，在某种程度上甚至没有表达和发言权。难道小股东只能眼看公司任由大股东摆布吗？

解决方案：

关于股东会职权、股东的表决权、表决程序和制度等，《公司法》都存在任意性规范，即"公司章程另有规定的除外"。因此，股东可以对表决权、表决制度等作出约定。

为实现对公司的均衡控制，避免 A 一股独大的情形，B、C 可以对表决权重新约定，如 A 占 34% 的表决权，B 和 C 分别占 33% 的表决权，从而避免 A 一手遮天损害公司和股东利益。对于投资型股东来说他不需要对公司的实际控制权，一般持有公司小比例股权，对于他们而言，可以通过增设股东会职权、设计合理的表决权制度，例如特别事项的一票否决权等，来实现对公司经营管理中的重大事项进行表决甚至否决，从而有效控制投资风险。

【案例二】勤勉董事长惨遭"黑手"被无故罢免

背景：

丙公司有 D、E、F 三个股东，占股比例分别为 34%、33%、33%，D 负责公司具体经营管理，为公司的董事长和法定代表人。D 平日工作勤勤恳恳，但商海之争风云变幻，昨天的朋友可能变成今天的竞争者。D 在某次股东会上，被 E、F 联合起来罢免了董事长的职务。

D 不服："我认真工作、又无过错，3 年任期未到，凭啥把我拉下董事长的位置？"但实际上，股东罢免董事，只需出席会议的股东所持表决权过半数通过即可，理由真的不重要。

困惑：

1993 年的《公司法》曾规定："董事在任职届满前，股东大会不得无故解除其职务。"但 2005 年修订时，删除了"不得无故解除"的规定，可见公司法已经放弃对理由的硬性要求。实务中对董事长的选任，往往体现了股东之间对公司控制权的争夺。那 D 在股东利益的博弈中如何避免这种"哑巴吃黄连，有苦说不出"的尴尬呢？

解决方案：

《公司法》规定董事的任期、董事长的产生等都可以自行约定。对于想当公司董事长的股东来说，可以充分利用该任意性规范设置条款，可在公司章程中明确约定禁止性的条款，如"不得无故罢免董事长"等。

五、结语

对待如此重要的公司章程，股东们还有什么理由敷衍待之或将其束之高阁？制定完备且个性化的公司章程是当务之急，它是公司稳定发展的根本保证。

但是如何制定一部全面、完备、又适合公司现状和发展需要的公司章程，对不少公司来说是不小的疑惑。此时不妨向身边的专业律师寻求帮助。

每个公司都有不同的企业文化、经营范围、经营模式、发展目标、财务情况等，每个股东的背景、投资目的、利益需求、能力亦不尽相同。面对条款繁多的公司章程，建议在制定时向专业律师请教，充分利用任意性规定，让律师为您的个性化公司章程保驾护航。

贾跃亭"后院失火",爱江山还是爱美人?

2017-03-14

2015年,一部成本仅为两千万元的网剧《太子妃升职记》横空出世,一时间风头无两。而正是这部"第一网剧",让乐漾影视——一家原本默默无闻的影视公司走到了台前。

而这家公司的创始人,正是与白冰、韩雪、景甜并称为"京城四美"的甘薇。其另一重知名身份,是贾跃亭的老婆。不过正是乐视老板娘这个身份,令深交所"盯上"贾跃亭,给乐视网带来了大麻烦。

一、事件回顾

2017年2月24日,深交所创业板公司管理部向乐视网发出了《关于对乐视网信息技术(北京)股份有限公司实际控制人贾跃亭及其配偶甘薇的监管函》。《监管函》认为,由于甘薇实际控制的乐漾影视主营业务为网络电视剧的制作与发行,与上市公司乐视网子公司花儿影视的主营业务相同或相近,因此与上市公司构成同业竞争。《监管函》要求乐视网尽快提出解决同业竞争的处置措施并履行信息披露义务,并杜绝上述问题的再次发生。

二、"复杂"的三角关系

乐漾影视?花儿影视?乐视网?不了解三者关系的人可能会看得一脸茫然。

[乐视网]

2004年11月成立,2010年8月12日在中国创业板上市。乐视网是唯一一家在境内上市的视频网站,也是全球第一家 IPO 上市的视频网站。乐视网的市值已经由上市之初的 30 亿元增长为 400 多亿元。

[花儿影视]

一家集投资、策划、制作、发行于一体的专业性影视制作公司,作品有《幸福像花儿一样》《甄嬛传》《新编辑部故事》等。2013 年 9 月被乐视网收购。

[乐漾影视]

原名乐享星天地影视传媒有限公司,成立于 2015 年 6 月,主营网络电影、电视剧制作与发行。2 月 23 日,乐漾影视宣布完成 A 轮融资,估值达到 12 亿元人民币。增资后甘薇合计持有乐漾影视 92.07% 的股份。

三、同业竞争是什么?

那么问题来了,为什么乐漾影视要受到监管整改?首先,我们要搞清楚什么叫"同业竞争"。

同业竞争英文是 horizontal competition,属于舶来词。同业竞争最浅显的表述是同行业的企业之间的竞争,比如肯德基和麦当劳、奔驰和宝马,但如果仅是这样的解释,显然不会引入监管的范畴。

通常的说法是,公司的控股股东、实际控制人、董监高自营或者为他人经营与所任职公司同类的业务,再直白点说,就是前面的几类人同时经营几家同类业务的公司。这种做法带来的后果是什么呢?那就是存在各公司之间利益的输送。

举个例子:贾老板有 A、B 两家都卖可乐的公司,贾老板在 A 公司占的股权多而在 B 公司占的股权少,贾老板在遇到同样的业务时就会尽量让 A 公司去成交,这样贾老板就能分到更多的利润,同时却损害了 B 公司其他股东的利益。

正因为如此,在可能存在利益冲突的场合,就需要对公司的控股股东、实际控制人及公司的董监高予以严密的监管。即使其信誓旦旦不损害公司及小股东的利益,也丝毫不能给前述人员有任何可乘之机。这就是同业竞争的监管措施的由来。

四、乐漾影视 PK 花儿影视

在同业竞争下,直接、间接地控制公司或对公司有重大影响的自然人或法人及其控制的法人单位被视为竞争方。如果竞争方从事与上市公司相同或相似的业务,一方面造成利益冲突,不利于上市公司的独立性;另一方面,同业竞争可以通过在上市公司与控股股东及其他关联方之间建立起隐蔽的利益转移通道,出现竞争方转移上市公司利益,损害上市公司股东利益的情形,阻碍上市公司发展。因此,同业竞争被予以高度关注并明确禁止。

▼ 花儿影视经营范围:制作、复制、发行:专题、专栏、综艺、动画片、广播剧、电视剧等;

▼ 乐漾影视经营范围:电影摄制;广播电视节目制作;电影发行等。

"同业"是显而易见的。如果没有这次监管措施,要是乐视的子公司与乐漾影视达成了某种默契,乐视除贾跃亭之外的其他小股东会连哭的机会都没有。

五、爱江山或爱美人?

(一)在构成同业竞争的情况下,贾老板和甘小姐能怎么办呢?

1. 资产重组

以收购的方式,将构成同业竞争的业务集中到上市公司。一般通过现金购买资产、股份置换等进行资产重组。这是目前解决上市公司同业竞争问题最常见也是最彻底的解决方式。但此针对乐漾影视的资产重组,因涉及关联交易,贾老板可是需要回避表决的。

2. 放弃同业竞争公司或业务

存在同业竞争的公司改变经营业务范围,竞争方股东作出今后不再进行同业竞争的书面承诺(这取信于监管方的可能性比较低);或者直接注销存在同业竞争的关联方公司,或将主要资产投资转让后注销同业竞争公司;将同业竞争公司或业务转让给其他无关联的独立第三方。

3. 区分业务避免竞争

就两家公司的业务冲突入手解决,在具体业务内容范围错位发展,通过市场区域划分、经营商品种类差异、产品价格定位差异、目标客户群差异等消除竞争。

无论哪种方式,对贾老板和甘薇小姐而言都是"断、舍、离"呐!

(二)贾老板和甘小姐可能面临的法律责任是什么呢?

1. 行政处罚

根据《证券法》193条规定,上市公司未按规定披露信息,或所披露的信息有虚假记载、误导性陈述或者重大遗漏,将责令改正,给予警告,并处三十万元以上六十万元以下罚款。直接负责的主管人员,比如贾老板与甘小姐,在这场同业竞争纠纷中,将被给予警告,并处以三万元以上三十万元以下罚款。

2. 民事赔偿

就贾跃亭对乐视网发出的《同业竞争说明与承诺》的内容,贾跃亭本人与公司签署《关于避免同业竞争的承诺函》,应允若违反上述承诺而导致上市公司产生任何成本、承担任何责任或遭受任何损失,将由贾跃亭就上市公司所承担的成本、责任或损失进行赔偿。

估计甘小姐真的没想到,自己又是收购股权又是增资又是引入投资人,到头来还买来了监管的大棒!

创投圈屡屡上演"宫斗"大戏,不想黯然离场, 你得学学这五招

2017-03-21

宫斗、控制、背叛、反转——在现实生活中的创业故事里,这四个词屡见不鲜。

比如"大娘水饺"创始人泪洒年会大门;估值1亿美元的"罗辑思维"合伙人决裂;雷士照明股权纠纷致使创始人锒铛入狱……

吃瓜群众喜闻乐见的狗血剧情每天都在上演,而狗血纷争的源头是创业者在最开始就随心所欲地设置股权。

一、典型案例:雷士帝国创始人吴长江身陷囹圄

主角:吴长江 VS 联合创始人 VS 阎焱 VS 王冬雷

(一)事件经过

在雷士照明成立时,是吴长江和另两位创业者杜刚、胡永宏酒至酣畅处,举杯定下吴长江占45%股权,其余两人各占股27.5%。正是这样的股权比例,埋下了雷士照明日后股权纷争的导火索。

第一次股权纷争:兄弟情义,终结于利

2005年,在公司成立8周年之际,雷士照明做到了全行业第一,但冲突由此而来:在公司的发展战略上,三位创始人首次爆发了激烈的冲突。杜、胡二人希望稳健发展,吴长江希望急速攻城拔寨,为此,三人在董事会上大吵了一架。事后,杜刚、胡永宏联手,以2/3的控股权将吴长江踢出公司,要求吴长江拿8000万走人;一周后,吴长江联合经销商们逆转战局——后者在生意和情感上高度认同吴,于是翻盘成功,杜、胡二人不得不各拿8000万元退位。

第二次股权纷争：创始人与投行的管理权之争

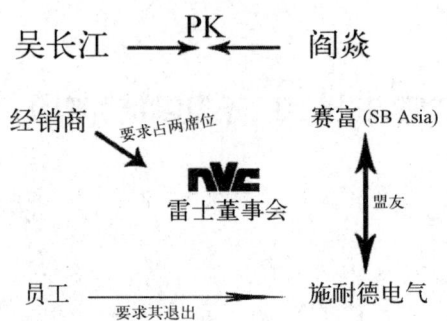

为向杜、胡二人各支付8000万元的"分手费"，吴长江四处借钱，软银赛富的阎焱这个人物在这时候出现了。2006年，软银赛富以2200万美元购买了雷士约55.5万股股票，占雷士股权比例的35.71%，吴长江的股份从100%稀释到了41.79%。民营企业家出身的吴长江，海归背景的阎焱，在用人和经营理念上有巨大的矛盾。两人的冲突由此开始爆发。2008年8月，因为策略失误，吴长江的股份遭到进一步稀释，降到29.33%。2012年，阎焱在董事会驱逐吴长江，吴长江则动员雷士照明员工开始声势浩大地罢工，供应商则威胁要求注册新品牌"另起炉灶"。在这关键时刻，德豪润达董事长王冬雷出现了，终结了吴长江和阎焱6年的股权纷争大战。

第三次股权纷争：两大强势实业家的利益之战

德豪润达买下了吴长江手中雷士照明18.6%的股权，再从二级市场上收购股权，终于成为雷士照明的第一大股东。之后，德豪润达向吴长江增发股权，让吴长江成为德豪润达的第二大股东，重回CEO位置。两个强势实业家合作后，谁都希望能用更多资源拯救嫡系，不曾想仅仅合作两年便迎来又一轮"宫斗"。2014年8月8日下午两点半，在雷士照明的董事会会议上，毫不知情的吴长江被董事会罢免，同时被罢免的还有他的数个亲信。王冬雷指控吴长江多次冲撞上市公司的底线：挪用公司账面上的钱还赌债，允许供应商和经销商打白条。

（二）结果

2016年12月21日，广东省惠州市中级人民法院作出一审判决，以挪用资金、职务侵占罪判处雷士照明原董事长吴长江有期徒刑14年。2017年2月13日，雷士照明创始人吴长江所持部分个人股权资产将被珠海市中级人民法院拍卖,以偿还其所欠债务。

（三）启示

雷士照明股权设置最致命之处在于:没有实际控制人,也没有事后调整机制。这在创业企业中几乎是80%以上大比例的制度设计缺失,后果是一旦公司出现问题,小股东就能在公司内部掀起风暴,从而影响公司的稳定,且没有解决的良策。

二、律师支招：不想黯然离场，你得学学这五招

雷士照明的悲剧并非偶发,这样的例子在创投界数不胜数。知名公司尚且如此,小公司更是每日在上演这样的"宫斗剧",甚至"家破人亡"者大有人在。

其实创业者头顶的诡异魔咒并非是无解的,股权斗争的狗血剧情也并非是无法避免的。如果我们能把股权设计上升到创业者的人生设计的角度来重视,你还会这样随心所欲地"杯酒定股权"吗？

创业的机遇对人的一生而言不仅是稍纵即逝的,更是稀缺的,如果能抓住稍纵即逝的机会却放弃了对该机会的制度设计,是否等同于放弃了创业的机会而将成果拱手让于他人？

如果你的回答是：是！那么你有必要继续了解股权设计的诀窍了！

股权设计,需要考量的因素有很多,其中较为共性的因素有：

1. 实际控制人的问题

实际控制人可以是一人也可以是数人,明确公司"实际控制人",消极方面是为了防范实际控制公司的自然人或组织,出现偏离乃至颠覆公司法人治理结构的权力配置行为；积极方面是确认公司是否具备持续、稳定经营能力,从而决定并影响公司的价值的直观表征。

有实际控制人的公司,往往拥有较为稳定的股权结构且实际控制人对公司有一定的忠诚度,持续的经营能力也可以通过数年持续经营的业绩予以确定,在公司融资、上市过程中具有较强的抵御"野蛮人"控制公司的能力。因此作为创业者要考虑是否需要实际控制人这一经营核心,以保证公司在一定时期内的稳定发展。

2. 股权激励问题

人才是公司最重要的竞争能力之一,而股权激励是吸引和留用乃至发挥人才积极性的重要手段,股权激励本质上是公司股东根据业绩让渡部分比例的股

权给激励人才对象。

如果公司股权集中度相对较高,则公司设置股权激励措施会游刃有余;但如果公司本身的股权比例就很分散,则设置股权激励措施将进一步摊薄各股东的持股比例,从而影响公司股权融资能力。

3. 股东的流动性问题

公司作为社会组织,人员相对固定,但难免总是会有人员进出,持有公司股权的人离开公司,如果没有约定仍然可以继续保留股东的身份。

通常而言,是否离开公司是劳动关系的问题,而股东权既是身份权更是财产权,如果没有预设的制度安排,离开公司的人员继续作为公司的股东,难免会在公司人员出现流动的情况下引发股东争议。如果有预设的制度或合同安排,则可以避免上述尴尬局面的产生。

4. 未来融资和引入新投资的问题

股权融资和引入新的投资,是公司发展到一定阶段必须要面临的问题,而这一措施的实施也将摊薄各股东的持股比例,进而影响原股东对公司的控制能力。若公司股权有一定集中度,则在引进新投资的过程中不至于造成失控。

5. 未来上市的股权清晰的问题

影响股权清晰的主要原因是隐名投资或代持股的存在,公司实际股东或者出资人由于某种原因或出于某种考虑,不便将自己的名字显示在公司工商登记资料中,而是以其他人或组织的名义作为股东办理公司注册及工商登记。有限公司阶段,更强调公司的契约性自治,虽有法律风险但不存在法律障碍,但在股份公司阶段,因为公司公众性的特点,此问题将会受到监管机构的重点关注而影响公司上市。

三、结语

综合上述内容,"股权比例"和"表决权"是股权设计的关键词,所有的方案都是围绕这两个关键词进行制度设计。普适的股比方案并不存在,如果创业者在考虑和兼顾上述因素的基础上设置股权方案,将会是具有一定前瞻性、适应性的股权比例方案,也会是助力公司平稳发展的方案。这样设计股权的公司,一定不是采用工商部门标准文本作为公司章程而随意签署的公司,也不会是"杯酒定股权"的公司。创业者需牢记,股权设计就是人生设计。

把你孩子的教育变成一门"生意",你乐不乐意?

2017-03-28

2016年11月7日,《民办教育促进法》(以下简称《民促法》)修正案三审通过,教育界、投资界一片狂欢。

狂欢? 对,他们有理由狂欢,《民促法》过会,意味着民办教育获得与公办教育一样的合法身份和同等地位,且民办教育享有市场化的运营权和定价权,民办教育资产的产权也得以最终明确。简而言之,民办教育已能成为一盘合法的"生意",而且是超级大单的生意。

一

首先,给大家划一个重点,关于《民促法》,你需要了解以下背景知识:

新颁布的《民促法》删除了原法律条文:"民办学校在扣除办学成本、预留发展基金以及按照国家有关规定提取其他的必需的费用后,出资人可以从办学结余中取得合理回报。取得合理回报的具体办法由国务院规定。"

"合理回报"条款由于语意不清、执行失范等原因,一直为业界所诟病,也因此导致新东方、学而思等知名的民办教育机构远渡重洋,在海外上市。为了规避这一条款,只能采用"VIE"结构,用 WFOE 协议控制国内公司进而控制学校,收取管理费用,取走学校所创造的大部分利润。这样无须与学校进行合并财务报表,也不需要从学校取得"合理回报",从而可以规避法律的障碍。还可以收购或新设一家教育投资或咨询类公司,然后以该公司为平台,与民办学校签订加盟合同,在合同中约定相关教程、培训等费用转移利润。这一条文的删除,意味着资本的进入和变现成为可能,一个新的创富平台已然初见端倪。

二

在很多人眼中,教育就应该是大公无私、不涉及利益的,那么现实情况是怎样的呢?

在英美等发达国家,资本投资教育历史久远且影响深远,众多优秀的民办及私立学校即是明证,并形成了完整、成熟的教育产业链,实现了教育与资本双赢。美国顶尖级的大学大多是私立学校,包括全球著名的哈佛大学、斯坦福大学、麻省理工学院、哥伦比亚大学、芝加哥大学、普林斯顿大学、耶鲁大学、加州理工大学等;在英国,伊顿公学、哈罗公学、威斯敏斯特公学、圣保罗女中、温彻斯特公学等私立学校同样极负盛名;在亚洲,日本的早稻田大学、东京大学亦是私立大学……

那国内呢?政策问题消磨中国教育在市场上寻求资本、发展壮大的勇气。由于政策、观念等原因,中国教育在资本市场的大门口徘徊,一直不得其门而入,有着很深的挫败感。这使得许多学校,尤其是民办学校,要发展时遇到资金瓶颈的现象更为普遍。

其实,只要有投入和产出,就有资本运作。而教育的投入产出是一个长期的过程。如果中国教育政策继续对资本市场说"不",那么国内教育要么继续在困境中举步维艰,要么就被逼"出走",到海外融得资金,以致国外的资本长驱直入占领国内教育市场。为什么这么说呢?一切还要溯源至教育的特性:一是资本回收期慢;二是社会效益见效周期长。

对于一项长期的事业来说,投融资必不可少。资本运作本应是教育发展中不可或缺的一环,但是长期以来,由于缺乏资本的介入,中国教育已经付出了很大代价,学校倒闭,投资人退出,发展的时机被不断错过。

三

12年前新东方海外上市无疑像是朝中国教育扔了一颗重磅炸弹,使大家看到了教育的另一种可能。然而很多人只看到俞敏洪们"一夜暴富"的风光,却很少有人关注海外上市究竟意味着什么。

海外上市的另一个定义是"国际化",一个国际化的企业,必须懂得遵从国

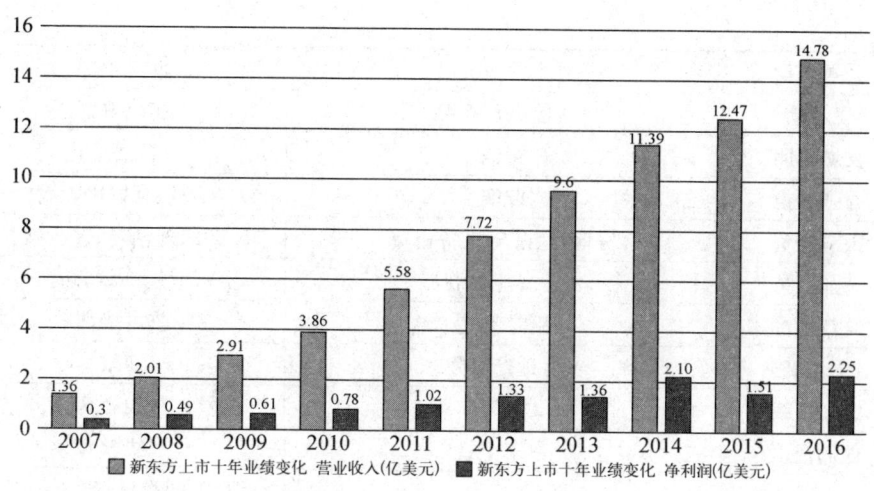

◎ 新东方2007—2016财年业绩变化

际市场的那套规则。从踏出这一步开始,很多事情已经不由自主了,教学层面、产业结构、学校定位、营销策略,在这些方面资本带来的改变将非常彻底。这意味着俞敏洪们要应付更大的风险和挑战。

如今《民促法》给民办教育打开了大门,资本不淡定了,以下奉上42家公众公司在教育领域的布局表格:

公司名称	主营业务	教育布局
威创股份	大屏幕产品及解决方案	幼教
新开普电子	智能一卡通	职业教育、教育信息化
洪涛股份	装饰装修	跨考教育
拓维信息	校讯通	幼教、互联网教育
神州泰岳	IT运维管理、飞信	职业教育
中国高科	教育、资产管理、大宗商品交易、房地产	职业教育
中泰桥梁	桥梁	国际教育、智慧教育
凤凰传媒	出版发行	互联网教育
焦点科技	B2B电商	互联网教育、智慧教育
万好万家	房地产、酒店	少儿互联网教育
凯美特气	气体开发	在线教育
恒立实业	汽车零配件	在线教育

续表

公司名称	主营业务	教育布局
飞利信	智能会议产品	在线教育
长城集团	陶瓷	教育信息化
秀强股份	玻璃	幼教、互联网教育
银润投资	房地产、游乐设备租赁	K12课外辅导、在线教育
和晶科技	冰箱智能控制器	幼教、在线教育
珠江钢琴	钢琴制造	艺术培训
阳光城	房地产开发	幼教
中文在线	中文数字出版	在线教育
佳创视讯	数字电视	在线教育
电光科技	防爆电气	互联网教育、K12在线教育、成人职业教育
首控集团	汽车零件、金融、教育	幼儿教育、基础教育、高等教育、职业教育
汇冠股份	信息交互业和精密制造	智慧教育
长方集团	LED光源	国际教育和幼教领域
棕榈股份	生态城镇	幼教
勤上光电	LED照明	国际教育
开元仪器	煤质检测器	职业教育
四通股份	陶瓷	国际教育
盛通股份	出版	机器人教育
文化长城	艺术陶瓷	教育信息化、职业教育
玉龙股份	能源管道	K12教育
华媒控股	现代传媒	职业教育
天神娱乐	游戏	K12教育
上海报业	媒体出版	艺术教育
分豆教育	销售计算机软件、电子产品；教育咨询	云智能教育
方直科技	中小学同步教育软件的研发与销售	教育信息化
全通教育	一直致力于家校沟通服务	家校互动教育、在线教育
世纪鼎利	移动通信网络、涉足IT职业教育	IT职业教育
海伦钢琴	钢琴及其核心部件码克的研发,艺术教育	艺术教育
皖新传媒	出版物的批发、大数据智能教育	智能教育、互联网教育
寰烁股份	互联网智慧教育综合运营服务	智慧教育、互联网教育
恒立实业	汽车零配件	在线教育

四

作为创业者的你,不必学俞敏洪"出逃"海外,但面对教育资产证券化的热情,你必须要让自己"静一静"。

首先,你需要考虑公司的实际控制人的问题,需要考虑将来的经营者激励的问题,也需要考虑股东的流动性的问题,还需要考虑未来融资和引入新的投资人的问题……这些问题的提出和解答,就是股权设计。毕竟要在创业的大流中获取最后的成功,是小概率事件,如果不能在一个风口把控机会,成功会如指间流沙,而风口一旦改变,你将可能再无机会从头再来,毕竟像褚时健这样的人物只是十四亿分之一。

其次,要规范!规范就是在运营过程中防止出现导致以后隐性成本的经营行为的发生,这个建议的范围很广,从公司的股权清晰、股东与公司的财产分离,到公司知识产权、核心资源的处理和掌控,到公司的财务、税务,再到关联交易和同业竞争的禁止等。如果你不是专业人士,你应该把这些事务外包给有经验的律师来处理。

规范的好处是显而易见的,一是可以最大限度地防止发生隐性成本,从而避免给将来的发展带来法律障碍;二是可以吸引机构投资者,对机构投资者而言,选择投资的公司首先需要考虑的是风险,而规范能将风险降低至可控的范围内。

五

对于家长来说,"民办教育"一直是大家关注的热点。通过微信指数我们可以看到,民办学校的搜索指数虽然及不上国际学校,但已经远超公立学校。

放下你的焦虑、不安、无奈,和你孩子的老师聊一聊,有没有可能在他们的持股平台投一点小钱,把你孩子的学杂费赚回来。如果你并没有这个闲钱,也不必紧张,资金的引入并非坏事,《民促法》的修订是为了促进民办教育事业的健康发展,而并非扼杀。

京城四少今何在？对赌协议：一念天堂一念地狱

2017-04-04

产后复出的大S选择频繁出现在各类综艺节目中，更是在微博等社交媒体上怒刷存在感。诸如《复出捞金汪小菲是个伪富豪，想嫁豪门却变贤妻刘涛》《大S为贴补家用全线复出，京城四少风光不再》之类的新闻甚嚣尘上。

事实上，汪小菲早已经被京城四少"除名"。铁打的名号，却是流水的"四少"。那么，近年来汪小菲的事业到底发生了怎样的变化，以至于"被挤出新京城四少榜单"？

一、俏江南高速发展期

说起汪小菲，他是俏江南创始人张兰之子，回国后第一份工作就是担任俏江南执行董事。

- 2000年，俏江南成立
- 2006年，俏江南创建了更高端的子品牌"兰"会所
- 2007年，汪小菲带领俏江南成功入选了北京奥运餐饮服务商
- 2009年，张兰首次登上胡润富豪榜，财富估值为25亿元
- 2011年的胡润百富榜显示，张兰的资产为31亿元，排名第589位

二、俏江南易主"三部曲"

第一步：与鼎晖签订"对赌协议"

2008年，张兰引入了国内知名投资方鼎晖投资。鼎晖以2亿元的价格换取了俏江南10%股权，并与张兰签署了对赌协议，如果俏江南不能在2012年实现上市，张兰则需要花高价从鼎晖投资手中回购股份。

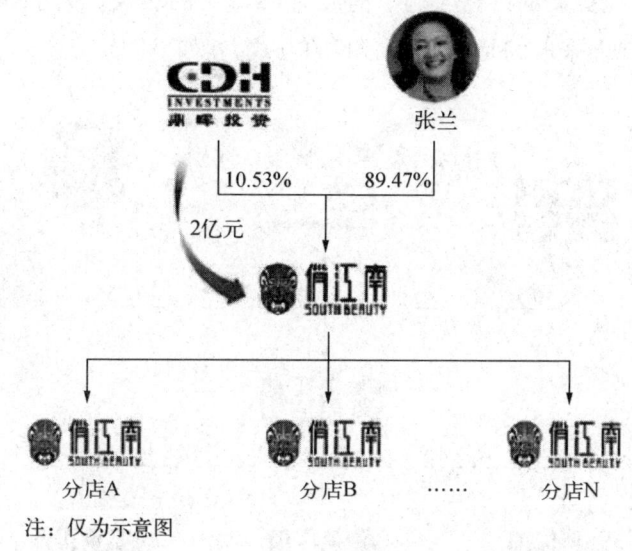

注：仅为示意图

在此普及下"对赌协议"：

Valuation Adjustment Mechanism 被翻译成有中国特色的"对赌协议"，按字面直译是"估值调整协议"。收购方（包括投资方）与出让方（包括融资方）在达成并购（或者融资）协议时，对于未来不确定的情况进行一种约定。如果约定的条件出现，投资方可以行使一种权利；如果约定的条件不出现，融资方则行使一种权利。所以，对赌协议实际上就是期权的一种形式。

第二步：IPO夭折，回购鼎辉股份无望

拿俏江南来说，2011年3月，俏江南向中国证监会提交了A股上市的申请，由于当时政策收紧等种种原因，令其上市无望；接着2012年又赴港IPO夭折。这意味着俏江南必须用现金将鼎晖所持有的俏江南股份回购，同时还得保证鼎晖获得合理的回报。

假设鼎晖在协议中要求每年20%的内部回报率的话,那么按鼎晖2008年2亿元的原始投资,2013年要求的退出回报至少在4亿元以上。处于困境中的俏江南,自然无法用现金回购这10%的股份,就在这样的背景下,出现了接盘侠CVC(欧洲私募股权基金)。

第三步:被迫引入CVC,俏江南易主

2014年4月,CVC发布公告宣布完成对俏江南的收购。根据媒体的报道,CVC最终以3亿美元的价格收购了俏江南82.7%的股权。为了降低自身的风险,CVC对俏江南采取的是"杠杆收购"的方式。(如下图)

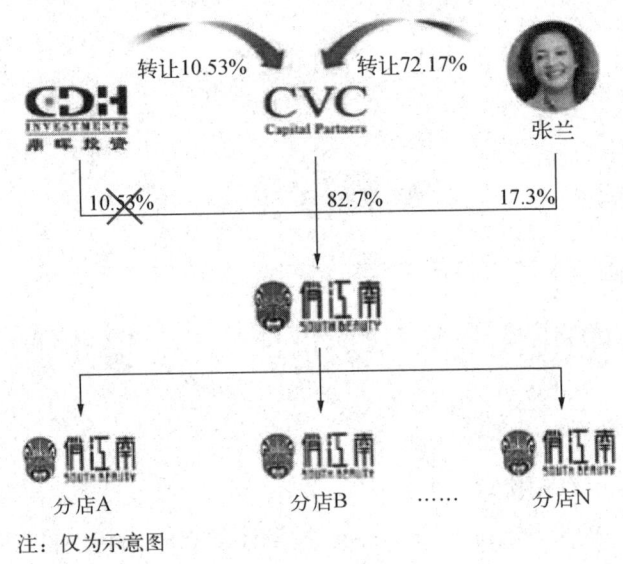

注:仅为示意图

三、富二代沦为打工仔

谁知不到一年时间,张兰与CVC公司之间的矛盾突然爆发。这次不止于口水战,面对硝烟弥漫、措施强硬的法庭诉讼和资产查封,张兰被迫"净身出户"。

对于这番变故,懂事的大S则称:"三个人的财务是独立的,并不会产生太大的影响。"先前大S嫁入夫家后,就把重心转向家庭,做起了全职太太,在家相夫教子,如今高调复出,的确让人浮想联翩。不过就算是复出捞金,贴补家用,也好过如今很多只能共享福不能共患难的女明星。大S如今全面复出救火的做法,也的确值得称赞,相信她可以像刘涛一样,走得更高更远!

四、法律小能手专区

在此提醒拟上市或挂牌企业，对赌协议是绝对需要提前清理的，否则将会影响上市或挂牌。但是监管层是允许上市后公司引入估值调整机制的。

IPO阶段禁止对赌协议的主要理由是：

对赌条款中往往含有不符合《公司法》的条款，如优先受偿权和董事会一票否决、超比例表决权等内容，违反了同股同权的立法精神；

执行对赌可能造成拟上市企业股权及经营的不稳定，甚至引起纠纷，不符合《IPO管理办法》发审条件；

对赌协议中往往双方权利义务明显不平等，设定的股息分配优先权、剩余财产分配优先权等条款违反了公平原则；

对赌协议会促使企业为追求短期目标而非常规经营，增大了企业的风险。

在司法领域，从中金公司与中铁置业等公司投资合作纠纷案以及著名的海富投资与甘肃世恒增资纠纷案，可以看出法院对对赌协议的态度是：公司与投资者之间的对赌无效，而投资者与公司股东之间的对赌有效并可以予以补偿，并引入联营合同纠纷保底条款无效来作为否认对赌的协议合法性的依据。但自从2014年上海市第一中级人民法院在审理上海瑞沨股权投资合伙企业股权转让纠纷案中，确立了鼓励交易、保障商事交易过程正义的处理对赌四原则，此后鲜有否定对赌协议法律效力的判决。

五、结语

创业者从最初的抗拒、谈判，到如今不得不接受，对赌协议已经在投资界大行其道，成为投资协议的必备条款。大多数创业者在引入投资的同时，会毫不犹豫签下对赌协议。然而，市场多变，最坏的情况会不会出现，任何人都不敢保证。不要亲手断了自己的后路，否则一切都来不及了，所以在签约前一定要问一句，你真的了解"对赌协议"吗？

它利用你的隐私半年狂捞 50.7 亿元，可你依然对它又爱又恨

2017-04-18

2016年上半年，中国在医疗行业大数据领域发生的投融资金额高达50.7亿元。What？你的医疗数据隐私居然值这么多钱？

我们的医疗数据隐私到底包含哪些？为什么这么值钱？能为我们带来哪些便利？其中又隐藏着哪些法律风险？今天，谢菊萍律师就和大家聊聊医疗大数据的那些事儿。

一、什么是医疗健康大数据？

定义：与医疗健康服务过程、结果相关的大数据。

分类：根据数据来源，按是否与医疗健康服务过程、结果直接相关划分类别。

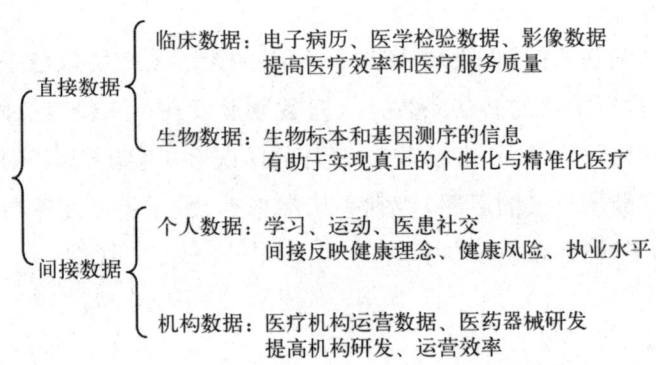

二、医疗大数据能给我们带来什么？

也许这样说，你还是不明白大数据到底是什么，它对我们到底有什么用。下面我举个最贴近我们生活的例子，来告诉你大数据到底能为我们做些什么。

福利一：预言家

伴随着生物技术、大数据技术的发展，个体基因检测治疗疾病已经成为现实。其中最广为人知的是，美国好莱坞女星安吉丽娜·朱莉在 2013 年经过检测发现自身携带致癌基因——BRCA1 基因，为防止罹患卵巢癌，于 2015 年切除了卵巢和输卵管。

福利二：沟通者

现在流行的智能健康手环蕴含着大量的医疗大数据，包括心率、呼吸频率等身体指征。当患者身体不适去医院就诊，医生可以通过这些数据了解患者一段时间内的健康状况，不但减少重复检查，更能准确作出相应的判断。

福利三：为公共卫生检测提供支持

医疗平台技术的进步可以扩大检测范围，利用大数据技术，将人口学统计信息、各种来源疾病和危险因素整合起来，实时分析，提高对公共卫生事件辨别、处理速度，实现全过程跟踪和处理。

福利四：为医药卫生政策制定和执行监督提供科学依据

整合与挖掘不同层级、不同业务领域的健康医疗数据以及网络舆情信息，有助于分析医疗服务供需双方特点，预测未来双方发展趋势，发现疾病危险因素，为医疗资源的配置、医疗保障制度的制定、医药补给体系的搭建提供依据。

三、医疗大数据应用中棘手的法律难题

法律难题一：个人医疗隐私保护面临威胁和挑战

信息与经济社会的交汇融合引发了医疗数据的迅猛增长，跨医院、跨行业医疗信息共享需求日趋旺盛。由于医疗服务的特殊性，医疗大数据内含大量的公民个体的敏感信息。这些数据大多是患者就医过程中因诊疗服务需要而不得已向医疗机构及医务人员告知的个人信息，一般具有非常高的敏感性和隐私性。在医疗大数据带来重大发展机遇的同时，个人医疗隐私保护随时面临着大

量威胁与挑战,医疗大数据的信息安全和隐私保护问题变得日益突出。

法律难题二:法律规范缺失

个人医疗隐私保护的难题其实映射出了医疗大数据应用的另一个法律难题,就是法律规范的缺失。

我国对个人信息安全保护的立法格局而言,尚未建立统一高位阶成文法,其中与医疗健康相关的规范、规定的内容更是过于原则化,效力层级低,适用范围有限。

尽管《中华人民共和国侵权责任法》及包括《执业医师法》《电子医疗隐私信息泄露监测管理的若干规定》《医务人员医德规范及其实施办法》等在内的医事法规均提出了对患者隐私保护的要求,但其限定的责任主体均仅为医疗机构及其医务人员,并未理清公民个人、政府部门、专业机构、企业等各方主体法律关系与义务,使得医疗实践中对患者隐私权的保护缺乏实际操作性。

法律难题三:传统法律思维和逻辑该如何更新

数据本身是全体数据并具有混杂性的特征,法律遭遇的困境是:首先什么人或者机构有权对大数据的收集、使用进行监督并提出异议,个人作为数据的提供者享有什么民事权利;其次是通过什么途径和渠道提出,传统的诉讼模式能否满足大数据保护程序性的要求,原告需要如何证明才能满足其获得权利赔偿的最低要求;最后是权利损害的补偿机制是什么。这几个问题的提出是基于隐私问题是大数据中关键问题之一,如遵循隐私权为基础的民事权利义务关系,在传统民事法律规范无法保护隐私权的情况下,如何设计新的权利实现的途径。这是需要我们从民事法律角度需要进一步拓展和思考的。

法律难题四:行政法及行政机关亟须发挥作用

面对医疗大数据的新形态,行政法律规范和行政机关亟须发挥作用。行政法律规范及行政机关需要从健康医疗大数据关键基础设施、信息共享机制、安全审查、个人隐私保护、应急保障、安全等级保护、知识产权、司法保障、执法机制、平台责任、国际秘密、商业秘密等方面作出专门的法律规定,并加强行政监管。作为发挥管理性作用的关键机构,在医疗大数据方面应重点考虑以下两个方面的问题:① 如何界定和保护核心敏感数据。例如将指纹、声纹、DNA 等核心敏感数据信息纳入强制性法律保护范围,并需要遵循一定的程序要求方可使用。② 收集者和使用者的负面清单措施。规定可以收集的信息有哪些,不得收集的信息有哪些,同时对使用者进行监管和限定。

过河拆桥？商业市场不相信眼泪！

2017－04－25

华为从来都不是低调的主。

2016年底,华为以"人均年薪80万"碾压金融圈,1个华为人＝3.3个银行人,引无数网友表忠心:不想进华为的程序员不是一个好IT狗。然而很快,这群誓死进华为的人又"倒戈相向",原因是网上盛传华为开展了轰轰烈烈的大裁员行动。一时间,华为"好公司"的人设崩塌。传闻背后,到底是过河拆桥还是另有隐情?

一、 事件回顾:华为传闻大规模裁员

2017年2月起,关于"华为大力清洗34岁＋的老员工"的新闻一直在发酵。消息从华为的心声论坛传出,华为职工反映,中国区开始集中清理34岁以上的交付工程维护人员。而研发部门开始集中清退40岁以上的老员工,主要针对程序员。

二、 高层回应:三十多岁别光想躺床上数钱

2017年2月24日,心声论坛发布了任正非的一篇讲话,似是对此事的一个正面的回应。他表示:"华为是没有钱的,大家不奋斗就垮了,不可能为不奋斗者支付什么。30多岁年轻力壮,不努力,光想躺在床上数钱,可能吗?"

但这条回应似乎并没有消解许多人心中的疑惧,特别是华为内部员工的担心。心声论坛上依然留存了诸如《年龄大了绩效是不是会被特意打差?》《我司34岁以上员工出路在哪里》等帖子。而很多局外人也因为年龄画线,产生了强烈的代入感,感慨"兔死狗烹"。

华为有逾 17 万名员工,其中 45% 在研发部门。如果拿 34 岁和 40 岁两个结点来算,24 岁进华为,部分华为人的职业生涯最多为 10 年,程序员可能最多会达到 16 年。难怪,一位 36 岁匿名的华为消费者业务工程师称:"我们目前都在考虑下一步怎么办,都意识到长久留在华为已不再有保证。"

三、裁员背后:太过强化历史性贡献的不合理

但是,也有人说,华为早已用钱买断了老员工的一切委屈。因为根据华为 2015 年年报,其 2015 年花在员工身上的钱达 1377 亿元,17 万员工,人均年收入超过 80 万。

薪酬 公司	2013 年人均薪酬(USD)	2014 年人均薪酬(USD)	2015 年人均薪酬(USD)	2013—2015 复合增长率		
				收入	薪酬包	人均薪酬
华为	59000	68000	93000	27%	34%	26%
爱立信	89038	88266	81158	−8%	−2%	−5%
诺基亚	72248	80479	73175	−8%	−4%	1%
中兴	25580	27860	30811	15%	15%	10%
腾讯	65787	90323	100880	29%	53%	24%

华为贫富差距较大,老员工主要是股票多,分红比基本工资和奖金多几倍不等。跟 BAT(百度、阿里巴巴、腾讯三大互联网公司)比,华为基本工资不算高,差距主要在于分红,其次是奖金,但新员工三年以内一股都没有,这也就让华为丧失了对于毕业生的吸引力。

对此,华为中国区员工方圆圆在接受媒体采访时承认:"你在网上看到的华为工资水平基本都是真的。"方圆圆认为,如此高薪,华为不会因为你奋斗多年就跟你讲人情。业务需要,你就留着,业务不需要,你就走。"人性是复杂的,人性既喜欢公平、舒适,又喜欢多劳多得。这两者没有好坏之分,采取哪种方式,关键得看企业自己的目标。"

正因为华为教科书般的股权激励方案,造成了华为部分老员工躺在股票收益上混日子的现象越来越严重,奋斗者们却得不到很好的回报。

由此不难理解华为对于裁员的态度和准则:华为员工每年的收益,包括工

资、奖金、TUP(奖励期权机制)分配和虚拟股分红。虚拟股分红池＝营业利润－工资－奖金－TUP。随着 TUP 实施范围和力度的逐渐增加，在稀释作用下，TUP 收益必然会虚拟受限股比重逐年下降，从而纠正股权激励制度由于实施时间太长，导致历史性贡献太过强化的不合理性。

四、深度剖析：华为 29 年股权激励之路

可以说，TUP 已然成为华为激励机制的新杀器。为了让大家更好理解 TUP，不得不提到华为自 1988 年开始，长达 30 年的股权激励政策。

华为从 1988 年成立到现在，总共经历了 5 个阶段的股权激励，每一个阶段都是对上述问题的切实解答，都有其特殊原因，解决不同问题，选择不同的股权激励方式。

1990 年：创业期的实股——解决融资困难

即让员工用现金认购的方式做股权激励。当时需要解决的问题是，留住人和创业团队，降低企业现金的支出。1990 年时企业融资难，用认购实股的方式来集资，一定程度上解决了华为当时的融资困难，也自此开始了华为自称的"广泛的员工持股制度"。

2000 年：网络经济泡沫期的虚拟股——解决控制权分散

2000 年左右，华为实施了第二次股权激励方案，目的在于解决管理层控制权分散问题，前一次股权激励给的是实股，导致公司股权分散，所以华为在第二个阶段采取了虚拟股的激励方式。根据《公司法》的规定，有限公司的股东人数不能超过 50 人，因此第二个阶段做股权激励的时候，无法再采取实股的股权激励方案，虚拟股恰好解决了它的问题。华为公司股票在虚实之间的悄然转换，意味着其在治理结构上已经从一家号称全员持股的公司变成了由两个实体股东所控制的公司。

2003 年："非典"时期的限制股＋虚拟股——稳定核心层

2003 年是一个比较特殊的时期，"非典"导致出口市场受到影响，同时华为在美国遇到了和思科的知识产权诉讼。为了解决给高管、核心层配股问题，采用了限制股＋虚拟股的方式，限制股票的激励对象只有在工作年限或业绩上目标符合股权激励计划规定条件的，才可出售限制股从中获益，解决了稳定住高

管和核心层的问题。

同时,华为也为员工购买虚拟股权采取了一些配套的措施:员工本人只需要拿出所需资金的15%,其余部分由公司出资,以银行贷款的方式解决。自此改革之后,华为实现了销售业绩和净利润的突飞猛涨。

2008年:又一轮经济危机时的饱和股——稳定团队

2008年,美国发生次贷危机以后,全球经济受到重大影响,华为作为在全球发展的公司也受到影响。为了稳定团队,华为采取了虚拟股+饱和股的股权激励方式。具体来说,饱和股按照不同工作级别匹配不同的持股量,比如级别为13级的员工,持股上限为2万股,14级为5万股。而若达到其级别持股量上限的老员工,不参与配股,级别越高配的股越多,每个级别都有一个定数。此种配股方式也是华为对内部员工持股结构的一次大规模改造。

2013年:稳定增长期的奖励期权计划——纠偏

进入稳定增长期后,华为开始面对创始员工懈怠问题。

越来越多的员工成为股东以后出现了一个问题:有些老员工每年都能获得额外的配股,他们手里的股份越来越多,获得非常丰厚的收益。

为此,2013年华为五年TUP计划开始实施,采取的是"递延 递增"的分配方案。操作方法举例如下:

假如2014年给你TUP的授予资格,配了10000个单位,虚拟面值假如为1元,那么之后五年的分配方案如下:

▲ 2014年(第一年),没有分红权;

▲ 2015年(第二年),获取10000×1/3分红权;

▲ 2016年(第三年)，获取10000×2/3分红权；

▲ 2017年(第四年)，全额获取10000个单位的100%分红权；

▲ 2018年(第五年)，在全额获取分红权的同时，另外进行升值结算，如果面值升值到5元，则第五年获取的回报是：全额分红10000×(5－1)。同时对这10000个TUP单位进行权益清零。

分年获得阶段性的分红权属于"递延"部分，权益增值属于"递增"部分。随着奖励期权实施范围和力度的逐渐增加，必然会使虚拟受限股比重逐年下降，从而纠正由于股权激励制度实施时间太长，导致太过强化历史性贡献的不合理性，创始人员躺在股票上混日子的现象将逐渐成为历史。

华为此时曝出裁员消息，距离期权计划实施五年不到，与实施期权计划的目的相呼应，正是华为近30年的股权激励使其和老员工之间陷入了"谈钱伤感情，谈感情更伤钱"的境地，而股权激励带给员工的经济收益又似乎是华为对被裁员工的委屈的预见性补偿。

五、 企业启示：股权激励的双赢法则

截至2016年底，中国上市公司中有700多家公布股权激励计划逾1000个。作为企业主的你，是时候思考以下这些问题：

▲ 为什么这些公司都如华为一样钟情股权激励？

▲ 为什么要实施股权激励？

▲ 实施股权激励的时机如何把握？

其实，纵观华为的股权激励历程可以发现，企业发展的各个时期面临不同的危机。股权激励将企业的未来发展与员工的人力资本紧密联系起来，形成一个互相激励和信任的体系对抗危机。同时，也会因现实情况的改变和企业的现实需求而触发实施股权激励时埋下的隐患。

企业实施股权激励不外乎考虑：股权激励的时机，股权激励的方式，股权激励的对象，股权激励的份额，股权激励的股份价格及股权激励人员的退出方式。可以说，没有一套能适用于所有企业的股权激励方案，企业实施股权激励也应当遵循"一个时期一个方案，一家公司一套方案"的原则，根据自身的现实需要和发展时机，逐个解决实施股权激励应当考虑的几个问题，以发挥股权激励的应有之效，尽可能地减少"边实施边挖坑"的情形。

三刷《人民》，我有话说（上）

——盗版猖狂的背后，我们需要付出什么代价？

2017-04-29

  2017追剧不空档，前有杨幂的《三生三世十里桃花》，后有鹿晗的《择天记》，不过最砸中笔者小心心的当属《人民的名义》，万万没想到，最火的不是颜值过硬的男主角陆毅，不是演技杠杠的侯勇，而是一开始被认为是大反派的达康书记。

  说到达康书记，一万点心疼啊，上有前任留下来的债，下有不作为的下属，内有老婆不安分，左右还有一直要陷害他的同僚，简直内忧外患，全剧堪称实力"背锅侠"。然而达康书记凭着个人魅力和实力演技强势圈粉，一夜之间成为爆款中老年"网红"，引来无数迷妹为之倾倒，妥妥地成了这部戏的流量担当。

  口碑好，有热点，于是乎，2017年4月13日，盗版片源在各个渠道中疯狂扩散，其中淘宝搜索中居然有店主最高卖到了20元。这下可不是"为人民服务"了，明摆着就是猖獗的盗版犯罪行为。当日下午，湖南卫视官方微博发布了《电视剧打击网络侵权盗播的媒体联合声明》，声明将采取法律手段打击盗版犯罪行为。

  其实不仅是《人民的名义》这一部剧，曾经热播的《芈月传》《欢乐颂》《三生三世十里桃花》等热播剧都曾遭遇过类似的泄露事件。此外，枪版电影的猖獗等现象都证明了目前我国知识产权保护的薄弱。这场泄露事件中，不论是盗版资源的提供者，还是未尽审查义务的平台，抑或是忙着保存资源的普通观众，种种行为均已造成对制作方著作权的侵犯。

一、什么是著作权？

所谓著作权，是知识产权中的一类，是指著作权人对文学、艺术和科学作品依法享有的专有权利。广义的著作权还包括邻接权，如表演者、录音录像制品制作者、广播组织及出版者的权利。

《中华人民共和国著作权法》第三条规定：本法所称的作品，包括以下列形式创作的文学、艺术和自然科学、社会科学、工程技术等作品：

（一）文字作品；

（二）口述作品；

（三）音乐、戏剧、曲艺、舞蹈、杂技艺术作品；

（四）美术、建筑作品；

（五）摄影作品；

（六）电影作品和以类似摄制电影的方法创作的作品；

（七）工程设计图、产品设计图、地图、示意图等图形作品和模型作品；

（八）计算机软件；

（九）法律、行政法规规定的其他作品。

电视剧属于该条第（六）项中的作品，是我国著作权法保护的作品形式之一。《人民的名义》作为一部影视作品，根据《著作权法》第三条的规定，属于著作权法保护的客体，著作权人依法对该电视剧享有排他性的权利，享有著作财产权，法律保护著作权人的该项经济利益不受侵害。

此外，《著作权法》第十五条则明确了电影作品的著作权由制片者享有。《著作权法》第十条规定，著作权人享有发表权、署名权、复制权、信息传播权等人身权和财产权。电视剧《人民的名义》遭泄露，权利人即制片人的多项权利受到了侵害。

二、哪几项著作权受到侵害？

综合来看，笔者认为本次泄露事件中制片人的以下几项著作权受到了侵害：

（一）发表权

发表权是指决定作品是否公之于众的权利。电视剧是否播出，什么时候公之于众,应当由权利人决定,侵权人未经许可擅自将电视剧《人民的名义》公开,已经侵犯了制片人的发表权。

(二)复制权、发行权

复制权是指将作品制作一份或者多份的权利;发行权则是指以出售或者赠予方式向公众提供作品的原件或者复制件的权利。侵权人向他人提供链接以便观看剧情,构成对制片人复制权和发行权的侵犯。

(三)信息网络传播权

信息网络传播权是指以有线或者无线方式向公众提供作品,使公众可以在其个人选定的时间和地点获得作品的权利。

《人民的名义》全集资源在网络上被泄露,加之网络传播的迅速便捷使得侵权现象愈演愈烈,制片人的信息网络传播权已然受到了侵害。此外,制片人的放映权、广播权等权利也都受到了侵害。

三、谁来承担责任?

《人民的名义》全集泄露,不仅泄露者、销售者应当承担一定的法律责任,网络平台等亦脱不了干系,具体包括:

(一)泄露者与销售者

1. 民事责任

根据《中华人民共和国著作权法》第四十八条的规定,若是未经过著作权人许可,复制、发行、通过信息网络向公众传播其作品《人民的名义》的,当根据情况,承担停止侵害、消除影响、赔礼道歉、赔偿损失等民事责任。

2. 刑事责任

《中华人民共和国刑法》第二百一十七条规定了侵犯著作权罪,即以营利为目的,未经著作权人许可,复制发行电视作品的,违法所得数额较大或者有其他严重情节的,处三年以下有期徒刑或者拘役,并处或者单处罚金;违法所得数额巨大或者有其他特别严重情节的,处三年以上七年以下有期徒刑,并处罚金。

《中华人民共和国刑法》第二百一十八条规定了销售侵权复制品罪:以营利为目的,销售明知是本法第二百一十七条规定的侵权复制品,违法所得数额巨大的,处三年以下有期徒刑或者拘役,并处或者单处罚金。

侵犯著作权罪和销售侵权复制品罪主观要件以营利为目的。对于泄露者而言，如果不是以营利为目的则不符合两罪的主观要件，不构成犯罪。销售者收取观看者的费用，一般可认定为以营利为目的，如果违法所得数额较大或者有其他严重情节的，构成侵犯著作权罪；违法所得数额巨大的则构成销售侵权复制品罪。

（二）网络平台

《网络交易管理办法》第二十六条规定：第三方交易平台经营者应当对通过平台销售商品或者提供服务的经营者及其发布的商品和服务信息建立检查监控制度。若平台发现有违反工商行政管理法律、法规、规章的行为的，应当向所在地工商行政管理部门报告，并及时采取措施制止，必要时可以停止对其提供第三方交易平台服务。

《信息网络传播权保护条例》第二十三条规定：网络服务提供者为服务对象提供搜索或者链接服务，在接到权利人的通知书后，根据本条例规定断开与侵权的作品、表演、录音录像制品的链接的，不承担赔偿责任；但是，明知或者应知所链接的作品、表演、录音录像制品侵权的，应当承担共同侵权责任。

因此，对于播出泄露样片的平台而言，未经影视作品授权许可播出泄露样片的平台，是要承担侵权责任的。如果是用户上传到平台进行点击播放，那么要看平台是否参与整理整合和推荐。如果知道并参与了，平台也要承担责任；即便平台没有参与，遇到热播剧和点击量比较大的影视作品，平台也负有审查义务，有责任停止播放涉嫌侵权的影片，否则就要承担责任。

平台方同时还负有"通知＋删除"的义务。即如果平台本身没有被授权播放影片，那么在接到版权人或者权利人的通知后必须删除影片、断开连接，否则要承担连带侵权的责任；如果平台是被授权播出方，也要按照合约对未允许播出的部分进行删除，否则也要承担相关的责任。

四、结语

创新是一个民族进步的灵魂，热播剧屡次遭泄露已然对整个影视业的发展造成了极大的不良影响，为了实现对知识的尊重和对知识产权的保护，《人民的名义》泄露事件显然给了我们一个大大的警醒。今后，希望大家能够像守护达康书记一样守护知识产权，为知识产权发展营造良好的环境。

三刷《人民》，我有话说（中）

——走红背后，是4000万股权纠纷血泪教训

2017－04－30

《人民的名义》的走红，让所有人都出乎意料。"知道会火，但没想到会这么火。"几十位老戏骨同台飙戏，加上大尺度的反腐内容，话题掀起了一波一波的新高度。微信聊天用的都是"达康表情包"，微博上出现了"HDBOYS（汉东男孩）"。身边朋友开口聊天就是"别低头，GDP会掉""你这个同志很搞笑"，等等。咱们大"蓝鲸人"更辛苦，一边看剧一边还要找地标，看这是江东中路、看这是新街口、看这是环陵路、看这是滨江派出所……

正是"人红是非多"，上一篇文章我们聊到了《人民的名义》盗版横飞的情况。咱们法律人，则是一边看剧一边思考法律问题，三刷《人民》，涉及的法律问题可真不少，尤其是大风厂的那些事。

一、大风厂改制的前世今生

大风厂原是国有企业，老检察长陈岩石秉持着"得让一部分人先富裕起来，带动大家共同富裕"的信念，在二十年前帮助它进行国有企业改制，将51%的股权卖给了贩卖服装起家的个体户蔡成功，剩余49%股权，由职工成立持股会持有，郑西坡被选为持股人代表。

然而最后的结果却是大风厂破产，工人除了一点退职补偿外一无所获，而蔡成功也被更大的资本勾结权力化身大鱼吃了自己这条小鱼……这段剧情看得人唏嘘不已，尤其是在第47集，王文革劫持了蔡成功的儿子蔡英俊，其实他只想要回自己的股权，那是他唯一的财产，他指望用那些钱给儿子结婚。

二、两个法律小 TIPS

结合剧情来看，这里涉及两个名词："持股会持股"和"员工持股"。

（一）持股会持股

持股会，企业内部员工通过个人出资方式认购企业部分股份，它是员工持股的一种表现方式。员工委托他们自愿组建的持股会，对认购的企业部分股份集中管理。

优点：解决了有限责任公司股东人数限制的问题，不论员工人数多少，其股份均由持股会统一代持，不受作为股东员工人数超过《公司法》限制的影响。大风厂在改制后一千多名员工通过持股会的方式，握有对厂子 45％的股权。

弊端：持股会亦存在一定的问题，如自身法律地位不明确，是否能代表员工行使股东资格的派生权利？这也导致其在从事民事活动如代表员工行使权利、保护员工权利甚至参与诉讼中面临诸多困难和争议，其是否具有适格的诉讼主体资格都成疑。

（二）员工持股

股权激励是通过让员工持有本公司股票和期权，享有分红而获得激励的一种长期绩效奖励方式。企业内部员工出资认购公司部分股权，企业所有者与员工分享企业所有权和未来收益权，培养员工对企业价值的认同感，员工也因股东身份获得相应表决权。

优点：员工持股不仅在国有企业改制过程中频现，更是成为民营企业发挥用人机制灵活性的常用手段，为了调动员工积极性，带动员工共同致富，Boss 们选择通过股权激励的方式，实现劳动者的劳动联合与劳动者的资本联合的有机结合，增强员工对企业经营和发展的主人翁意识。从而进一步加强企业治理，提升经营效率。

弊端：员工持股计划参与上市公司治理具有信息优势、动力优势和组织优势，但员工股东人数的增多也导致决策成本高，缺乏决策效率。如何最大限度地调动员工的积极性同时能够掌握公司的实际控制权至关重要。

三、有关新大风厂的大"BUG"

"满嘴跑火车"的厂长蔡成功进监狱躲债了，而大风厂被安置的员工却依旧不知未来的路要怎么走,"当代杜甫"郑西坡和老检察长陈岩石决定通过让员工们入股的方式成立新大风厂,带领员工们创业致富。于是电视剧第15集中出现这样的台词:"新大风厂筹集的股金有627万,股东是203名。"

(一) 新大风厂的股东可以有203名吗?

我们常说的公司一般包括有限责任公司和股份有限公司两种形式。有限责任公司倾向于人合性,股份有限公司更倾向于资合性。《公司法》中规定有限责任公司应当由50人以下股东出资设立,股东人数不超过50人;而股份公司应当以2人以上200人以下为发起人,且要求其中半数以上发起人在中国境内有住所。

郑西坡为避免安置员工无路可走,主张成立新大风厂,但无论新大风厂的性质是有限公司还是股份公司,203名股东人数的说法实在是不准确。

(二) 可否通过持股平台实现人数突破?

为了规避公司人数限制,公司往往通过持股平台的方式解决股东人数问题。如甲软件有限公司,原有股东45名,为扩大资本,甲公司欲增加股东至60名。但是《公司法》明确规定有限公司股东人数上限为50名。为解决这个问题,甲公司采取了设立持股平台的方式。

最常见的持股平台方式有合伙企业和有限责任公司。合伙企业又包括普通合伙企业和有限合伙企业,不同的合伙企业形式所承担的责任亦有较大差别。因此公司可根据实际情况及需要,综合考虑对公司的实际控制权、税费承担等因素。

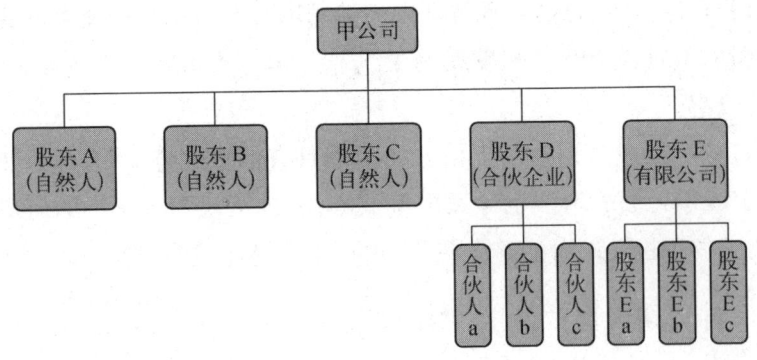

（三）均可借持股平台规避股东人数问题吗?

答案是否定的。如在新三板业务中,拟挂牌公司的控股股东或实际控制人常通过持股平台实现员工激励或吸款融资的目的,同时设计由控股股东或实际控制人作为持股平台的执行事务合伙人或控股股东来实现对拟挂牌公司的控制权。但根据《非上市公众公司监管指引第4号——股东人数超过200人的未上市股份有限公司申请行政许可有关问题的审核指引》第三条第（一）款规定,股份公司股权结构中存在通过"持股平台"间接持股的安排,以致实际股东超过200人的,应当将间接持股转为直接持股,再申请证监会核准,即必须实施股东人数的穿透性审查。

中国证监会《私募投资基金监督管理暂行办法》、证监会窗口指导意见等,都对上市股份公司和一些非上市股份公司等发行人股东人数穿透核查进行了规定。如以合伙企业作为发行人的股东一般认定为1人,但如果存在故意规避200人嫌疑情形的,则需把合伙人作为间接股东计算。

私募股权基金若系专为投资发行人而设立的,亦应将股东追溯至最终自然人,作为间接股东累加计算。核心员工通过特殊设立公司间接持股的,股东人数需按自然人人数累加计算。资管计划、理财产品要求穿透披露至最终出资人。因此,股东人数的穿透审查原则必须引起重视。

四、"网红"背后:编剧竟是故事原型

其实,《人民的名义》的原著作者周梅森,之所以能够创作出这部有血有肉的作品,是因为他本人就曾经陷入一个股权局的大坑中。

1. 借款

2009年,江苏东宝粮油向当时的徐州市郊农村信用合作社（后改制为淮海农商行）借款1200万元,该公司同时持有徐州市郊农村信用合作社1200万元的股权,提供担保的是一家名为丰裕的公司。

2. 受让

随后,东宝和丰裕均无力偿债,丰裕的法定代表人张兴林希望周梅森出资偿还东宝欠下的1200万元贷款,作为回报,周梅森将受让东宝持有的淮海农商行1200万元的股权。

3. 增持

东宝手中的 1200 万股股票是法人股,按照规定,不能转给个人。因此,这部分股票被转给了丰裕代持,周梅森享有相应权益。之后,周梅森又向丰裕陆续打款 2700 万元,拥有淮海农商行股票增至 1755 万股。但这起股权转让一直没有办理登记过户。

4. 起诉

2014 年 1 月,丰裕所持有的淮海农商行的股权被登记质押。随后这笔股权被多家法院查封,因此,周梅森一直无法将被代持的股份登记至自己名下。2014 年周梅森向法院请求判令丰裕、淮海农商行协助办理股权变更登记,将上述股权登记至自己名下。

5. 一审

一审中,徐州中院认可周梅森因自然人身份,在淮海农商行中持股不能超过 2%,因此不具备股东身份,周梅森与丰裕转让本案所涉 1200 万股淮海农商行股权因违反公司章程规定而无效。

6. 二审

周梅森不服一审判决,提请上诉。江苏高院最后判定,周梅森要求确认丰裕持有的淮海农商行相应股权属其所有及办理股权变更登记的诉讼请求,不仅尚未满足淮海农商行章程规定的条件,而且存在法律障碍,无法得到支持,原审法院判决驳回其诉讼请求并无不当,维持原判。

《人民的名义》里不仅存在大尺度的反腐情节,更有很多金融和法律的衍生知识点。资本市场、货币市场等金融市场不断蓬勃发展的今天,有很多新生的法律问题,需要不断地完善法律规范及监管政策,同时还需要律师对相关问题进行风险防控和对策研究。不仅守护住达康书记的 GDP,也要让自己的资产安全增长!

三刷《人民》，我有话说（下）

——以律师的名义，聊聊公司对外担保的正确姿势

2017-05-02

除了讲贪官讲腐败，《人民的名义》中涉及的一个最重要的事件非"大风厂股权纠纷案"莫属了，愣是拖沓了整整20多集还没结束。

一、一·一六事件

大风厂原为国有企业，在政府抓大放小国企改制后，蔡成功获得了大风厂51%的股权，工人们获得49%的股权，工人们成为大风厂有一定话语权的主人。

而事件的起因是蔡成功向山水集团借款5000万过桥资金，用于偿还银行已到期的贷款，并提供大风厂全部股权做质押。

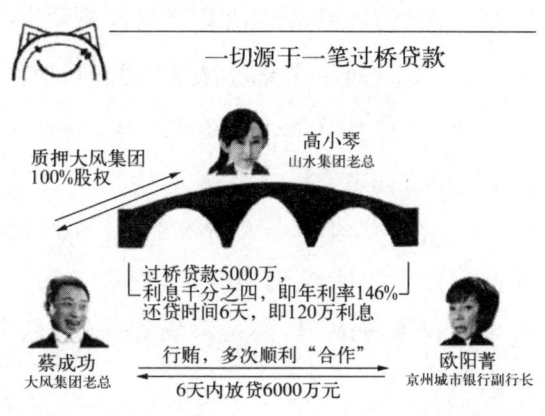

后因为银行停止对其放贷，大风厂无法偿还借款，法院判决直接将大风厂全部股权归山水集团所有，直接获利高达数亿元。作为大风厂主人的全体工人肯定不能坐视不管，便在蔡成功的推波助澜下奋起反抗，造成了"一·一六事件"的严重后果。

[名词解释]

过桥贷款是一种过渡性的短期贷款，是指借款人在自有资金不足的情况下，为归还银行到期贷款并重新向银行续贷，通过小贷公司、担保公司等非银行

金融机构或者民间融资方式筹措资金归还银行到期贷款,在重新取得银行贷款后再偿还这部分融资的行为。

[风险提示]

过桥贷款具有期限短、利率高的特点,借款人主要通过小额贷款公司、担保公司以及个人等途径获得"过桥资金"。一般来说,发展前景较好且经营状况良好的企业只是暂时遭遇短期现金流紧张时,可以考虑通过过桥贷款进行周转。不过,过桥贷款通常被比喻为"金融鸦片",具有以下几大风险:增加企业的融资成本,不利于企业经营发展;掩盖信贷资产风险,不利于进行风险管控;诱发银行职员道德风险,不利于银行稳健经营。

由于小说的作者周梅森先生并非法科出身,我们经过揣摩会发现,剧中诸多细节中有很多"法律硬伤",但这并不妨碍《人民的名义》成为一部优秀的作品。今天就给大家继续聊聊公司对外担保的问题。

二、事件中的法律问题

以律师的名义,告诉你以下这些关于公司对外担保的知识:

(一)大风厂这类股权质押是否有效?

剧中蔡成功为向山水集团借款,把大风厂全部股权进行质押,其效力问题应从两个方面来分析:

① 对于蔡成功个人所有的51%的股权质押是真实的,而且在工商登记部门办理了股权质押登记,依法有效;② 对于员工的49%的股权,持股会未授权给蔡成功,而是蔡伪造授权,且山水集团明知此事,存在恶意,应属无效。

(二)如何防范此类无效质押事件?

工商登记部门只对申请材料进行形式性审查,对真实性不负责。那么对于此类事件该如何防范呢?首先,签署文书时应详细查看文书内容,谨慎签署授权委托书类文件,对委托的事项、时间、权限明确约定;其次,在工商登记的初始文件应由股东自行签署,不可为图方便让人代签,保证文件的真实性,授权委托书应与工商登记部门留存的申请文件笔迹保持一致;最后,发生类似事件后及时依法维权。

（三）流押、流质条款法律效力如何？

《物权法》禁止流押、流质条款，即抵押权人不得与抵押人约定债务人不到期偿还债务时，抵押财产归债权人所有。质权亦是一样，不得与出质人约定债务人不到期偿还，债权人拥有质押财产。从以上规定可以看出，法律明确规定，流押、流质条款属于无效。

分析结果：在本剧中，法院不能直接将股权判决归山水集团，只能对大风厂股权进行拍卖，对于拍卖所得，山水集团享有优先于其他债权人的权利。

三、股权质押的重点

2017年4月7日，全国股转公司集中下发16份监管函，包括对4家证券公司、12家挂牌企业采取自律监管措施。

分析对这些挂牌公司的处罚决定，均是由于挂牌企业未按照公司章程对担保事项进行审议，也未按照信息披露制度及时进行信息披露。

主办券商	持续督导企业名称	监管措施
东北证券	济南同智创新能源科技股份有限公司	书面承诺，承诺内容包括但不限于以下内容：对违规事实和性质的深刻认识、对相应规则的正确理解、整改举措和行为保证
西南证券	山东文正农品股份有限公司	
	洛阳新思路电器股份有限公司	
中泰证券	宁波瑞丽洗涤股份有限公司	
	山东中慧生物科技股份有限公司	
	福建天线宝宝食品股份有限公司	
华泰证券	恩施自治州好又多商贸股份有限公司	

四家主办券商也因未尽持续督导义务，未能在知悉或者应当知悉挂牌公司发生违规对外担保之日起在规定时间内进行现场检查，而受到监管。

企业担保乱象丛生，股转公司大力排查挂牌公司违规对外担保，传递了一个强烈的信号：公司章程作为公司的"宪法"，公司的行为应遵循章程的规定；同时，企业对外担保，可能存在利益输送、损害股东利益的情况，因此，对外担保应在有权机构（股东会、股东大会或董事会）依据章程进行审议，并进行信息披露，方可在"监管函"上无名。

《人民的名义》里的信托真的有奇效？

2017-05-09

热播剧《人民的名义》中，有这样一段情节：山水集团董事长高小琴，是祁同伟的情人且两人还育有一子。高小琴叱咤汉东政商两界，深知江湖险恶，经历了太多的人生起伏，便未雨绸缪地为自己的孩子在香港成立两亿港币的信托资金。而高小琴入狱后，为孩子成立的这两亿港币信托基金会不会被没收这个问题一时间在网络上众说纷纭，有说要没收，有说依据信托财产独立原则，不应追及该部分财产。

说法一：可以没收

主张可以没收的，主要是依据我国《刑法》第64条规定"犯罪分子违法所得的一切财物，应当予以追缴或者责令退赔"，得出了可以追缴的结论。但该结论过于武断，既没有考虑中国内地和香港地区的法律制度的差异，也没有考虑到中国内地和香港地区之前还缺乏司法互助的制度安排。

香港地区也有相关规定，信托创立人在建立信托前须签订资金证明书，确保其资金源自合法途径，委托人违反该规定的，会影响信托的效力。但由谁作为适格的主体向香港法院提起诉讼，要求确认此信托的法律效力并进一步采取追缴措施呢？

由于涉及区域性立法的差异，在现实操作的过程中恐怕不是侯亮平检察官的激愤之词"你以为法律拿你没办法了吗？"这么简单了。

说法二：不可以没收

而主张不可以没收的，显然没注意到有效设立信托的前提是财产合法、目的合法，将信托财产独立原则凌驾于财产合法原则以及诚信原则之上，是对信托制度的误读。

一、什么是信托？

现代意义上的信托起源于13世纪的英国，距今已有800多年的历史。当时的英国，人们普遍信奉基督，教徒们纷纷自愿在死后把遗产（主要是土地）赠给教会，于是教会占有越来越多的土地，但这严重影响了君主和诸侯的利益。英王为此颁布了《没收条例》，规定凡以土地让与教会者，必须经君主及诸侯允许，否则予以没收。

英国的法官多数也是教徒，为帮助教会摆脱不利的处境，通过"衡平法院"，参照《罗马法》的信托遗赠制度，创造了USE制度。USE制度的具体内容是：凡要以土地贡献给教会者，不作直接的让渡，而是先赠送给第三者，并表明其赠送目的是为了维护教会的利益，第三者必须将从土地上所取得的收益转交给教会。

USE制度逐渐演变为现代信托，信托的主要功能由最早的转移财富向现代的专业化财产管理转移。

二、国内信托发展

我国在2001年颁行了《信托法》，该法确立了信托财产上的权利与利益分离，信托财产独立，信托公示，信托财产、目的合法，受托人有限责任，利益冲突防范等信托法基本原则。其中，信托财产的独立性原则延伸出了破产风险隔离、代际转移和传承、合法规避税收和契约化管理等优势；而信托财产上的权利与利益分离原则，则在代际传承中有特别重要的意义——防止财产落入挥霍无度的子女手中，同时为其提供基本的生活保障。

目前，国内谈到信托，通常是商事信托，最主要的是信托投资基金，也叫投资信托，即集合不特定投资者的资金，委托专家代投资者投资，达到减少投资风险、分享投资收益的一种信托形式。信托投资基金投资对象包括有价证券和实业。这样的信托本质上是一个理财产品、投资工具。

我国的民事信托由于认知不足、缺乏司法实践推动、社会信用程度较低、监管缺位等原因，尚未被民众普遍知晓和接受，但未来随着民间财富的增加，民事信托尤其是遗产信托，将成为信托的重要内容。

信托一旦依法成立，就不再受个人债务干扰，债权人无权执行信托财产和指定收益;而在财富传承过程中,信托可以让家人、孩子持续受益。遗嘱只是明确资产的归属,保险只能解决一代人的保险利益,而信托可以决定资产何时、何地、以怎样的方式来分配给一个或几个受益人,对于高净值人士来说,信托是财富传承中非常理想的法律工具。信托还可以规避遗产税,同时如果继承者管理资产能力不强,信托的存在可以将受益权和拥有权分开,由专业的信托公司对财产的保值增值作出合理规划的持续管理。

三、听说家族信托有奇效?

传媒大亨默多克设立数个家族信托,来解决他的资产在诸多儿女中的分配问题,其两任前妻的孩子可以有企业投票权,而第三任妻子邓文迪的两个女儿除了享有 3 亿美元的信托资产的受益权,不可能插手企业运营。

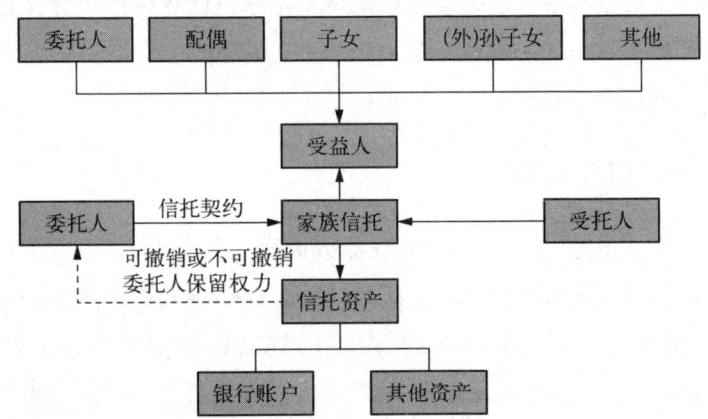

香港的富豪们把家族的财产包括有价证券和实业等,注入家族信托投资基金,有着防止家族成员争夺家产,保障家族成员的生活等功能。多数富豪的家族财团都已经成立了家族信托资金,包括李嘉诚、李兆基、邵逸夫、杨受成等富豪在内。这样做既可以防止遗产纷争,杜绝不肖子孙挥霍遗产,也可以防止他人觊觎庞大财产,更能杜绝受托人监守自盗。

高小琴两亿港币的信托资金能否追回、何时追回、以何种方式追回尚存悬疑,但作为高净值人士的你,是不是该想想子孙后代,千秋基业的问题了?

一文掌握"股权转让"所有税费问题

2017－05－16

随着互联网时代的发展,明星动辄几千万元的片酬入账,每年要缴纳的税费可不是一笔小数目;无独有偶,网红直播平台也火爆到不行,网红主播收入也是水涨船高,一年累计吸金过亿也是大有人在;还有每年福布斯富豪榜上的大咖们以百亿身价挤上榜单等。现实中,不少人受利益的驱使,走上逃税漏税之路……

一、一个案例

（一）因一个举报开展稽查

扬州某公司是由江都一民营企业与国外一家投资集团合资成立。其中,该投资集团通过其香港全资子公司持有扬州某公司49%股权。2009年初,江都国税局获悉,外方投资者可能进行股权转让,在推测的数种方案中,最大的可能就是间接转让,即境外控制方某投资集团整体转让香港公司来间接转让股权。

（二）案情深入,国税局开展详尽调查

2010年1月14日,扬州公司外方股份转让权在境外交易完毕,间接转让形式证实了江都市国税局最初的分析推测。江都国税局从交易购买方公司的美国母公司网站上查悉,网上仅详尽介绍了扬州某公司的相关情况,却未提及香港公司。这间接证明该母公司购买香港公司仅是形式,而交易的实质是为了购买扬州公司49%的股份。

（三）查证属实,依法追责

联合专家小组通过对购买协议及相关资料的深入分析,相互印证,认证香

港公司"无雇员；无其他资产、负债；无其他投资；无其他经营业务"的经济实质。根据税务总局的审核结果，江都国税局补征股权转让税款1.73亿元。

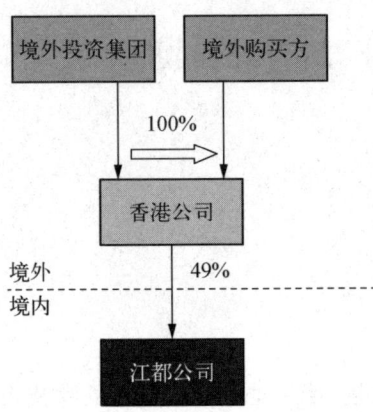

（四）总结

对金钱利益的追求是每个人的权利，但权利与义务是相辅相成的，纳税也是每一个公民应尽的义务。不要贪图一时的眼前利益，而给自己染上一辈子的污点，那样后悔就晚了。如果不了解法律的具体规定，那么很有必要去咨询律师，以保障权利与义务相统一，才能使自己以及企业获得更好的发展。

二、法律小贴士

以下笔者将分自然人、合伙企业、公司三个不同的主体厘清转让股权（限售股除外）涉及的个人所得税、企业所得税以及增值税。

（一）自然人

转让内容	个人所得税	增值税
上市公司股票	1. 转让暂免征收（财税字〔1998〕61号） 2. 股息、红利——持股期限超过1年的，股息红利所得暂免征收个人所得税；持股期限在1个月以内（含1个月）的，其股息红利所得全额计入应纳税所得额；持股期限在1个月以上至1年（含1年）的，暂减按50%计入应纳税所得额；适用20%的税率计征（财税〔2015〕101号）	免征（财税〔2016〕36号）

续表

转让内容	个人所得税	增值税
新三板股票	1. 转让收入减除股权原值和合理费用后的余额按"财产转让所得"20%税率征收（国家税务总局公告2014年第67号） 2. "股息、红利"同上市公司	不征
公司股权	1. 转让同新三板 2. "股息、红利"按收入全额适用20%税率征收	不征

自然人不包括外籍自然人，外籍自然人部分税目享有优惠政策。

（二）合伙企业

转让内容	企业所得税	增值税
上市公司股票	1. 按"转让财产收入"确认收入征收企业所得税（投资的成本准予扣除） 2. 股息、红利——连续持有居民企业公开发行并上市流通的股票在一年（12个月）以上取得的股息、红利等权益性投资收益为免税收入（国务院令第五百一十二号）	以卖出价扣除买入价后的余额为销售额按金融商品转让缴纳增值税。适用税率为6%，小规模纳税人适用3%征收率。（税总纳便函[2016]71号）
新三板股票	1. 转让同上市公司 2. 股息、红利——符合条件的居民企业之间的股息、红利等权益性投资收益为免税收入（主席令第六十三号）	不征
其他公司股权	同新三板股票	不征

合伙人是法人或其他组织的，股息、红利目前没有明确规定，其能否适用"符合条件的居民企业之间的股息、红利等权益性投资收益为免税收入"？

第一，合伙企业不属于居民企业；第二，法人性质的合伙人从合伙企业对外投资取得的股息红利，乃是合伙人通过合伙企业间接投资于居民企业，不属于直接从居民企业取得的股息红利，不属于免税收入，应缴纳企业所得税。虽然有地方性文件规定合伙制股权基金从被投资企业获得的股息、红利等投资性收益，属于已缴纳企业所得税的税后收益，该收益可按照合伙协议约定直接分配给法人合伙人，其企业所得税按有关政策执行，但这只是地方性政策。

(三) 公司

转让内容	个人/企业所得税	增值税
上市公司股票	1. 将转让股票所得并入生产经营所得和其他所得扣除相关成本费用后的净所得,合伙人是自然人的,比照个人所得税法的"个体工商户的生产经营所得"应税项目,适用5%—35%的五级超额累进税率计算征收个人所得税;合伙人是法人和其他组织的,征收企业所得税(财税〔2000〕91号) 2. 自然人合伙人——"利息、股利、红利所得"应税项目20%税率计算缴纳个人所得税(国税函〔2001〕84号);法人合伙人——缴纳企业所得税。	以卖出价扣除买入价后的余额为销售额按金融商品转让缴纳增值税。
新三板股票	同上市公司	不征
公司股权	同上市公司	不征

1. 企业对外进行股权投资所发生的损失,在经确认的损失发生年度,作为企业损失在计算企业应纳税所得额时一次性扣除。根据《国家税务总局关于企业资产损失税前扣除政策的通知》(财政部)规定,企业的股权投资符合下列条件之一的,减除可收回金额后确认的无法收回的股权投资,可以作为股权投资损失在计算应纳税所得额时扣除:

① 被投资方依法宣告破产、关闭、解散、被撤销,或者被依法注销、吊销营业执照的;

② 被投资方财务状况严重恶化,累计发生巨额亏损,已连续停止经营3年以上,且无重新恢复经营改组计划的;

③ 对被投资方不具有控制权,投资期限届满或者投资期限已超过10年,且被投资单位因连续3年经营亏损导致资不抵债的;

④ 被投资方财务状况严重恶化,累计发生巨额亏损,已完成清算或清算期超过3年以上的;

⑤ 国务院财政、税务主管部门规定的其他条件。

2. 从2014年11月17日起,对合格境外机构投资者(简称QFII)、人民币合格境外机构投资者(简称RQFII)取得来源于中国境内的股票等权益性投资资产转让所得,暂免征收企业所得税。

没有金箍棒的"毛巾哥"三战网易严选

2017 - 05 - 26

想要在江湖上闯出名气,最简单的办法就是把武林盟主打趴下,就像开武馆要先去踢馆一样。名不见经传的"毛巾哥"能否成功手撕网易严选,你怎么看?

一、事件回顾

2017年5月23日晚,一篇名为《致丁磊:能给创业者一条活路吗?》的文章火了。文章作者自称"毛巾哥",在向世人展示创业路之心酸的同时,控诉网易

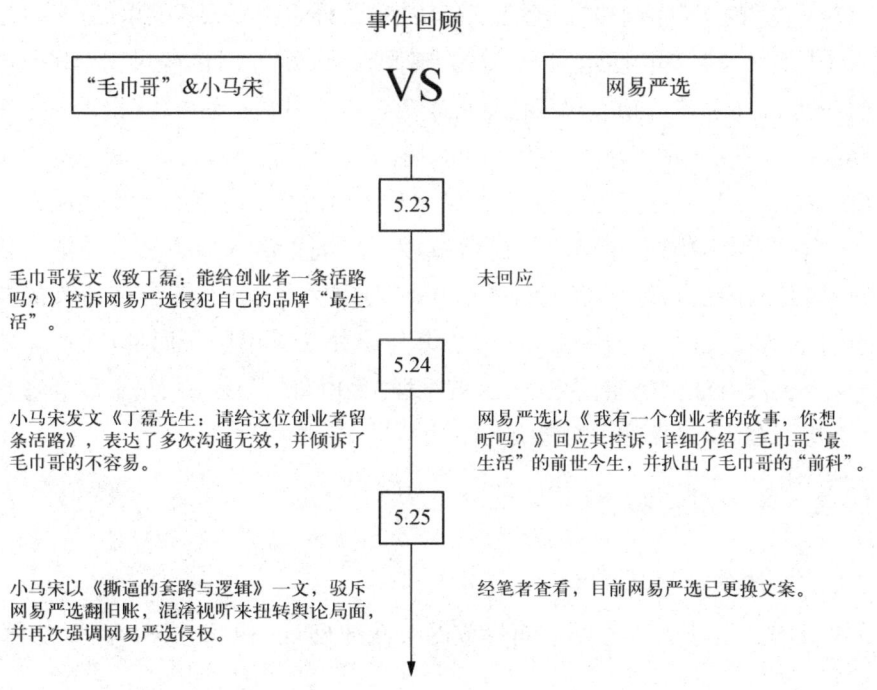

严选所销售的阿瓦提长绒棉毛巾侵犯自己的品牌"最生活 a-life",且涉嫌以"G20 专供"虚假宣传欺诈消费者。随后开始了三轮大战!

事发后,网易严选已更换文案,"G20 专供同款"已经被更换成了"瞬吸柔软,不掉毛"。

出于"吃瓜群众"的好奇心,笔者对"最生活 a-life"和"网易严选"做了一些背景调查。

[最生活 a-life]

"最生活 a-life"系小米、京东及雷军旗下的顺为资本投资的一家互联网毛巾品牌,该品牌的公司载体为本上生活(深圳)科技有限公司,成立于 2015 年。该品牌毛巾仅在小米商城、京东商城等电商平台及"最生活"品牌官网销售。

[网易严选]

"网易严选"系网易旗下 2016 年上线的电商品牌,销售居家、餐厨、配件、服装、洗护、母婴、原生态饮食等各类产品,营销模式是由其他品牌制造商生产,网易公司负责采购、品控、物流、销售、售后。

看到这里,福尔摩斯笔者突然嗅到了电商大战的味道,也敏锐地发现这是一个向广大"吃瓜群众"普及法律的好机会。在这场口水战中,"毛巾哥"控诉网易严选侵权,到底侵犯的是何种权利?

"毛巾哥"的文章声泪俱下地大篇幅描述了"最生活 a-life"毛巾的产生过程:"我在工厂跟有 30 多年毛巾生产经验的老师傅一起研究工序,经过三个多月的调整,终于在 2016 年 5 月研发出了这款最生活毛巾。"因此,"毛巾哥"得出了一个结论:网易严选平台上的毛巾与自家平台的商品"太雷同",而严选页面上对该款商品"G20 专供同款"的描述也涉嫌侵权,最生活毛巾才是 G20 签约专供用品。

但据笔者查询国家知识产权局网站,发现"最生活 a-life"毛巾系本上生活(深圳)科技有限公司产品,无论是"毛巾哥"还是该公司,并未为其所称的技术申请专利。再经进一步的挖掘,发现两家公司并未采用同一商标,在产品的外观包装上也没有任何的雷同之处,这就难怪"毛巾哥"只能在网络上以弱者自居讨伐大佬丁磊了,只因他手里没有握有大杀器——知识产权。

二、几个相关概念

(一)什么是知识产权?

知识产权是基于智力创造而形成的被法律确认的财产权利,包括专利、商标、著作权（包括软件著作权）、专有技术（也称技术秘密）等。如果"毛巾哥"能祭出上述大杀器中的任何一件，则无须悲情，直接就可以单挑大佬丁磊了，而现实是——他没有！所以才以悲情博同情，一下就戳中了创业者的痛点，然后这篇文章火了……

（二）什么是专利权？

专利权，简称专利，是指发明人或权利人对特定的发明创造申请专利并经国家相关部门许可后，在一定期限内依法享有的独占实施权。主要包括：

（1）发明专利，是指对产品、方法或者其改进所提出的新的技术方案而授予的专利。

（2）实用新型专利，是指对产品的形状、构造或者其结合所提出的适于实用的新的技术方案而授予的专利。

（3）外观设计专利，是指对产品的形状、图案或者结合以及色彩与形状、图案的结合所作出的富有美感并适于工业应用的新设计而授予的专利。

毛巾哥的"我在工厂跟有30多年毛巾生产经验的老师傅一起研究工序，经过三个多月的调整，终于在2016年5月研发出了这款最生活毛巾"，如果满足以上条件是可以申请专利的。

（三）什么叫"商标"？

商标：是识别某商品、服务或与其相关的具体个人或企业的显著标志，可以是图形或文字，也可以声音、气味或立体图像来表示。商标经过法定程序注册后，就成为权利人的利器，任何第三人在相同或相类似的产品或服务上使用相同或相类似的表示，就构成侵权。

（四）什么是著作权？

著作权：指作者或权利人对其作品享有的姓名权、发表权、演绎权、出租权等权利，未经合法许可的使用，就可能构成对著作权的侵犯。

（五）什么是专有技术？

专有技术：系指生产某项产品的专门知识、操作经验和技术的总和。专有技术和专利一样也是技术，但它是不公开的技术。通常来说，别人难以模仿的技术才采用专有技术的方式保护，如可口可乐的配方。

三、结语

　　所有的知识产权均有一定的独占性和垄断性。创业者们,如果你们开始创业,请从一开始就注重这些方面的制度设计,听取律师的建议,为自己打造一套法律的黄金铠甲,方可手持金箍棒,脚踩七彩祥云,开始自己的创业之路,遇山开山,遇水劈水,所向披靡!而不要像"毛巾哥"一样,遇事只能以弱势博同情,还被反驳的文章淋了一头的狗血!

股权代持

——那些纷纷扰扰的事！

2017-06-06

《人民的名义》中大风厂国企改制,允许核心员工购买公司40%的股权,后因公司资金周转,大股东蔡成功以公司股权作为抵押,向山水集团借款,并约定了高额的利息,当时员工的股权统一由员工持股平台代持,后来被人设局,"过桥"失败,借款无法返还,公司股权被法院处分,员工的利益遭受到重大损失,引起一场轩然大波。那么,现实生活中,我们如何避免入坑呢?

一、为什么会有股权代持？

公司在存续过程中,经常会出现股权代持的现象。有些人为了逃避主体资格的合规性要求、逃避同业竞争的监管要求、回避关联交易表决程序的要求,或是为了规避其他法律上的限制性要求,往往采取股权代持的措施。

股权代持与直接持股相比,具有较好的隐蔽性。但是股权代持存在着很大的风险,证券相关法律法规中更是明令禁止股权代持。所以在决定进行股权代持之前,请务必权衡好其中的利弊,并做好防范措施。

二、何为股权代持？

股权代持又称托付持股、隐

股权代持

实际出资人与名义出资人达成约定:名义出资人作为名义股东,在公司工商登记信息上出现,但是幕后由实际出资人出资并享有投资权益。

实际上,名义股东有可能对公司毫无了解、认知。

名出资或化名出资,是指实际出资人与他人约好,以他人名义代实际出资人实施股东权利责任的一种股权或股份处置办法。

三、识别股权代持三大"坑"

(一)股权代持协议的效力风险

> 【案例索引】
> 法人股东B和C打算成立甲医疗器械有限公司。刘先生长期从事医疗器械相关行业的经营,在该行业具有一定的优势,且与B的董事长有一定私交。碍于同业竞争的限制,刘先生与B协商,刘先生通过B对甲公司进行投资。也正是由于刘先生与B公司董事长的私交,双方并未签订任何书面的代持协议,刘先生向B的账户上汇款200万元,并写明投资款。双方仅约定刘先生按照出资的比例享有收益,其余细节也并未深入讨论。后刘先生业务调整,决定在甲公司显名,遂与B公司协商显名事宜,没曾想B公司完全否认股权代持的相应事宜。

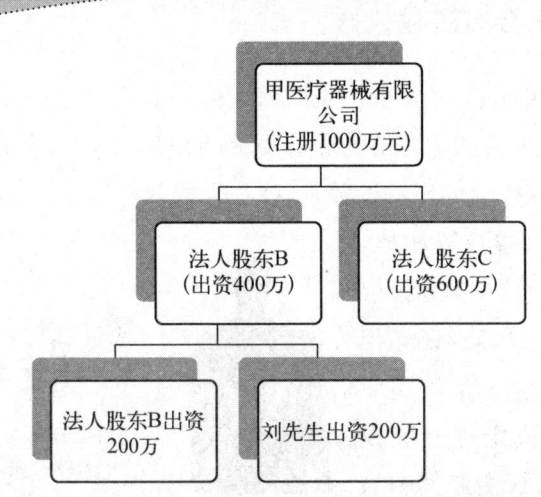

那么股权代持口头协议的效力,仅依据银行转账凭证,能否确认股权代持的法律关系?

我国《公司法》解释规定:有限责任公司实际出资人与名义出资人订立合同,约定股权代持协议,实际出资人享有收益,名义出资人为名义股东。在签订协议情况下,因投资权益归属发生争议,人民法院支持实际出资人以实际履行出资义务为由向名义股东主张权利。代持股关系一般基于委托关系形成,法院对双方签订书面的委托合同或者代持股协议予以认可和保护。

看到这里想必你自然要问,既然都受到法律的保护了,哪来"坑"之说?

那只能说明你太单纯了,要知道虽有银行转账凭证,但资金往来性质存在多种可能性,如委托投资、共同投资、赠予、借款、还款等等。银行资金划转凭证能够证明存在资金流转关系,但仅凭银行转账与投资在金额和时间上相吻合的事实,难以认定双方对资金的用途形成了共同意思表示,无法判断是否存在股权代持协议、代持协议的内容是什么等,因此很难仅根据资金流转的事实推定双方存在委托持股法律关系。

入坑结果:赔了夫人又折兵。明明是投了钱,并且经营着公司,但因为刘先生无法提交其他间接证据,未能形成完整的证据链,不具有排他性,举证不具有优势。真假难辨,最终还会弄得两败俱伤。

(二)隐名股东权益受损

> 【案例索引】
> 哈尔滨国家粮食交易中心与哈尔滨银行股份有限公司科技支行等执行异议纠纷上诉案——最高人民法院(2013)民二终字第111号民事判决书(http://www.court.gov.cn/wenshu/xiangqing-838.html)

《最高院关于"股权代持及名股实债协议"的裁判规则》通过上述案例表明立场:"名义股东的债权人对代持的股权申请强制执行,隐名股东以其为代持股权的实际权利人为由提出执行异议,要求停止执行的,法院不予支持。"

我国《公司法》规定,公司应当将股东姓名或者名称及其出资额向公司登记机关登记;登记事项发生变更的,应当办理变更登记。未经登记或者变更登记的,不得对抗第三人。对公司外部而言,公司的股权应当以对外公示的工商登记为准,股权代持的约定不会引起外界其他法律关系的变化。

那么还有哪些情况也被认为是无效的呢?套路这么多,只是各不相同而已。如名义股东将登记于其名下的股权转让、质押或以其他办法处置，隐名股东以其对于股权享有实际权利为由，请求认定处分股权行为无效的，人民法院可以参照物权法第一百零六条的规定处理。也就是如果第三人依法主张其善意取得该股权，则该股权转让、质押等有效。隐名股东虽然可以要求名义股东承担赔偿责任，但股权丧失所导致的损失岂是可以简单计算出的。

入坑结果：损失无法计，投资需谨慎。名义股东有时还会滥用股东权利，如关乎公司发展的重大决策事项未与隐名股东协商而自行决定，滥用表决权、分红权、增资优先权等的后果则有可能使隐名股东权益受损。

（三）证券市场对股权代持说NO!

有些企业在上市前，出于利益考虑会有公务人员加入。一为避人耳目，二因主体资质限制，公务人员往往会找一家企业或者远房亲戚、朋友来代持股份，等公司上市后，限售期一过，套现后就撤退。我国《公司法》虽认可股权代持协议的合法性，但证券相关法律法规却明令禁止这种股权代持的行为。在利益的诱惑下，依然有人铤而走险。事实上无论是对显性股东还是对"影子股东"，股权代持的风险都非常大。

《首次公开发行股票并上市管理办法》规定："发行人的股权清晰、控股股东和受控股股东及实际控制人支配的股东持有的发行人股份不存在重大权属纠纷。"《全国中小企业股份转让系统业务规则》第二章第一条规定，申请在全国股份转让系统挂牌的企业必须"股权明晰，股票发行和转让行为合法合规"。无论是IPO还是新三板，对股权清晰的认定标准均为不能存在股权代持的情形。股权明晰是主办券商和律所律师的核查重点，在他们出具的合法合规性意见和股票发行法律意见书中都需要对股票发行是否存在"股权代持"情形发表明确意见。

入坑结果：无论主动被动，公司上市不是"过家家"。无论股权代持是主动还是被动，灰色收入不得有！避免自己上市遇挫，最好的方法就是让"影子股东"见光！法律法规也明确禁止证券公司从业人员的股权代持行为。《证券法》第43条就明确规定，证券公司的从业人员不得直接或者以化名、借他人名义持有、买卖股票，也不得收受他人赠送的股票。

防骗指南一：如果真的要股权代持，一定要准备一份完美的书面代持协议

股权是基于股东地位而取得的包括财产权和经营管理权在内的多种权利的集合体，同时具有资合性和人合性的双重特点。由于股东权利的复杂性，法律规定股东资格的取得必须履行一系列要式法律行为，涉及股权代持关系，则必须依靠代持协议来确定名义股东和隐名股东之间的权利义务关系。如果一定要选择股权代持，且想股权代持万无一失，则必须签订确认双方关系的书面协议，而且基于有限公司的人合性的法律特征，需要有公司其他股东对代持实际权利人的确认。

如何做到完美，代持协议的内容至关重要：

（1）明确双方具体身份信息，明确代持关系的界定，对于代持股权的比例和金额需要计算、表述清楚。

（2）对于投资权益的归属和如何分配进行严密、清晰的表述。

（3）明确对双方权利义务约定和责任的承担，如名义股东履行股东权利的范围，名义股东哪些事项的表决和决定需要经过实际出资人的书面确认，是否可以进行股权转让质押等处置，税费承担、风险承担等。

（4）约定争议和纠纷的解决途径、明确签订时间等条款。

（5）有公司其他股东对代持实际权利人的书面认可。

签订书面代持协议的本质是要清晰地表明实际出资人和隐名股东之间已经建立了委托关系或者代持股关系，明确证明该委托关系或者代持股关系基于共同的意思表示。从而避免因约定不明导致的股权纠纷。如果对股权代持协议的表述是否完备拿不准，不妨问问身边的律师朋友。

防骗指南二：隐名股东不可取，有名有证才合法

隐名股东根据自身情况决定显名，或是公司在上市或挂牌过程中需要对股权代持进行清理，本质上就是实际出资人成为《公司法》意义上的股东。实际投资人请求公司变更股东、签发出资证明书、记载于股东名册、记载于公司章程并办理公司登记机关登记，实际上要对其股东资格进行确认，需要有事实上的出资行为、代持协议等。

你以为这就完了？那你就大错特错了！

同时你还需要符合《最高人民法院关于适用若干问题的规定（三）》第二十四条第三款的规定，即必须经公司其他股东半数以上同意。

实际出资人并非想显名就能显名,要成为《公司法》意义上的股东还需要公司其他股东的同意。出于公司发展和自身利益的考量,公司其他股东有时会选择不同意,这就会直接导致实际出资人最后并未能够显名成功,早知今日,何必代持。

四、结语

股权代持,实际上是一种委托关系,坑不坑与代持人人品有很大关系。其实在中国现实的环境中,唤醒代持人的法律意识极为重要。法律面前权利与义务相辅相成,既不要钻法律空子,也不要被有心人钻了!

用这一招来避税，一下省了500万，背后却隐藏着巨大的法律风险

2017-06-14

一、一则案例

在开始这篇文章之前，我们有必要先看一则活生生的案例，让你对本文所论述的话题有一个直观的感受。

（一）故事起因：为省500万，通过股权转让实现房地产转让

A公司（股东为B、C）在上海青浦工业园区拥有一幢价值4000万元的工业厂房，B、C通过股东会决议将上述工业地产转让，D公司拟购买上述工业厂房。如采取直接买卖的方式，A公司将缴纳500多万的税费，因此A公司的股东B、C提议通过股权转让的方式转让该工业厂房，同时愿意将交易价格降到3900万元。双方一拍即合，并表示本次交易中不涉及其他资产及公司的债务转让。

（二）矛盾突生：专利侵权，曾经"合作默契"如今对簿公堂

在完成股权转让后，B、C依约归还了公司的债务及提走公司的其他设备，双方相安无事。过了数日B、C注册了新公司E，仍然生产以前的产品，D公司无意中发现E公司生产的产品为专利产品，而专利权人为A公司。于是A公司随即起诉E公司要求停止侵权行为，并赔偿经济损失。

（三）审判结果：侵权成立，"双赢"演变成高额赔偿

庭审中，虽然E公司在答辩时称该公司的股东B、C在转让A公司的股权时没有转让公司的专利，因此，该专利权应该归B、C所有，但是法院最终还是支持了A公司的诉讼请求，判令E公司立即停止生产A公司的专利产品，并赔偿经济损失。B、

C原以为是双方共赢,最终却以自己受到惨重损失为代价完成了这笔交易。

(四)法律解读:标的公司的其他资产权属要厘清

很显然,在上述案例中,B、C没弄明白股权与企业法人的财产各自独立,分属两个不同的主体,股权转让合同转让的标的物是股东的股权,而非标的公司的法人财产。《公司法》第三条明文规定"公司是企业法人,有独立的法人财产,享有法人财产权。公司以其全部财产对公司的债务承担责任,股东仅以出资额为限对公司承担责任"。也就是说上述案例中的专利权是完全属于A公司的财产,因此,作为股东来说原则上在股权转让协议中是不能对公司债权、固定资产、知识产权作出相应约定的。除非在股权转让合同签署之前进行技术处理,否则,即便标的公司在股权转让协议上签字,也应视为分红,应按照公允价值依法缴纳相应所得税。

二、通过股权转让实现房地产转让成"香馍馍"

目前在工业地产、土地增值税、商业地产交易中,房地产资产直接买卖涉及的交易税费较高(需要缴纳的税费包括:增值税、印花税、契税、企业所得税),而通过股权转让的方式转让房地产资产,仅公司的股东需要缴纳企业所得税或个人所得税,涉及的税费相对来说要比直接买卖低很多。因此,越来越多的公司通过股权转让的方式转让房地产资产。

那么,以股权转让方式实现房地产转让到底有哪些可以施行的方案呢?

背景:A公司及股东欲以股权转让方式取得B公司的房地产		
方案一	B公司以房地产投资A公司,后B公司将其持有的A公司股权转让给A公司的其他股东	优势:B公司投资时可以规避土地增值税,B公司转让股权时可以规避增值税和契税
		劣势:需要增加注册资本和实收资本手续;以房地产投资涉及评估、验资和登记等费用;与此同时还需要考虑到法律、行政法规等强制性规定对房地产转让的限制
方案二	B公司以房地产投资新设立的C公司,后由B公司将其持有的C公司股权转让给A公司	优势:同方案一
		劣势:需要新设公司,手续比较烦琐,同时也需要考虑法律、行政法规等强制性规定对房地产转让的限制
方案三	B公司的股东将其持有的100%股权转让给A公司	优势:手续相对简单,无须受国家法律对房地产转让的限制,规避契税、土地增值税、企业所得税等
		劣势:需要做好前期尽职调查,法律风险比较大

三、以股权转让方式实现房地产转让到底能省多少？

其实，股权转让方式之所以备受欢迎，归根结底还是因为能"避税"，现在我们就来看看如果按照表格中的方案三来操作，到底能省下多少钱。

涉及税费	股权转让		房地产转让	
	计税依据	税率	计税依据	税率
增值税费	免	—	应纳税额＝全部收入－原值	11%
城建税和教育费附加	不涉及	—	按营业税的一定比例	—
契税	不涉及	—	产权转移价格	3%
土地增值税	有争议（参照国税函[2000]687号文件）	—	增值额	30%—60%
企业所得税/个人所得税	转让所得	25%/20%	转让所得	25%/20%
印花税	总价	0.05%（股东决议形式转让股权不需缴纳）	总价	0.05%

注：国税函[2000]687号文件是国税局对《关于以转让股权名义转让房地产行为征收土地增值税问题的请示》批复，批复中决定应按土地增值税的规定征税。在实践中涉及以股权方式转让房地产是否需要征收土地增值税的问题，主要争议来自税务机关的判定。

四、以股权转让方式实现房地产转让是否涉嫌非法？

关于以股权转让方式转让房地产的合同效力到底是有效还是无效，一度争议颇多，有学者认为其是以合法形式掩盖非法目的，应按照《合同法》第52条的规定认定合同无效；另有学者认为通过股权转让方式转让房地产涉嫌避税，损害国家利益应认定合同无效；也有专家认为法律并未明确禁止以股权转让方式获得土地使用权、房产所有权，法无禁止即自由，即合法，应认定为合同有效。但以最高法最近几年的相似案件判决来看，都认定以股权方式转让房地产的合同为有效。

事实上，我们判定以股权转让方式转让房地产的合同有效还是无效，不能仅从法律形式上认定，还要探讨其背后的实质问题，包括是否存在违反《城市房地产管理法》第39条的规定，是否存在转让价格严重偏低的情形等，综合判断合同是否有效。

五、面对法律风险,我们需要怎样防范?

以股权转让方式转让房地产风险比较大,涉及因素和事项比较多,对股权受让人来说具有很大风险,要如何防范,才能确保自己的利益不受损?

(一)做好尽职调查

在签订股权转让合同之前,应委托会计师事务所对目标公司进行财务尽职调查,出具审计报告和资产评估报告;聘请律师事务所对目标公司的基本情况进行调查,对公司的负债和担保情况进行调查,对公司的设立和审批手续进行调查,对拟转让的房地产权属和性质进行调查,出具可行性分析报告。

(二)控制好交易节点并制作股权转让实施方案

委托律师制作详细的股权转让实施方案,确定公司章程修改、工商变更登记、文件交接、房地产项目交接的具体时间、实施方案和具体步骤。

(三)利用担保和违约条款

为了最大限度地保护双方当事人的利益,需要约定好股权转让款的支付和房地产项目交接的时间点,以及逾期办理相关手续的违约责任和担保方式。

摸不透的美图模式,限售股解禁掀起轩然大波

2017-06-18

2017年6月15日,美图迎来上市后的解禁日,股价跌破发行价。美图在过去的6个月时间里股价像坐过山车,市值一度逼近1000亿港元,最高炒到每股23.05元。此后不断下跌,市值从最高970多亿元跌回起点。

美图有近四成的股权由上市前投资者持有,其中最低的一批买入价约为0.35元,现已净赚逾26倍。有基金经理估计,在禁售期完结后,将有上市前投资者获利离场。

上市前投资者共持约4成美图股权

优先股系列	相当于每股普通股成本	账面利润	约占美图现有股权
A-1系列优先股	约0.35元	26.7倍	1.1亿股(2.63%)
A-2A系列优先股	约0.83元	10.7倍	4.2亿股(9.87%)
A-2B系列优先股	约0.56元	16.3倍	1.4亿股(3.42%)
B系列优先股	约1.69元	4.7倍	5.3亿股(12.44%)
C系列优先股	约4.28元	1.3倍	3.5亿股(8.15%)
D系列优先股	约7.37元	31.6%	1.4亿股(3.39%)

资料来源:美图招股办

有基金经理表示美图的盈利模式看不透。从美图的招股书可以看出,公司经营的只有两种业务:智能硬件、互联网服务及其他。其中,智能硬件就是指销售美图手机,互联网服务及其他指的是在线广告、美拍及手游中销售虚拟物品。

而占主导的是智能硬件部分,占比达到了95.1%。

很明显,这样的业绩没有持续性,没有后续盈利动力,未来股价上升的机会不大,也难怪蔡文胜的儿子连续两个月减持手中股份。大批限售股即将解禁,此前有媒体采访过蔡文胜是否担心投资者沽货,蔡文胜表示留到下个月股东会上说,同时表示自己不会减持手头股份。限售股解禁,股价重挫近7%跌破发行价,显然即使有Angelababy的"美颜"也难支撑美图股价!

吃瓜群众看热闹不嫌事大,看了这么多,笔者要考考你,限售股涉及哪些税呢?

答得出,请对照下文答案!笔者佩服!答不出,更要仔细看!

限售股是取得了在股票公开交易市场的流通权但受法定和意定的期限与比例的限制,尚不能进行流通的股票。那么关于限售股又有哪些税呢?

一、限售股所得税

(一)个人所得税

根据《关于个人转让上市公司限售股所得征收个人所得税有关问题的通知》和《关于个人转让上市公司限售股所得征收个人所得税有关问题的补充通知》规定,限售股转让涉及的个人所得税详细如下:

1. 征税范围

(1)上市公司股权分置改革完成后股票复牌日之前股东所持原非流通股股份,以及股票复牌日至解禁日期间由上述股份孳生的送、转股(统称股改限售股);

(2)2006年股权分置改革新老划断后,首次公开发行股票并上市的公司形成的限售股,以及上市首日至解禁日期间由上述股份孳生的送、转股(统称新股限售股);

(3)个人从机构或其他个人受让的未解禁限售股;

(4)个人因依法继承或家庭财产依法分割取得的限售股;

(5)个人持有的从代办股份转让系统转到主板市场(或中小板、创业板市场)的限售股;

(6)上市公司吸收合并中,个人持有的原被合并方公司限售股所转换的合并方公司股份;

(7) 上市公司分立中,个人持有的被分立方公司限售股所转换的分立后公司股份;

(8) 其他限售股。

2. 税率及计征方法

税率:对个人转让限售股取得的所得,按照"财产转让所得",适用20%的比例税率征收个人所得税。

计征方法:以每次限售股转让收入,减除股票原值和合理税费后的余额,为应纳税所得额。

应纳税额=限售股转让收入-(限售股原值+合理税费)×20%

证券机构技术和制度准备完成前形成的限售股,证券机构按照股改限售股股改复牌日收盘价,或新股限售股上市首日收盘价计算转让收入,按照计算出的转让收入的15%确定限售股原值和合理税费,以转让收入减去原值和合理税费后的余额,适用20%税率,计算个人所得应纳税额。

证券机构技术和制度准备完成后新上市公司的限售股,按照证券机构事先植入结算系统的限售股成本原值和发生的合理税费,以实际转让收入减去原值和合理税费后的余额,适用20%税率,计算个人所得应纳税额。

3. 属于应征税转让行为的情形及对应的转让收入的确认

应征税的转让行为	限售股转让收入
个人通过证券交易所集中交易系统或大宗交易系统转让限售股	以转让当日该股份实际转让价格计算
个人用限售股认购或申购交易型开放式指数基金(ETF)份额	通过认购ETF份额方式转让限售股的,以股份过户日的前一交易日该股份收盘价计算;通过申购ETF份额方式转让限售股的,以申购日的前一交易日该股份收盘价计算
个人用限售股接受要约收购	以要约收购的价格计算
个人行使现金选择权将限售股转让给提供现金选择权的第三方	以实际行权价格计算
个人协议转让限售股	按照实际转让收入计算,转让价格明显偏低且无正当理由的,主管税务机关可以依据协议签订日的前一交易日该股收盘价或其他合理方式核定其转让收入

续表

应征税的转让行为	限售股转让收入
个人持有的限售股被司法扣划	以司法执行日的前一交易日该股收盘价计算
个人因依法继承或家庭财产分割让渡限售股所有权	以转让方取得该股时支付的成本计算
个人用限售股偿还上市公司股权分置改革中由大股东代其向流通股股东支付的对价	以转让方取得该股时支付的成本计算
其他具有转让实质的情形	其他

* 限售股在解禁前涉及多次转让的，转让方对每一次转让所得均应按规定缴纳个人所得税。

4. 成本确认

这里说的成本即限售股的原值和合理税费的合计。限售股的原值和合理税费明确且能提供相关资料的，以实际的原值和合理税费作为成本；部分限售股成本原值不明确，导致无法准确计算全部限售股成本原值的，一律以实际转让收入的15%作为限售股成本原值和合理税费。以下限售股转让的成本确认如下：

(1) 个人转让因协议受让、司法扣划等情形取得未解禁限售股的，成本按照主管税务机关认可的协议受让价格、司法扣划价格核定，无法提供相关资料的，按照计算出的转让收入的15%确定限售股原值和合理税费；

(2) 个人转让因依法继承或家庭财产依法分割取得的限售股的，成本按照该限售股前一持有人取得该股时实际成本及税费计算；

(3) 证券机构形成的限售股，自股票上市首日至解禁日期间发生送、转、缩股的，证券登记计算公司应依据相应比例对限售股成本原值进行调整；而对于其他权益分派情形（如现金分红、配股等），不需要对限售股成本原值进行调整。

5. 同时转让限售股及该股流通股如何纳税

纳税人同时持有限售股及该股流通股的，其股票转让所得按照限售股优先原则纳税，即：转让股票视同为先转让限售股，按规定计算缴纳个人所得税。

（二）企业所得税

根据《国家税务总局关于企业转让上市公司限售股有关所得税问题的公

告》，限售股转让的企业所得税详细如下：

1. 将解禁前的限售股转让的企业所得税——按减持在证券登记结算机构登记的限售股取得的全部收入，计入企业当年度应税收入计算纳税。

2. 企业转让代个人持有的限售股征税问题

因股权分置改革造成原由个人出资而由企业代持有的限售股，企业在转让时按以下规定处理：

（1）企业转让代持个人限售股取得的收入，应作为企业应税收入纳税，纳税后转让收入余额转付给实际所有人时不再纳税。

该限售股转让所得＝限售股转让收入－限售股原值－合理税费。企业未能提供完整、真实的限售股原值凭证，不能准确计算该限售股原值的，按该限售股转让收入的15％，核定为该限售股原值和合理税费。

（2）依法院判决、裁定等原因，通过证券登记结算公司，企业将其代持的个人限售股直接变更到实际所有人名下的，不视同转让限售股。

二、限售股转让增值税

（一）三种限售股转让的买入价

根据《国家税务总局关于营改增试点若干征管问题的公告》，明确限售股转让需缴纳增值税，确定了如下三种限售股转让的买入价：

三种限售股转让	买入价
上市公司实施股权分置改革时，在股票复牌之前形成的原非流通股股份，以及股票复牌首日至解禁日期间由上述股份孳生的送、转股	以该上市公司完成股权分置改革后股票复牌首日的开盘价为买入价
公司首次公开发行股票并上市形成的限售股，以及上市首日至解禁日期间由上述股份孳生的送、转股	以该上市公司股票首次公开发行（IPO）的发行价为买入价
因上市公司实施重大资产重组形成的限售股，以及股票复牌首日至解禁日期间由上述股份孳生的送、转股	以该上市公司因重大资产重组股票停牌前一交易日的收盘价为买入价

（二）关于"新三板"股票及限售股是否属于增值税征收范围

这一问题争议颇大，引发争议的主要原因是："全国中小企业股份转让系统"是否属于"公开市场"尚无定论。上交所和深交所是国务院批设的全国性证券交易场所，而新三板挂牌企业的股票通过"全国中小企业股份转让系统"进行转让，目前仅有协议转让和做市转让两种交易方式，尚未形成公众公开竞价交易，故其是否属于"公开市场"存在争议。笔者认为主张征收增值税的观点对"公开市场"的理解过于狭隘，但有司法判例支持上述观点。在实务操作中发现，不同地区的税务机构对此问题也有不同的认识和实务操作，在目前未有清晰文件界定的情况下，建议实务操作人员与属地税务机构提前沟通，以免届时出现对自己不利的情形。

转让限售股主体	所得税	增值税
个人	征税	不征
合伙企业	征税	征税
企业	征税	征税

五年翻五倍,身家高达1800亿!

——医药行业惊人并购数据背后,你被套路了吗?

2017-06-21

医院并购大潮来袭,可谓资本逐鹿、群雄割据。20倍估值更是让许多投资人嗨到不行。面对这么大的一块蛋糕,能否吃得下去?背后又存在怎样的法律风险?

一、回顾:2016年,超过30家公立医院被卖掉!

如今,医院并购成下一片资本蓝海。在大量收购民营医院的同时,资本的触角也伸向了公立医院。济民制药、海南海药、康美药业等药企纷纷出手拿下医院,为彷徨中的同行指引了方向。

根据报告显示,2016年整个医疗健康行业的并购活动无论从数量还是金额上都呈现爆发式增长,交易金额不断刷新历史。

1. 数量。医药行业并购交易从2012年起逐年增长,到2015年,已超过450起,去年并购案例数量出现回落。

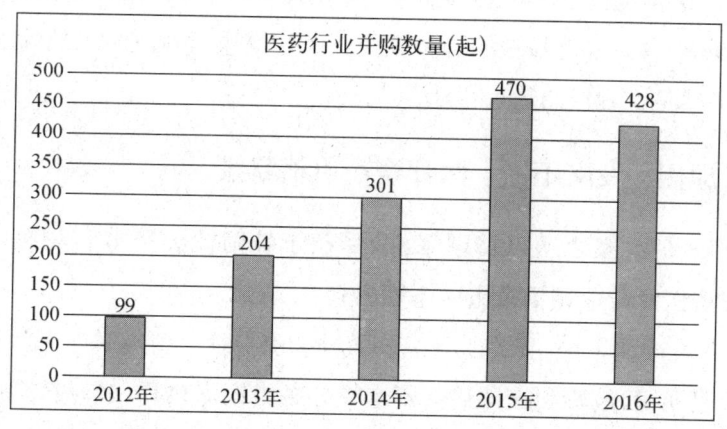

2. 金额。与持续增长的并购数量相对应的是,并购金额亦屡次创新高。2012 年国内医药行业并购总金额约为 320 亿元,到 2016 年,并购金额超过 1800 亿,5 年间,医药行业并购总额涨逾 5 倍。

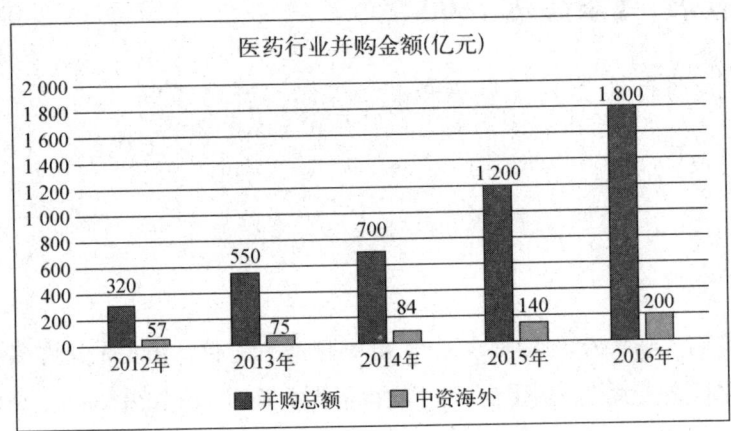

3. 地区。2016 年,医院并购活动发生在 17 个省市,从并购医院数量分布上看,主要集中在河南、安徽、四川、广东、山东、湖北等地区。

4. 分类。2016 年公立医院并购数量为 31 家,占并购医院数的 62%。综合医院并购占 62%,专科医院并购占 38%。

二、预测:未来,40%的公立医院将会被卖掉

目前地方医院中的三级医院属于优良资产,卖出的可能性较小,但由于有些地方政府欠了一屁股债,没钱支持二级及以下医院发展了,一旦断奶,二级医院的卖出也只是时间问题。据有关专家预测,未来 40%的公立医院将会被收购。

一方要卖,另一方有强烈的购买欲望。医疗健康行业现在及将来很长一段时间内都必然是投融资的热点行业。

三、原因:发文不断,医疗资产价格暴涨

医疗资产的身家之所以持续暴涨,受益于鼓励社会资本参与医疗体制改革,以及投资医疗行业相关政策的不断出台:

2010 年发改委等部门《关于进一步鼓励和引导社会资本举办医疗机构意见的通知》即已明确,鼓励和支持社会资本举办各类医疗机构,鼓励社会资本参与

公立医院改制。

2017年3月28日,最高规格的医改大会——全国医改工作电视电话会议在北京召开,国务院总理李克强作出批示:2017年要进一步深化医疗、医保、医药联动改革,大力推动医疗联合体建设、全部取消药品加成、医保支付改革等取得突破。

伴随着医药流通领域的变革,两票制大考,药企在许多方面颇受掣肘,选择并购医院则是药企调整运营模式的上上策。

四、警惕:并购医院必须关注其特殊法律风险

医院作为一类特殊行业,自身就有特定的准入门槛,而医疗体制改革深入的同时也暴露了医院行业面临的特殊问题。特别是我国医院以公立医院为主,医院并购往往在政府既是管理者也是所有者的背景下进行,医院并购行为不是单纯的市场行为,并购医院必须关注其特殊法律风险。

(一)关键词:行政干预、并购限制

我国企业并购中受到诸多因素干扰,全国性法律调控、地方性法律规定和政策影响……企业选择并购目标医院时,应充分了解并购对象所在地域对并购行为的态度,特别是并购公立医院,在国家层面政策不明确的情形下,所在地政府关于医院并购的态度是做出并购战略决策的先决条件。

同时,关于企业并购操作规范的说明散见于不同规范性文件中,对并购的实质要件和程序要件有着各自不同的规定。比如《企业国有产权转让管理暂行办法》要求,国有资产监督管理机构决定转让所出资企业的国有产权,致使国家不再拥有控股地位的,应当报本级人民政府批准,如并购公立医院,必须符合国有产权转让的相关规定。

(二)关键词:公立医院、政策模糊

很多投资医院失败的案例究其原因就是法律政策不完善,导致投资风险增大,稍有不慎就会造成严重的资金安全问题。收购公立医院具有承接优良医疗服务项目、医疗管理体系、医疗客户资源以及培养医疗服务人才等优势。不过,目前公立医院改革的政策较为模糊,公立医院收购过程缓慢,历时较长,收购失败的可能性较大。如华润医疗收购高州市人民医院失败后,项目负责人刘明在

2014年接受采访时被记者问哭,业界纷纷感慨:公立医院收购不是有钱就能任性的。

企业在投资前应该聘请相关专家对现有的法律条文进行解读,及时发现投资可能面临的风险,通过这些判断政府的支持度,以及未来几年内政策可能发生变动的走向,把握投资时机。

(三)关键词:骨干流失、医疗纠纷

并购医院的特殊经营风险之一主要表现在核心管理人员和骨干专家的流失,可能导致管理层混乱,带走核心专家团队,从而流失大量病源。这对收购医院的药企而言,意味着其产业协调、资源互补目的落空。

医疗作为特殊行业在经营中还需要面对一类特殊的法律纠纷——医疗纠纷。除由医疗过错及过失引发的医疗事故纠纷外,医院常面对由于患者单方不满意引起的其他医疗纠纷。医疗纠纷正呈增加趋势,严重影响了医院正常秩序,增加医院负担。企业在并购医院时,应当审慎考虑由于医疗纠纷给医院经营带来的特殊风险。

五、展望:强强联合,持续推动医疗行业健康发展

随着鼓励社会资本参与医疗体制改革和投资医疗行业的政策不断出台,整个医疗健康行业的并购活动将继续呈上升趋势,预计未来将有更多的优质医疗资源谋求境内及境外上市。同时,中国企业也在积极寻找海外并购题材,更多的投资者开始关注海外医疗机构的投资,未来海外并购将日趋活跃,预期将出现更多的大型跨境并购。

只有挣钱的企业，才有资格"坐下来谈论它的社会责任"？

2017-06-27

一、一组数据

▲ 2016 年近 20 个品牌共投放了约 200 万辆共享单车。

▲ 2017 年共享单车预计投放总量极可能近 2000 万辆。这些自行车报废之后，会产生近 30 万吨废金属，相当于 5 艘航空母舰结构钢的重量。

▲ 共享单车正急速扩张，平均每 15 秒即可组装一辆共享单车。

▲ 每辆共享单车的维修保养成本约 1000 元。

▲ 北京、杭州要求共享自行车连续使用 3 年即强制报废。

▲ 单车所含最有价值的回收物——废钢铁价格便宜且量少，回收企业对共享单车兴趣不大。

二、几点思考

确保自行车产品符合国家安全强制性标准要求的前提下，应鼓励共享自行车生产企业通过使用新材料和新技术提升自行车产品质量，使其抗损耐坏。

共享自行车运营企业应通过有效管理体系维护自行车安全使用性能，积极探索废旧自行车再生可循环以及无害化处理的最佳途径。

"谁污染谁治理"，共享单车企业要改变以往那种恣意投放的无序状态，承担起环保、节能的社会责任，在投放之初就应该计划好破损、淘汰的单车"归路"。

任何一种经济模式或产业，除了考虑盈利和收益，该怎样评估环境危害，防止环境污染？

三、一些延伸

无论是共享单车还是其他企业，都不能忘记自己的企业社会责任。

企业社会责任不仅仅为股东创造利润，还要承担对员工、消费者、环境的责任，包括遵守商业道德、安全生产、保护环境等。

企业作为社会一个重要的组成部分，其存在是建立在社会需求的基础之上，企业既要为人们提供某种产品和服务以满足某种需求，同时又不能损害人们对其他方面的需求，如污染、产品质量等对人们健康的损害。

在环境危机日益加重的时代，企业作为一个社会成员和各阶级利益的结合体，负有管理和改善环境的法定和道义上的责任。

四、很多疑问

（一）法律有强制规定吗？

事实上，我国对企业环境责任有明确的法律要求。

2014年4月24日通过《环保法修订案》，这是环保法25年来首次大修，这也就意味着我国越来越重视环境保护。在此期间，我国连续颁布了与企业环境信息披露相关的系列制度和法规，基本上形成了环境法律法规的监督体系。

2015年9月21日，中共中央、国务院印发的《生态文明体制改革总体方案》中要求资本市场建立上市公司强制性环保信息披露机制制度。此前，一些企业对环境信息进行自愿性披露，并没有涉及所有的公司。此政策的实施将有助于环境信息披露质量的提高，这更加说明了我国采用环境信息披露的方式以督促污染企业来改善环境。

（二）凭啥要履行社会责任？

抛开道德因素，现实一点来说，为了获得资本市场的肯定，企业也要做好"面子工程"。

目前我国资本市场已经初步建立了一套包括法律、行政法规、部门规章和自律性规则等在内的多层次信息披露规则体系。

证监会对于上市公司，要求在相关信息披露文件中，详细披露环境保护可能存在的风险,鼓励公司公布环境责任信息披露的履行情况。

监管部门审查拟上市公司IPO过程中,企业环保信息披露情况一直是审查的重点。监管部门关于IPO主要审核内容包括:

企业招股说明书,要求详细披露发行人生产经营与募集资金投资项目符合国家环保要求,最近3年的环保投资和相关费用成本支出情况,环保设施实际运行情况以及未来的环保支出情况;

保荐人和发行人律师对发行人的环保问题进行详细核查,包括是否符合国家环保要求,是否发生环保事故,有关污染处理设施的运转是否正常有效,有关环保设施与处理公司生产经营日后治污费用相匹配等;

若企业曾因为环保事故或问题受到处罚,不仅需要详细披露相关情况,保荐人和发行人律师还需要对是否构成重大违法行为出具法律意见书。

(三)国外的月亮比较圆?

虽然我不愿意承认这句话,但从数据上来说,国外的环境信息披露做的确实比较好。

1. 日本

企业环境信息披露报告采用自愿披露模式,以政府引导为主,法律为辅。日本大部分公司的企业环境报告书通过第三方审查,虽然第三方审查并未制度化,但是其发展迅速且审查机构多样化(有会计师事务所、咨询公司以及环境研究所等)。另外,日本还设立"环境报告重大奖",鼓励企业积极披露环境信息,从正面促使企业发布环境质量报告,实施环境活动计划。

2. 英国

在工业革命期间就有大气和水污染的记录,在20世纪90年代就通过了环境保护法,引入了"最佳可行环境方案(BPEO)"和"无超支成本的最佳可行技术(BATNEEC)"的概念,根据英国环境局发布的环境披露情况汇总,大部分公司在发布的年报里讨论了环境问题,披露信息公司的比例逐年提高。

3. 美国

于20世纪70年代初期开始披露环境信息,1970年美国成立环保署,制定了一系列有关环境信息披露的法律。同时,美国证券交易委员会提出上市公司需依据环境法,主要从环境政策、环境成本和环境负债三个方面披露环境信息。

此外,美国环保署与美国证监会通力合作,证监会重点关注环保署提供存在潜在环境威胁的企业名单,重点监督这些公司的环保责任是否履行,是否降低企业带来的环境风险。

五、一份报告

以总市值约32.6万亿元的747家上市公司披露的环境信息为研究对象,中国环境新闻工作者协会、北京化工大学低碳经济与管理研究中心日前联合发布了《中国上市公司环境责任信息披露评价报告(2015)》。

此次《报告》的研究对象为2016年8月31日之前,在上海证券交易所(下称"沪市")和深圳证券交易所(下称"深市")上市的公司中已发布2015年度环境责任报告、可持续发展报告、企业公民报告及社会责任报告的企业。

747家上市公司披露环境信息,比2014年增加了39家,占所有上市公司数量的26.62%。

这些公司分布于17个行业,制造业最多,共有395家,占52.88%;其次为金融行业,共48家,占6.43%;再次是房地产行业,共43家,占5.76%;交通运输、仓储和邮政业,有39家,各占约5.22%;电力、热力、燃气及水生产和供应业行业有38家,约占5.09%;2015年新增科学研究和技术服务行业3家,而住宿和餐饮业仍为最少,仅有1家。

其中国有企业最多,共有429家,占总发布企业数量的57.43%;民营企业共有239家,占31.99%;公众企业有50家,占6.69%;外资企业有17家,占2.28%;集体企业为4家;其余8家为其他企业。

六、若干建议

从现有相关环境信息发布情况可以看出,企业在编写环境相关信息时,缺乏统一、规范的撰写框架和体系,披露的信息质量水平差异性很大,披露的指标不成体系,缺乏明确数据信息,简单阐述部分过多。为企业提供环境信息披露编写指南尤为重要,可以促进企业整体提升环境信息的披露水平。

应借鉴上市公司环境信息披露的良好社会实践,发挥其在全国业界的带头和引领效应,提升企业整体环境责任意识,倡导更多企业每年及时公开相关环境责任信息满足政府、公众及第三方机构等对于企业环境信息公开的需求,全面提升企业环境信息透明度,促进企业提高环境综合治理能力。

如今,各类投资机构都开始关注企业披露环境信息的实质内容,加大其在投资风险管理体系中的权重,尤其是环境绩效履行的主要指标等,可以规避企业发展的风险,通过报告的第三方认证工作提升企业环境责任信息披露的水平,以市场化手段促进企业环境责任履行和信息公开。

此外,还可以借鉴国外实践,制定层次丰富、保障措施详尽的救济途径和公益诉讼制度;培育和指导市场化的企业环境信息公开运作规范,推动有效的企业环境信息公开服务行业的发展。

有《公司法》保护，我们就能够对股权转让高枕无忧吗？

2017-07-04

不能。商场如战场。难以排除一些股东"不怀好意"或肆意利用他人对相关法规的不熟悉，以"明修栈道"之名，达到"暗度陈仓"之实。

非上市股份公司股份转让的这四大误区，企业家们请擦亮双眼。

作为一名公司股东，占股比例有多重要，我们先来看一组数据：

　　67%，绝对控制权，相当于100%的权力，可以作出修改公司章程以及公司分立、合并、变更主营项目等重大决策

　　51%，相对控制权，控制线，相对控制公司

　　34%，安全控制权，一票否决权

　　30%，上市公司要约收购线

　　20%，重大同业竞争警示线

　　10%，临时会议权，可提出质询以及调查、起诉、清算、解散公司

　　5%，重大股权变动警示线

　　3%，临时提案权，提前开小会

　　1%，代位诉讼权，亦称派生诉讼权，可以间接调查和起诉

这9个数据被称作股权生命九条线。可以看出，公司的占股比例对经营公司的股东来说至关重要。

然而，由于我国非上市公司股权转让的立法结构相对简单，股东转让股份具有相当大的自由空间，从而导致很多老总们对非上市股份有限公司并没有很清楚的认识，尤其是对非上市股份公司的股份转让存在不少误区，

而这些误区，很有可能就为日后公司的经营管理埋下大坑。

误区1：非上市股份公司股东转让股份，需要其他股东同意

电视剧中经常会上演诸如兄弟反目成仇，为争夺公司股权罔顾亲情人伦的狗血戏码。事实上，一旦牵涉到"股权"问题，商场里的故事比电视剧还要有看头。

甲股份公司有A(34%)、B(22%)、C(22%)、D(22%)四个股东，A股东一直认为自己作为大股东，其他股东转让股份需经自己同意，也就并未在意其他人的动向。但A却未意识到上述《公司法》的规定及操作习惯都是针对有限责任公司而言的，因此当股东B将其股份转让给股东C时，A才意识到自己的控制权可能岌岌可危。

律师解读

很多人认为，非上市股份公司股东对外转让股份，股东向股东以外的人转让股权，应当经其他股东过半数同意。股东应就其股权转让事项书面通知其他股东征求同意，其他股东自接到书面通知之日起满三十日未答复的，视为同意转让。其他股东半数以上不同意转让的，不同意的股东应当购买该转让的股权；不购买的，视为同意转让。该观点的依据来源于《公司法》第七十一条第二款以及平日里处理股权转让问题时的习惯，但是该观点是个不折不扣的误区。《公司法》中对股份公司的股份转让仅规定依法转让即可，并未增加需要股东同意的限制性条款，股东只要不违背公司章程和法律的规定就可以随意转让其股份。

误区2：非上市股份公司股东转让股份，其他股东有优先购买权

股东优先购买权是股东享有的同等条件下优先购买其他股东拟转让股权的权利，但是优先购买权并非什么情况下都适用。

甲股份公司有A(34%)、B(22%)、C(22%)、D(22%)四个股东，A股东同样一直抱有上述观点，认为如果B转让股权，自己有优先购买权，这样自己就占有56%的股权，公司的相对控股权就握在手中了。但是对于股份公司而言，股东在依法设立的证券交易场所进行或者按照国务院规定的其他方式转让股份，并不存在优先购买权制度。

  与误区一类似，很多股东认为经同意转让的股权，在同等条件下其他股东有优先购买权，股东对外转让股权要想有效，必须有股东大会决议，其他股东书面表示放弃优先购买权。这个观点同样是个不折不扣的误区。

  该误区的来源同样是《公司法》第七十一条，也同样是仅对有限责任公司的限制性条件。有限责任公司的控股股东或是实际控制人在公司股权波动时往往通过优先购买权来保证对公司的控制力。但这一招对股份有限公司行不通。

误区3：非上市股份公司股份转让，必须要修改公司章程并进行章程备案

  很多股东想："行，你转股份我没辙，那我就找小伙伴一起不同意修改公司章程，看你怎么办。"但很多时候，真的不需要修改章程并进行章程备案，是否出章程修正案取决于公司章程的具体规定。有些股东很疑惑，怎么可能在公司章程中没有股东名字呢？这是因为他们没有分清两个概念："发起人"和"股东"。

  发起人是一个相对特定的称谓，是指在公司成立之初，依照有关法律规定订立发起人协议，提出设立公司申请，认购公司股份，并对公司承担责任的人。发起人是股份有限公司胚胎时期的要件，也是发起或设立行为的实施者，不会因为时间的流逝或是公司的变动而转移给任何其他人。

  发起人仅指公司设立时的原始股东。甲股份公司有A(34%)、B(22%)、C(22%)、D(22%)四个发起人，后B将股份转让给了E，C将股份转让给了F，至此，虽然E、F成为公司股东，但他们仍旧成为不了公司的发起人。

律师解读

《公司法》第八十一条所规定的股份有限公司章程必备条款包括：(一)公司名称和住所；(二)公司经营范围；(三)公司设立方式；(四)公司股份总数、每股金额和注册资本；(五)发起人的姓名或者名称、认购的股份数、出资方式和出资时间；(六)董事会的组成、职权和议事规则；(七)公司法定代表人；(八)监事会的组成、职权和议事规则；(九)公司利润分配办法；(十)公司的解散事由与清算办法；(十一)公司的通知和公告办法；(十二)股东大会会议认为需要规定的其他事项。

由此可见，公司章程中必须要写明的是"发起人"的姓名或者名称、认购的股份数、出资方式和出资时间而非"股东"的。当公司章程中仅记载发起人的相关信息时，即便后来发生股份转让，"发起人"由于其特定地位，不会发生任何变化，因此无须修改章程，亦无须办理章程备案。

误区4：非上市股份公司的股份转让，需要进行工商变更登记

"所有的非上市股份有限公司股权转让，均无须办理工商变更登记。"看到这句话，我想大部分人的反应是"搞笑吧"或是"怎么可能"，尤其是由有限公司改制成为股份公司的行政人员往往将信将疑，但事实确是如此。

律师解读

《中华人民共和国公司登记管理条例》第九条规定的公司的登记事项包括："(一)名称；(二)住所；(三)法定代表人姓名；(四)注册资本；(五)公司类型；(六)经营范围；(七)营业期限；(八)有限责任公司股东或者股份有限公司发起人的姓名或者名称。"

一一对照不难发现，非上市股份有限公司股份转让不属于第九条登记事项的范围。正如前文所述，发起人是公司的创立人，不因股份转让而发生变化，因此无须修改章程，亦无须办理章程备案并办理工商变更登记。在实践中，工商部门，至少是南京市工商行政管理局，对非上市股份有限公司的股份转让是不要求进行工商变更登记的，这对公司相关负责人员而言简直就是福音。

通过上述的四大误区不难看出，由于我国非上市公司股权转让的立法结构相对简单，非上市股份公司的股东转让股份具有相当大的自由空间，不仅有法律实体的自由和便利，也有程序上的自由和便利。但对于非上市股份有限公司的实际控制人来说则是暗藏危机，对于纷纷扰扰的股权转让，企业家们需要练就如何在资本市场的运作中依然保持其在公司中位置的特殊技能。

有关世纪并购,你需要知道点什么?

——一文看懂并购交易中法律尽职调查的操作要点

2017-07-31

万达、融创、富力"斗地主",这笔中国地产史上最大规模的并购案从"双人舞"变成"三人行",可谓是一波三折,剧情陡转。

世纪并购完成后,万达完成轻资产转型,融创新增5000万平方米土储,富力低价获得大量酒店,三方各取所需,这场637.5亿元交易看似实现"三赢"局面。

近年来,类似的并购、扩张大戏一幕接一幕上演。企业可能通过并购获取丰厚的利润,但利润的背后也隐藏着危机与挑战,也许一招不慎,满盘皆输。谢菊萍律师就跟大家聊聊并购交易中法律尽职调查的重要性。

企业并购到底有多火?我们先来看一组数据:

2018年7月[1],中国并购交易达到3227亿美元,比去年同期增长13%,是自2016年创纪录的3726亿美元以来同期中国并购交易的最高值。

2017年10月—2018年10月,交易金额最大的行业集中在半导体生产(8000亿元)与食品用品零售(5000亿元)上,数量最多的行业集中在材料(500家)、资本货物(750家)、多元金融(550家)和软件与服务(450家)业。

2017年第四季度,并购交易金额>50亿元的占绝大多数,达1.7万亿元。

并购交易是大热项目,不仅是在新三板企业中,上市公司并购、海外并购等活动都层出不穷。并购交易可能带来的市场、资源、技术等方面的互补,可以实现一加一大于二甚至更多的未来预期,于是企业纷纷踏入并购的大潮中。

那如何才能在并购工作的实践中,尽量降低风险避免失误呢?

---

[1] 数据日期晚于撰文日期,因出版前更新了数据。以下同,不再另行说明。

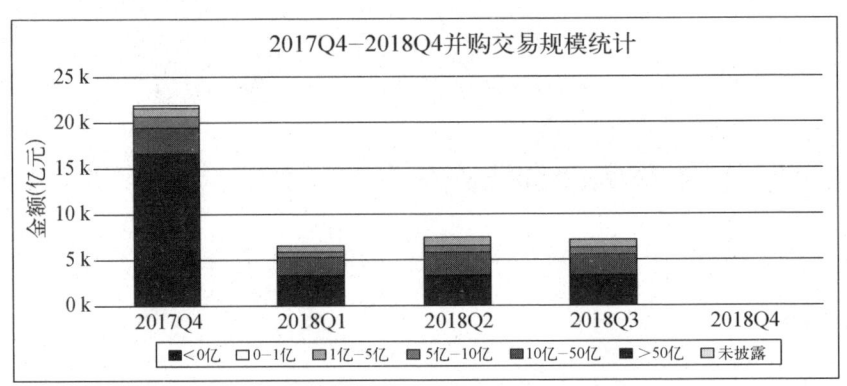

企业之间竞争讲究在对实际情况进行详细、准确、全面、深入的了解后,进行周密严谨的分析,最后切合企业未来发展战略,作出应对措施和决策。

除了做好战略规划,并购过程中的尽职调查是十分关键的。

一、并购交易的尽职调查是什么?

尽职调查又称审慎性调查,在收购兼并、公司上市挂牌、发债、资产转让、资产投资等资本运作中由中介机构对交易对象和交易事项的财务、经营、法律等事项按照专业准则进行审慎和适当的调查和分析。

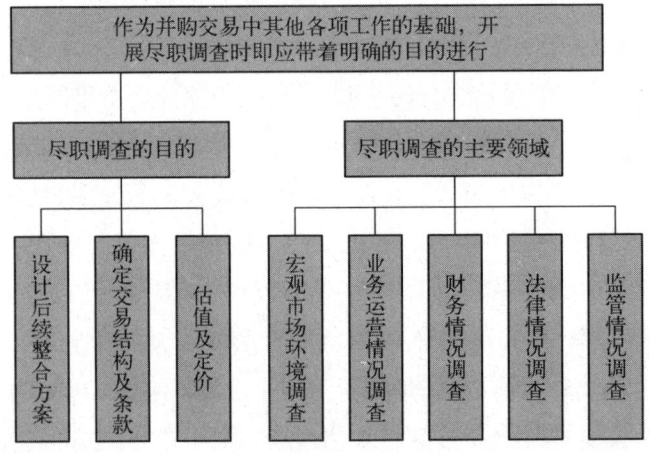

尽职调查主要分为三个模块:财务尽职调查、法律尽职调查和市场尽职调查。细分还包括税务尽调、运营尽调、环境尽调、人力资源尽调、技术尽调、内控尽调、信息技术尽调等内容。

在并购活动中,通常情况下并购方会组织一个由律师、会计师、资产评估师和企业协调人员等专家组成的尽职调查小组,在限定时间内完成对目标企业的调查工作,并出具相关尽职调查报告。各中介机构在尽调工作过程中,术业有专攻,调查任务和责任划分明确,同时又互相协作。

二、法律尽调能起到什么作用?

法律尽职调查是并购活动不可或缺的一个部分。律师事务所受并购方委托,对其并购的商业计划从法律的角度进行审慎和适当性的调查和核查,包括现场调查、资料分析等方式,并在此基础上进行法律分析,出具尽调报告或专项的法律意见书。

法律尽职调查,可以帮助并购主体了解企业当前的经营状态;了解企业的经营策略和经营方式;了解企业当前和未来可能发生的责任;了解第三人利益的情况。

(一)法律尽职调查可以发现并购交易的法律风险

律师基于法律法规和公司实情,综合对尽调公司合法性、财务状况、负债或规章制度、企业内劳动人事状况、来往合同及维权纠纷等方面进行调查。作出的尽职调查报告和法律意见书,可以剖析企业内里,还原企业的真相,把被掩饰的风险逐个展开。

(二)法律尽职调查有助于法律风险补救

针对尽职调查报告和法律意见书所反映出的风险,企业的决策者在信息充分的基础上做出判断,有助于法律风险的补救。决策者可以对交易结构做出新设计,调整交易价格,对于不确定的风险可在交易合同中要求对方做出声明、保证及违反声明、保证的赔偿责任,要求转让方在交割前对资产权属的缺陷和负债资产补全手续或要求该部分资产剥离等。律师也可以针对尽调所发现的法律风险,设置有效的并购防火墙,从而避免风险并获取未来的并购效果预期。尽职调查就是为并购成功保驾护航的重要手段。

三、法律尽调究竟如何操作?

不同的并购项目,由于其商业目的不同,所处的行业不同等,法律尽职调查的侧重点也不同。如国有企业并购、外资企业并购、房地产并购、上市公司并购、私募融资、破产重组等,每一个项目的尽调范围和重点不会完全一致。

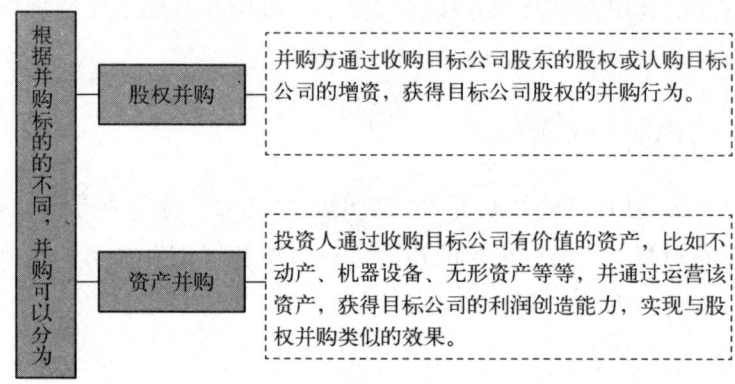

(一)股权并购和资产并购,法律尽职调查的重点不同

股权并购与资产并购在交易主体、交易性质、经营资质、调查程序、审批程序、交易风险、税负因素等方面均存在差异。针对股权并购,在尽调时需要对企业从主体资格到各项资产、负债、用工、税务、保险、资质等各个环节进行详尽的调查,进而争取最大程度的风险防范。相较于股权并购,资产并购尽调的范围和程度较小,一般涉及交易资产权属状况、权利来源、权属转移、税务负担等事项。

(二)不同的行业,法律尽职调查的重点不同

根据企业所属的不同行业,法律尽职调查的重点各不相同。如对于软件等高科技企业,知识产权等无形资产是尽调的重点;对于化工企业,则重点核查目标公司是否进行过环境测评、环保措施是否到位以及是否因环境污染受过行政处罚或民事诉讼等;房地产行业的企业核查重点在于土地状况、项目审批建设手续、建设施工情况、权属状况等。

(三)同一行业,但目标公司或资产自身特点不同,法律尽调的重点不同

同一行业,但目标公司或资产自身特点不同,法律尽职调查的重点也不完全相同。以房地产企业为例,看似简单,但实则复杂。根据房地产项目的类别不同,可分为住宅项目、商业地产项目、旅游地产项目、工业地产项目等,它们各自又有着不同的核查重点和文件要求。根据不同阶段的房地产项目,尽调重点亦有不同,如土地使用权转让的项目、在建工程转让的项目、已建成房地产转让的项目等。

俗话说,知己知彼,百战不殆。法律尽调要做的就是,让阳光下没有秘密。

《战狼2》破纪录！你贡献的票房钱，吴京能赚多少？

2017-08-08

由于不被投资方看好，电影《战狼2》总投资的1.5亿元中(据说后来增加到了2亿)，有8000万是吴京的个人积蓄。为了筹钱，吴京将自己的别墅抵押贷款。如今《战狼2》票房这么完美，吴京究竟能赚到多少钱？谁才是最大赢家？

截至2017年8月7日零点25分，《战狼2》官方微博宣布影片票房正式突破32亿元。32亿元票房，吴京能赚到多少钱呢？能赎回他那栋别墅吗？今天，谢菊萍律师就来给大家算笔账。其实，大家不用担心吴京赎不回他的别墅。早在电影开拍之前，北京文化就决定为《战狼2》保底8亿元发行。根据其7月31日发布的公告，北京文化与《战狼2》主要出品方登峰国际、聚合影联签署了发行合伙协议，对《战狼2》保底8亿元票房。

这意味着什么呢？哪怕票房<8亿元，吴京代表的出品方都有2.17亿元的保底收入。

一、知识点：何为保底发行？

保底发行是近年由于金融资本大量涌入影视行业而兴起的新概念，所谓保底，就是制片方和发行方在电影上映前的一个保底协议，先制定一个金额，制片方可以提前收取这笔高额收益；当实际票房超出这个协议数额时，制片方将出让很大份额的市场分红给发行方。

影片上映前，保底方会按照保底合同预期的票房收益，提前向制片方支付现金分成。通过这样的方式，相当于制片方提前锁定了风险，稳赚不赔，但同时也放弃了可能获得更多收益的机会，而保底发行方则拥有更大的影片宣发权限。

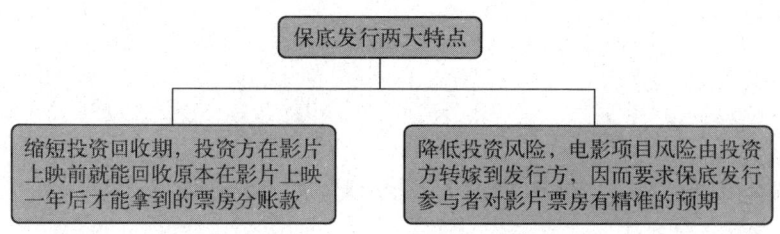

那如今《战狼2》的票房早已经迈过了8亿的槛,票房到底该怎么分?

一般来说,发行方的分账在12%左右,由于保底协议的存在,发行方的分账比例提高了很多。《战狼2》引入了众多的出品、发行方,其中两个大头就是北京文化和聚合影联,这两家公司与登峰国际签订了一份保底协议,当票房收入大于8亿元时,票房分成比例如下:

票房收入	发行方	吴京团队
8亿~15亿	25%	75%
>15亿	15%	85%

二、看似美好的保底发行实则风险巨大

中国电影票房不断刷新纪录,曾经备受冷落的电影产业如今已成为资本追逐的对象,保底发行便是资本参与电影投资的一种运作方式。

国内电影的保底发行模式,最早可以追溯到2002年博纳影业以保底分账方式拿下港片《天脉传奇》的发行权,而内地影片保底发行的开始则是2013年华谊兄弟3亿元保底《西游降魔篇》,最后获得净收益加发行代理费约2.2亿至2.67亿元。而2016年,和和影业牵头保底《美人鱼》15亿

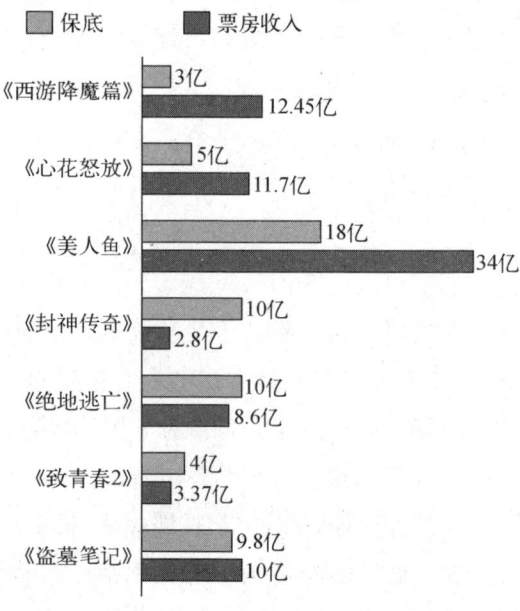

七大影片保底票房与实际票房一览

元至 18 亿元票房更是创下天价保底。不过,2016 年之后的保底发行,包括《封神传奇》《绝地逃亡》《致青春 2》等均是未达目标。

在很长一段时间,投资人保底影片发行"十保九输",保底发行看上去更像是一次押注的冒险。事实上,保底发行对于电影的激励和商业化发展有一定作用,但其中也涉及不少法律风险,作为保底发行的参与者,更应该谨慎对待。

三、保底发行中法律关系

在电影保底发行中,电影制片方与发行方就未来电影票房进行对赌。在这场对赌中,主要涉及两大部分:一是制片方与发行方之间的发行协议;二是制片方与发行方之间的保底协议。

(一)制片方与发行方之间的发行协议

制片方与发行方之间的发行协议的实质是拥有某电影著作权的制片方委托拥有发行资质的发行方发行该电影,根据《合同法》的规定,发行协议实质上是一种委托合同。发行方受制片方委托履行发行该电影的义务,并有权要求制片方支付相应的报酬。

(二)制片方与发行方之间的保底协议

在保底协议中,保底发行方根据协议约定支付一定的保底价给制片方,制片方则出让未来电影的部分或全部收益权。保底协议不属于我国《合同法》中规定的有名合同,其本质相当于附条件的委托协议。发行方受制片方委托发行该电影,一旦该电影票房超过约定的保底票房金额,则发行方能根据该保底协议的约定享受更高比例的票房收益权。

例如,在《西游降魔篇》的保底协议中,制片方与发行方约定对赌票房 5 亿,发行方支付制片方 0.88 亿保底金,发行方对于超出 5 亿票房的部分享有 70%的票房收益权。最终《西游降魔篇》票房高达 12.45 亿元,超过保底票房部分收入远远超过保底发行的金额,保底发行方赚得盆满钵盈。

四、保底发行中的法律风险

虽然一旦票房超过保底协议中约定的保底票房金额,发行方将获得巨大利益,但是在和制片方对赌未来票房时,保底发行方也将面临如下风险:

（一）不能完片或票房低于保底票房的风险

保底通常在电影完片后进行，如在电影完片前进行保底，就要面临电影不能完片、票房收入达不到保底票房金额的双重风险。比如曾连续为《梔子花开》《恋爱中的城市》《师傅》3部影片进行保底的剧角映画，原本准备在2015年进行C轮融资后冲刺新三板，但因保底的三部影片均未达保底票房，不仅没有完成2015年跟投资方之间的业绩对赌，连新三板挂牌计划也被搁浅。

因此，保底发行方在选择影片进行保底前，要综合考虑影片的热度、上映档期、排片率、上座率、主创影响力、粉丝群体、题材属性等多个因素，尽可能保守预估票房，规避投资风险。

（二）保底协议约定不明确的风险

约定不明可能会产生争议，一般情况下需要签订补充协议，无法就补充协议达成一致的，需要按照交易习惯或做符合合同本意的解释处理，有时甚至导致协议失效。

保底发行中因协议约定不明引发纠纷最典型的案例则是2015年周星驰控股的崴盈投资有限公司诉被告华谊兄弟传媒股份有限公司合作创作合同纠纷一案。因双方在合作协议中约定以5亿票房为分红基数，但未明确约定5亿票房为全国总票房，还是华谊公司实际取得的票房收入，导致双方之间因分红问题陷入纠纷。

因此，在保底协议中双方当事人应当对合同的主要条款，如保底价格、保底费用的定义、保底费的交付时间、票房的具体分账方法、违约责任、知识产权的归属、保密义务等进行明确细致的约定。

（三）其他法律风险

2016年5月1日起全面正式实施营业税改征增值税。影院位于电影产业链的下端，能从电影制片方、发行方取得进项税额抵扣凭证，而电影制片方、发行方以人力成本为主，可抵扣的进项税额很少，税负压力重。因此，影院与制片方和发行方之间的利益平衡可能会被打破，影院与制片方和发行方按57：43比例进行分账的模式将可能会被调整。

律师支招

投资永远是一种冒险,而回报和风险也永远成正比。保底发行在工具属性上有利于长周期的电影项目快速地参与各方配置风险和收益,但无法改变电影出品本身风险极大的特点。保底发行究其实质是保底发行方与制片方之间以电影预期票房为标的进行的一场对赌。在这场对赌中,保底发行方想获取成功,不仅要对最终票房进行精准的预测,同时还需设计好商业和法律模式,明确与制片方之间的权责分配以及票房结算的方式、时间节点等。

滴滴出行再被反垄断局约谈：滴滴一下，马上加价

2017-08-14

自收购优步一年来，滴滴出行几乎成了网约车的代名词。两大巨头"强强联合"后起到了怎样的化学反应？

优惠少了、价格涨了、高峰多了……这是很多消费者的切身感受。

如果滴滴确实形成垄断，除"任性"加价外，还会制约整个网约车行业的发展。滴滴一下，马上出行加价！

2017年7月27日，商务部召开例行记者会，发言人表示："商务部反垄断局已多次约谈滴滴出行，也正在根据《中华人民共和国反垄断法》、《国务院关于经营者集中申报标准的规定》、《经营者集中申报办法》和《未依法申报经营者集中调查处理暂行办法》对滴滴出行和优步中国合并案依法进行调查。"

自从去年滴滴和优步"联姻"后，有关"垄断"的质疑声就没有停止过。滴滴垄断以后还会有优惠吗？没有竞争后会不会涨价？会不会一家独大？滴滴优步合并，为何反垄断法选择了沉默？

尽管滴滴多次表态说将会共同推进出租车与网约车融合发展。但打车价格的增长却是无法否认的事实。早晚高峰、刮风下雨……不加价50%几乎约不上车，加价费用比出租车费还贵一大截。一些风和日丽、道路畅通无阻的时段，也被约车平台随意定位为用车高峰。合并一年来，滴滴多次调价被认为是垄断加价。

业内人士表示，在网约车领域，滴滴和优步两者相加的市场份额已经超过90%。而其利用自己在市场上的优势地位、滥用垄断地位的一些行为，其中就包括加价。滴滴的调价其实带有很大的随意性和不透明性。

如今,滴滴优步合并案反垄断调查已经持续了一年之久,仍无定论。看来,龙头企业强强联合并非我们想象中简单。谢菊萍律师今天就给大家聊聊并购重组中你不可忽视的法律知识。

事实上,企业为增加市场竞争力,获得更大的市场份额和经济效益而实施并购行为已司空见惯,龙头企业间,甚至境内外企业的并购重组也频繁发生。

那么,为什么滴滴与优步的"联姻"会引起现象级关注?

知识点一:并购活动须事先申报

在并购重组过程中,国内常常忽略但境外却非常关注的一点,就是反垄断。根据我国《反垄断法》的要求:"经营者集中达到国务院规定的申报标准的,经营者应当事先向国务院反垄断执法机构申报,未申报的不得实施集中。"

滴滴与优步中国合并一年,反垄断调查仍悬而未决。但是,反垄断局正持续加强对未依法申报经营者集中的查处力度。截至2017年7月末,商务部已对6起未依法申报案件公开作出处罚。其中包括美年大健康收购慈铭体检案件,被处以30万元的罚款。此前,2016年全年处罚6起案件,2015年全年仅为4起。

在上面的《反垄断法》中,我们提到了"经营者集中"这个概念。

知识点二:什么是经营者集中?

依据《反垄断法》,经营者集中包括以下三种情形:

1. 经营者合并;
2. 经营者通过取得股权或者资产的方式取得对其他经营者的控制权;
3. 经营者通过合同等方式取得对其他经营者的控制权或者能够对其他经营者施加决定性影响。

由此可知,是否符合经营者集中的规定关键在于是否存在控制权的变化。如果控制权没有变化,那么就不存在《反垄断法》规定的经营者集中。而控制权变化的判断标准主要包括以下两个方面:

1. 股权控制:取得其他经营者50%以上有表决权的股份或资产;
2. 协议控制:虽未取得其他经营者50%以上有表决权的股份或资产,但经营者通过合同等方式,能够决定其他经营者一名及以上董事会成员和核心管理人员的任命、财务决策、重大投资或重要管理经营决策。

在滴滴与优步中国合并案中,当事人以尚未盈利和营业收入未达标为由回应是否需面对垄断审查。但是,这一借口明显站不住脚。

知识点三:经营者集中的申报标准

根据《国务院关于经营者集中申报标准的规定》第 3 条,经营者集中达到下列标准之一的,经营者应当事先向国务院商务主管部门申报,未申报的不得实施集中:

1. 参与集中的所有经营者上一会计年度在全球范围内的营业额合计超过 100 亿元人民币,并且其中至少两个经营者上一会计年度在中国境内的营业额均超过 4 亿元人民币;

2. 参与集中的所有经营者上一会计年度在中国境内的营业额合计超过 20 亿元人民币,并且其中至少两个经营者上一会计年度在中国境内的营业额均超过 4 亿元人民币。

可见,申报的标准就是营业额。但是,根据《申报标准》第 4 条,即使营业额不达标,依据实质重于形式原则,商务部仍然有权对"收集的事实和证据表明该经营者集中具有或者可能具有排除、限制竞争效果的"经营者集中行为进行主动调查。

因此可见,滴滴尚未盈利的抗辩显然无法立足,而营业收入则要看会计上的具体核算。有的企业以为不申报就能瞒天过海,事实上,这样做的危害更大。

知识点四:未依法申报的法律风险

若商务部认定企业未进行依法申报而实施经营者集中,可以对被调查的经营者采取处以 50 万元以下的罚款、责令采取行为停止实施集中、限期处分股权或资产等措施以恢复到集中前的状态。并且,对 2014 年 5 月 1 日后立案的未依法申报的经营者集中,商务部将公示处罚结果,这对于涉案企业的名誉也构成重大影响。

除上述行政监管的法律风险外,未依法申报的交易对交易方也可能构成重大隐患。

一方面,交易一方可能主张未依法申报属于交易先决条件未成就,从而恶意放弃交易;交易方的竞争者或其他主体也可能举报该交易属于未依法申报的集中,导致交易暂停,甚至被撤销并恢复至交易前状态。另一方面,理论上,交易双方也可能面临着其他竞争者或利益相关方就交易产生的限制、排除竞争效果对其造成的损失提起反垄断民事诉讼。

知识点五:申报豁免——集团内部并购重组

需要注意的是,在个别情况下,企业可以不向国务院反垄断执法机构申报。

1. 参与集中的一个经营者拥有其他每个经营者百分之五十以上有表决权的股份或者资产的;

2. 参与集中的每个经营者百分之五十以上有表决权的股份或者资产被同一个未参与集中的经营者拥有的。

如果参与集中的经营者有共同的母公司,或者其中一个经营者是其他各家企业的母公司,则这样的集中交易属于企业集团内部的并购重组,也就是会计核算上的同一控制下的合并,这不属于一般意义上的"经营者集中"。

知识点六:上市公司并购重组的反垄断要求

《上市公司重大资产重组管理办法》第11条明确规定,上市公司实施重大资产重组,应当就交易是否符合国家产业政策和有关环境保护、土地管理、反垄断等法律和行政法规的规定,作出充分说明,并予以披露。

中国证监会上市部于2010年8月通过"常见问题问答"明确了"上市公司并购重组过程中,有哪些反垄断的要求"。

证监会的规定明确了两个方面的内容:

其一,对于一般的内资并购,要判断其是否达到经营者集中的相关申报标准。对于达到标准的,需提供国务院反垄断执法机构(即商务部)作出的不实施进一步审查的决定或对经营者集中不予禁止的决定。财务顾问与律师对此要明确发表意见。

其二,对于外资并购,除进行经营者集中审查外,还要进行国家安全审查。

由此可见,企业之间的"联姻"并不是想象中简单,需要按规操作,按照流程一步步进行。

然而商场如战场,时间就是金钱。经营者集中审查从材料准备到审查结束,一般需要9个月到一年的时间。实际交易过程中,案情往往比理论上的更复杂,判断是否达到申报标准也更加困难。

事前申报,时间过长,贻误战机;不申报,又怕违法受处罚,怎么办?

对此,谢菊萍律师给大家一点建议:为了降低企业的申报风险,我国商务部对经营者集中审查案件规定了"申报前商谈制度"。经营者在申报之前,对经营者集中申报存在疑惑的,可以书面提出磋商申请,商务部在收到申请后,对经营者提出的问题进行研究,并通过书面形式予以答复。

100%的人都听说过,但90%以上都不知道TA背后的法律责任

2017-08-21

我们经常会听说,某个朋友被公司的老板看中,被赠予不少干股,从此走上人生巅峰;也常常会有创业型公司打出"聘合伙人,干股分红"这样诱人的招聘广告。

对于干股,很多人知其然但不知其所以然,因而产生了形形色色的误解。这回,终于有人把"干股"的法律责任讲清楚了!究竟干股是什么?能给持有人带来什么样的权利?有哪些误区和法律责任?在这篇文章中,谢菊萍律师将为您作出最详细的解答。

严格意义上说,干股并不是一个法律概念,它是指公司设立过程或者存续中,公司发起人或者股东依照协议无偿赠予非公司股东的第三人股份。干股只存在于有限责任公司形式下,个体户、独资企业、合伙企业等形式具有很强依附性,不存在干股的问题。

干股有四大特点:干股是股权的一种;干股是协议取得,而非出资取得;干股具有赠予的性质;干股的地位要受到无偿赠予协议的制约。

由于干股并非法律术语,也无明确的法律条文规范,近年来由"干股"引发的争议和误解,屡见不鲜。

误区一:干股就是以劳务、信用、技术、管理经验、信息资源等无形出资

1. 法律条款

《公司法》第二十七条规定:"股东可以用货币出资,也可以用实物、知识产

权、土地使用权等可以用货币估价并可以依法转让的非货币财产作价出资;但是,法律、行政法规规定不得作为出资的财产除外。"

2. 误区

我国《公司法》认可股东出资可以采取货币或非货币的财产性权利两种方式。非货币出资需要符合两个必要条件,一是可以货币估价;二是可以依法转让。因此,以劳务或其他资源(如客户资源)进行出资而获取对价,这一认识违反了公司资本充实原则,是错误的。

3. 正解

干股既可能是因为个人的技能或者经营才能而取得,也可能因为其他原因而取得。劳务、信用、技术、管理经验、信息资源等是干股股东取得干股的因素,而并非出资方式。实际上,干股并不"干",干股所对应的出资是已经缴足的,它只是从他人处获得的股权,或由他人代为缴付出资而取得的股权,而这两种情况都属于民法上的赠予行为,应为有效行为。

总结:干股的本质属性在于它是不缴纳出资而享有的公司股权分红,是股权的赠予。

误区二:只要是发起人或股东同意赠干股就可以依法取得股权

1. 法律条款

《公司法》第七十一条规定,有限责任公司的股东之间可以相互转让其全部或者部分股权。股东向股东以外的人转让股权,应当经其他股东过半数同意。

2. 误区

有的公司股东认为,把自己的股权赠送给得力下属或子女,与其他股东无关,不需要经过他们的同意,这是一种错误的理解。

3. 正解

从本质上说,干股其实是一种股权赠予,相当于对外转让股权,必须符合股权转让要件,也就是没有人行使优先权才能成立。因此,股权赠予必须经其他股东过半数同意通过。另外,作为股权赠予协议,自合同签订之日起成立,如果是附条件的赠予协议,条件成就时生效,不存在合同无效的情形。

总结:干股的效力如何,赠予协议的效力和履行情况是关键因素。

误区三：干股办不办理股权变更登记无所谓

1. 法律条款

《公司法》第三十二条规定，公司应当将股东的姓名或者名称向公司登记机关登记；登记事项发生变更的，应当办理变更登记。未经登记或者变更登记的，不得对抗第三人。

2. 误区

实践中，由于很多干股没有登记，所以在赠予干股时，往往只是在公司内部股东之间签署协议，而不去相关部门进行股权变更。

3. 正解

办理工商登记是股权变更对外公示的一种法定形式，如未变更登记的，则不能对抗第三人。

误区四：受贿型干股未实际转让不违法

1. 法律条款

《关于办理受贿刑事案件适用法律若干问题的意见》规定，国家工作人员利用职务上的便利为请托人谋取利益，收受请托人提供的干股的，以受贿论处。进行了股权转让登记，或者相关证据证明股份发生了实际转让的，受贿数额按转让行为时股份价值计算，所分红利按受贿孳息处理。股份未实际转让，以股份分红名义获取利益的，实际获利数额应当认定为受贿数额。

2. 误区

2007年7月，M市安全监督管理局副局长喻某与危险化学品管理科科长王某共同使用化名陈中华，在受其监管的企业M市烟花爆竹有限公司合伙入股。按约定，喻某、王某以陈中华名义占有一股，另两名股东各占一股，每股出资金额50万元；但喻某、王某实际仅出资20万元（每人出资10万元），而按50万元参与分红。有人认为，这是民事合同中意思自治原则的表现，当事人自愿达成协议并依协议执行，公权力不应介入。

3. 正解

收受干股的行为是否构成受贿罪，关键在于：行为人收受干股是否利用了职务上的便利,并给他人谋取了利益。

总结:应当预防受贿型干股,避免刑事责任。

除了以上四大误区,关于干股,还有以下两个要点需要我们重视重视再重视。

要点一：关于干股继承问题

电视剧中的豪门家庭,兄弟至亲常常为了继承股权而进行残酷的争斗。那么,干股继承需要注意哪些事项呢?

1. 与其他股东同权的继承处理

《公司法》第七十五条规定:"自然人股东死亡后,其合法继承人可以继承股东资格;但是,公司章程另有规定的除外。"

若股权作为被继承人财产发生继承时,在继承法律关系中,继承人取得股权同时就取得了股权所在公司的股东资格。除非公司股东之间基于有限公司的人合性维持的需要,事先对股东资格的继承作出另外的约定。

2. 仅约定有收益权的继承处理

我国《公司法》第三十四条规定:"股东按照实缴的出资比例分取红利;公司新增资本时,股东有权优先按照实缴的出资比例认缴出资。但是,全体股东约定不按照出资比例分取红利或者不按照出资比例优先认缴出资的除外。"

由该法条可推知,允许全体股东约定不按出资比例分红,即意味着公司股东也可约定将部分收益分红权赠送给公司以外的他人享有。这里的他人即包括公司股东,也包括公司股东以外的其他人。当出现干股股东只参与分红,这种干股赠予行为实质上是股东之间对于分红方式进行的特别约定,并不因为拥有干股而具有股东其他权利情形。干股本质上是公司收益分红权,干股的继承只需依法将收益分红权在继承人之间分割即可。

要点二：公司章程中干股的设计空间

在实务操作中,干股通常被有限责任公司用作股权激励的一种方式。那么如何在实现激励员工的同时,又有效避免干股受赠人行使股东权利而不至于使公司控制权旁落呢?

1. 在公司章程中规定干股持有条件

干股持有条件可以通过赠予人与干股股东签订的附条件的赠予合同来实现，另外，也可以通过章程规定干股持有人持有条件的方式达到同样的效果。章程规定干股持有人持有干股的前提条件是与公司维持劳动关系，当劳动关系终止时，干股股东都必须将其持有的干股以约定价格转让给赠予人或赠予人指定的其他人。

2. 限制表决权

公司根据《公司法》第四十二条赋予的自治权直接在公司章程中约定限制某类股东表决权，此种方式最大的特点就是通过公司章程，使干股股东表决权限制"法定化"。

以上六点是干股涉及的主要法律责任，干股虽好，且行且谨慎！建议各位在干股面前保持冷静的头脑和理性的判断。

从万达告别房地产聊起

——海外并购屡屡受挫,"国民公公"转型不易

2017-08-28

"万达彻底告别了房地产!"这是 2017 年王健林掌舵的万达集团,通过涉及总金额高达 1000 亿元以上的一系列资本运作的结果。你们的"国民公公"认为,"目前的中国房地产正站在珠穆朗玛峰,无论往哪个方向走,都没有'高处'了。"

高处不胜寒,那就重拓疆域,早在 2012 年,万达集团就进军"好莱坞",展开了它的轻资产战略。

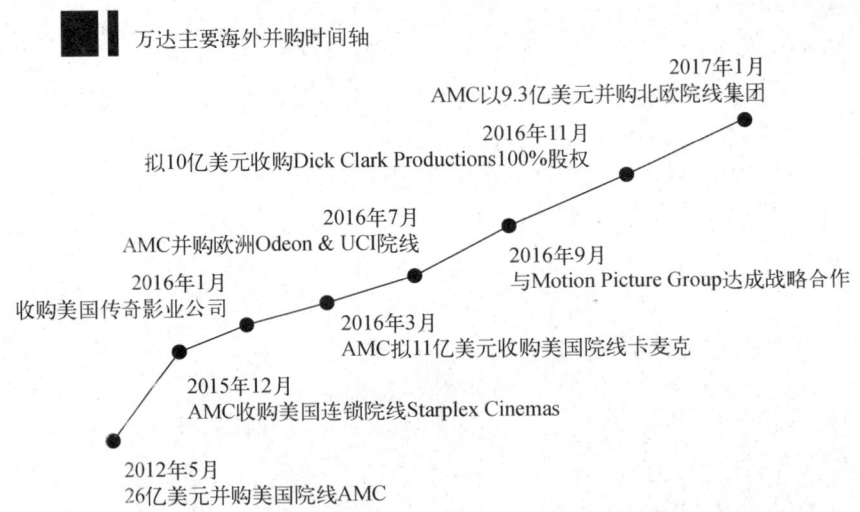

万达主要海外并购时间轴

- 2012年5月 26亿美元并购美国院线AMC
- 2015年12月 AMC收购美国连锁院线Starplex Cinemas
- 2016年1月 收购美国传奇影业公司
- 2016年3月 AMC拟11亿美元收购美国院线卡麦克
- 2016年7月 AMC并购欧洲Odeon & UCI院线
- 2016年9月 与Motion Picture Group达成战略合作
- 2016年11月 拟10亿美元收购Dick Clark Productions100%股权
- 2017年1月 AMC以9.3亿美元并购北欧院线集团

从上图可以看出,你们的"国民公公"正在不断扩大好莱坞版图,墙都不扶就服他!万达通过这一系列的收购,成为具有绝对优势的全球最大院线运营商,在世界电影产业的话语权和影响力大幅提升。文化影视产业也成为万达产

业版图上最吸引眼球的一部分。

一、万达现状：海外并购之路并不平坦

按照王健林的设想，到2020年，万达的企业资产要达到2000亿美元，收入超过1000亿美元，其中海外收入占三成，成为世界一流的跨国企业。

但万达的海外投资之路并不平坦。自2016年甩货了仅投资两年的西班牙大厦后，万达集团原计划以10亿美元收购迪克·克拉克制作公司的并购案又以失败告终。

从监管层面来看，国家发改委在2017年的7月18日表示，将继续关注房地产、酒店、影城、娱乐业、体育俱乐部等领域非理性对外投资倾向，防范对外投资风险。而更早前，美国《华尔街日报》曾有报道称，万达集团六项境外投资项目被国有银行暂停发放贷款。

二、一组数据：2016海外并购交易高达438笔

纵观美国著名大企业，几乎没有哪一家不是以某种方式、在某种程度上应用了兼并、收购发展起来的，几乎没有一家大公司能主要依靠内部扩张成长起来。

——诺贝尔经济学奖获得者、美国芝加哥大学教授乔治·斯蒂格勒

越来越多的中国企业家也认识到并购的神奇效果，尤其是在全球化策略的视野下，海外并购成为他们对外直接投资、开拓国际市场的新策略，中国在海外的收购潮继续澎湃。

海航、安邦、万达等无疑是最活跃的并购企业，但看到排名第一的中国化工集团报价430亿美元收购瑞士先正达公司还是很震惊。430亿美元≈2876亿人民币，中国化工就是这么豪，它拟以现金收购瑞士农业化学巨头先正达的这宗并购，如果完成将会改写全球农化行业的格局。

三、热点改变：并购领域向多元化发展

不难看出并购的领域在向多元化发展。虽然制造业、金融服务和能源成为跨境并购交易最集中行业，但并购热点行业正在发生转向。随着中国经济的发

展,国民收入的不断提高,很多企业将目光投向了计算机、文化娱乐、消费、工业自动化、半导体、传感器、传媒和医疗健康等行业。

有些轻产业"现金流量好,毛利极高,或是看起来酷炫十足,想象空间极大,而且一般标的企业的成立时间不长,看起来特别适合被收购"。比如做百货的南京新百,就以87800万美元并购了医疗健康行业的中国脐带血库企业集团全部股权。

四、一点思考:企业为何纷纷选择海外并购?

企业选择海外并购,有的是为了规避国际间贸易壁垒,有的是为了获取外国企业的核心技术,也有的是为了获取销售渠道和品牌,获取战略性资源。有的企业也欲通过跨国并购实现多元化经营或是主营业务的"华丽转身",比如王健林。

跨国并购相对于新建企业来说,减少了进入不熟悉领域面临的不确定风险和高成本压力。采取并购的方式,兼并重组符合企业战略的公司,在某种程度上降低进入新行业壁垒,利用被并购企业取得原料有效途径、生产技术、销售渠道、已占有市场份额。做惯了房地产的万达集团想进军电影业,不需要冒着风险在人生地不熟的美国、欧洲一块块地买屏幕,而是通过并购已有境外院线顺利进入欧美电影市场。

五、法律风险:海外并购背后,机遇与危机并存

海外并购并不是一件容易的事,相比国内并购难度系数要高不少。如中国化工与先正达的跨境并购交易,因其复杂性和敏感性,需要通过欧盟等相关监管机构的审批,并且审批期限被一再延长。究其原因在于跨境并购涉及不同国家的法律法规,涉及不同的文化和利益,挑战和博弈无处不在,海外并购背后时时隐藏着法律风险。

(一)从并购意图和方式的角度出发实现风控

境外并购的方式包括资产并购、股权并购、法定合并等。

资产并购的出让方为对方的企业,并购方购买的多是企业的资产或业务;股权并购的对象则是企业的股权,通过获取公司股权的方式实现控制权。

在并购过程中律师根据不同商业目的、交易标的等因素,在尽职调查、估值和定价方面起到积极的作用。律师可以帮助企业根据其不同的并购意图进行不同侧重点的充分尽调,合理地参与交易结构的设计、起草符合需求的交易文件、协助交割。

在并购过程中律师同样可以代表买方,从商业角度理解整个并购的意图,从起草合同等方面充分进行风险评估和控制。比如企业重点是在于掌握被并购方的核心技术,那么合同的内容就格外重要,因为核心技术并非花钱就可以买到,需要律师根据具体情况在合同中针对商业秘密、竞业禁止、保密条款等方面充分拟定限制性条款。

(二)从并购合法合规性角度出发实现风控

跨境并购是否能成功最首要也是最关键的步骤在于是否合法合规,并购行为和过程是否符合我国法律及目标公司所在国的法律规定,如《境外投资项目的暂行管理办法》《反垄断法》《上市公司收购管理办法》《境外投资核准事项的规定》,等等。

很多情况下,企业因忽视了垄断、环保、知识产权和劳动法等方面法律规定,导致海外并购失败或并购后利益受损。并购中存在的很多风险就是与监管有关的风险,监管和审批是中国企业境外并购合规的重要内容。

1. 境内监管

由于对外投资的资金监管和外汇兑换在2016年底开始有所收紧,我国监管机构对境外并购监管力度和方向都有变化。

监管机构对于基于实际业务发展所需要的海外投资仍然持支持态度,但是对于例如足球俱乐部、影视娱乐、酒店等已经显现出投资过热的行业则会特别关注。随着对相关领域的监管力度加大,影视娱乐、虚拟现实等相关行业的上市公司并购在监管审批上难度增大。对企业而言,监管政策的调整一方面会直接影响并购的成功率,另一方面监管部门要求各银行排查部分热衷于收购的企业如海航集团、安邦、复星以及万达等,这些企业的股价可能出现大幅下跌等现象。

受监管和审批制度的影响,以奇虎360为首的中国财团原本打算以12.4亿美元收购挪威浏览器公司Opera,但由于在最后期限前难以获准转移资金出境而导致了这些交易失败或濒临失败。

对于上市公司与非上市公司同样存在着不同的监管政策和力度。2016年9月,中国证券监督管理委员会第127号令公布了对《上市公司重大资产重组管理办法》的修改决定。对控制权变更规定得更加严谨,同时加大了实际控制人规避限售的难度,配套融资不再如想象中的容易,是否借壳需区分对待。对上市公司有更严格的信息披露要求和审批条件。

2. 境外监管

跨境并购能否成功,同样也受到境外整体环境和监管、审批政策的影响。企业在设计并购活动方案时,一旦对相应法律政策认识不足而出现违反法律、监管的行为,就会使并购方案无法实施。

为了保护本国企业以及出于政治与经济安全方面的考虑,东道国政府会运用国家政府的力量来干预国外企业对本国企业的并购,并对国外企业设置监管政策和手段的政治性障碍。许多国家对外资监管法律进行修改,共性就是建立或完善外资并购国家安全审查制度。

如澳大利亚联邦政府以国家安全为由,拒绝了中国国家电网和长江基建对澳大利亚电网的投资申请。以美国为例,中国企业如果在美并购对象的客户里有政府部门,特别是涉及国家安全的政府部门,因为这样的并购极有可能对国家安全和利益产生影响,被审查和否决的可能性非常大。华润与华创求购美国仙童半导体、紫光股份收购西部数据、金沙江创投收购飞利浦旗下照明业务均因为在美国外资投资委员会审查时遇到障碍而不得不以失败告终。

六、结语

毋庸置疑,跨境并购有助于企业在全球范围内优化资源配置,调整市场结构,集中生产要素,扩大企业的规模和市场竞争力。但与此同时,跨境并购涉及不同国家的企业,以及不同国家的法律制度,这就必然导致其中隐藏着许多法律风险。

对此,谢菊萍律师提醒,根据不同的交易意图和目的,尽职调查是否充分、真实是决定并购行动成败的关键。企业在选择开展海外并购活动时不能只靠自己,应当寻找专业的法律机构提供服务,保证自己在并购活动中不触犯外国法律,准确掌握外国的最新监管政策和审批尺度,也保证自己的并购方案不被对方钻空子,最终赔了夫人又折兵。

一文看懂乐视始末

——管他英雄悲歌或王者归来,终须回归现实

2017-09-04

眼看他闪展腾挪步步上位;眼看他圈地盖楼风生水起;眼看他偃旗息鼓金蝉脱壳!今天跟你聊聊乐视,不论情怀,无关八卦。

一、乐视2017半年财报出炉:亏损6.4亿,资产损失2.4亿

2016年10月,乐视在美国高调举行了一场奢华而昂贵的发布会,向美国用户宣布:乐视垂直整合、开放闭环的生态系统即将正式落户美国。

2017年5月,乐视危机悄然显现,并持续发酵、一再升级。随着乐视2017年半年报的披露,乐视再次被推向风口浪尖。数据显示,乐视网2017年上半年实现营业总收入55.79亿元,同比减少44.56%;归属上市公司的净利润为

◎ 乐视网发布的2017年半年财报

—6.37亿元,同比大幅降低323.91%。据半年报显示,公司的自有资金不足以支付短期欠款和一年内到期的非流动负债,在这种情况下,乐视的债权人们纷纷申请财产保全。

乐视帝国的土崩瓦解,不仅仅是一个茶余饭后的谈资,每一位债权人,都可能是接盘侠。

二、乐视系12亿资产冻结被撤销,财产保全压力能否减轻?

截至2017年7月27日,贾跃亭已被北京市第三中级人民法院等轮候冻结股份数量3584933254股,轮候期限为36个月,占乐视网总股本179.72%;乐视控股所持乐视网股份被北京市第三中级人民法院等轮候冻结股份数量66705780股,轮候期限为36个月,占乐视网总股本3.34%。贾跃亭所持有的乐视控股92.07%股权已被司法冻结。

2017年8月15日,乐视新任CEO梁军连续任命乐视高管。乐视在"去贾跃亭"的路上奔走的同时,此前多家金融机构轮番冻结乐视资产的危机也得以缓和,终于出现了首家申请撤销法院冻结乐视资产的金融机构。根据乐视网8月17日发布的公告显示,民生信托与乐视网已达成和解,向法院申请撤销冻结、划拨乐视控股、贾跃亭和乐视网控股子公司乐视致新银行存款12亿元。

在民生信托与乐视网达成和解的同时,乐视网目前还在与建设银行就2亿元借款纠纷积极洽谈化解方案。不过,目前对于乐视来说,大量的资产冻结仍然是悬在头上的利剑。

三、为什么要申请财产保全? 债权人能否高枕无忧?

乐视一直缺钱,这似乎已经成为公开的秘密。截至2017年7月11日,已有7家单位9次向法院提出对乐视的财产保全申请。今天谢菊萍律师就来谈谈财产保全的那些事儿。

[名词解释]

财产保全是指法院在利害关系人起诉前或者当事人起诉后申请执行前,为保证判决的执行或避免财产遭受损失,对当事人的财产或者争议的标的物采取限制其处分的保护性措施。

（一）为什么要进行诉讼财产保全？

司法实践中,执行一直是一个难题。在漫长的诉讼期间内,债务人恶意转移财产、逃避诉讼执行的情况较为普遍。特别是对于一些审理周期长、涉案金额大的案件,如不及时采取财产保全措施,债务人一方就可能利用审限、债务人信息缺失等有利条件,通过转移财产、增加债务等手段逃避将来的执行责任,而债权人一方就会承担执行不能的风险,导致诉讼目的落空。

（二）财产保全的种类有哪些？

无论是诉前财产保全还是诉讼财产保全,都要求其基础法律关系明晰,案件事实一定程度上比较明确。

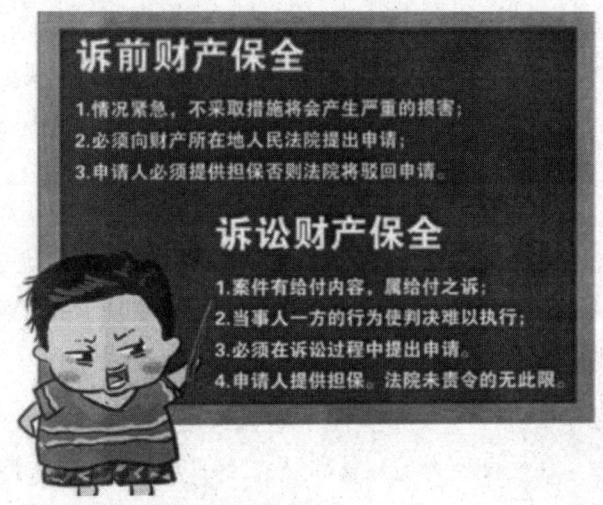

（三）财产保全需要满足哪些条件？

当事人如申请财产保全,应当满足下列条件：

1. 申请人、被申请人为案件的当事人,申请人向人民法院提交财产保全申请；

2. 存在因当事人一方的行为或者其他原因,使判决不能执行或者难以执行的可能；

3. 请求保全财产应为被申请人的财产或者是双方当事人争议的财产；

4. 有明确的财产线索和有关证明材料；

5. 按时交纳申请费并提供可靠担保,在提交保全申请的同时,申请人还应当提供担保物。可以提供房屋、车辆等。提供的担保必须是登记在册的财产,以便人民法院可以对其进行查封,同时担保人本人须持有效证件到场。

(四) 保全行为有误能否解除?

被申请人收到人民法院的保全裁定书后认为保全行为有误,可以在自收到裁定书5日内向法院提交异议申请书进行复议。如经过复议认为保全无误则继续执行;如保全有误,则解除保全。

如果保全有误对被申请人造成损失的,由申请人及担保人承担相应的赔偿责任。案外人对查封、扣押、冻结的财物及其孳息的权属存在异议的,依法有权向人民法院提出异议的,人民法院应当审查并做出处理。

(五) 先申请财产保全就能优先获偿?

很多债权人认为:我保全到了对方财产,只要法院判决支持我方诉讼请求,我就能优先受偿。事实并非如此。财产保全不代表"先到先得"。

根据最高人民法院《关于人民法院执行工作若干问题的规定(试行)》第93条的规定:"对人民法院查封、扣押或冻结的财产有优先权、担保物权的债权人,可以申请参加参与分配程序,主张优先受偿权。"

财产保全作为一种诉讼保障制度,不同于财产担保。最高法院该条规定实际上明确了享受优先受偿权的两种情形,分别为担保物权和优先权,其中优先权指特定债权人基于法律直接规定享有债务人的总财产或特定动产、不动产的优先受偿权。我国法律尚未规定财产保全具有优先受偿权。

律师总结

由此可见,财产保全作为一种诉讼保全制度,它的设立是为了防止债务人在诉讼前后恶意隐匿、转移财产或毁损财产,并非进行财产保全后申请人在日后的执行中就享有优先受偿权。

如赋予申请人对保全财产具有优先受偿权,则在先进行财产保全的当事人已取得优先受偿权的情形下,后申请保全的当事人只能待先保全的当事人分配后就剩余保全财产参与分配,如无剩余财产,其申请财产保全将完全失去意义。

因此,财产保全只是债权人为防止判决生效后无法执行而在诉前、诉中及判决后执行前对债务人财产通过法院采取一定的措施保全起来,以保障判决得到顺利执行。

重大资产重组,想离 IPO 更近,却也可能渐行渐远

2017 - 09 - 11

想用重大资产重组作为 IPO 的敲门砖?在动"小心思"之前,你需要看看这篇文章。一个操作不当,可能适得其反。新三板公司上市热情高涨,已成为 IPO 最大的后备军。然而,上市路布满了荆棘与坎坷,能笑到最后的,真不多。

于是,很多新三板公司在上市前通常会进行重大资产重组,用以作为 IPO 的敲门砖。今天谢菊萍律师就给大家梳理一下,通过重大资产重组实现 IPO 的注意事项和三大雷区。

一、重大资产重组,你了解吗?

《非上市公众公司重大资产重组管理办法》中的重大资产重组是指公众公司及其控股或者控制的公司在日常经营活动之外购买、出售资产或者通过其他方式进行资产交易,导致公众公司的业务、资产发生重大变化的资产交易行为。

公众公司及其控股或者控制的公司购买、出售资产,达到下列标准之一的,构成重大资产重组:

(一)购买、出售的资产总额占公众公司最近一个会计年度经审计的合并财务会计报表期末资产总额的比例达到 50% 以上。

(二)购买、出售的资产净额占公众公司最近一个会计年度经审计的合并财务会计报表期末净资产额的比例达 50% 以上,且购买、出售的资产总额占公众公司最近一个会计年度经审计的合并财务会计报表期末资产总额的比例达 30% 以上。

二、IPO 前进行重大资产重组,为什么?

新三板公司在上市前进行重大资产重组的新闻已经屡见不鲜。

为什么这么做？相信这是很多人心中的疑惑。主要是为了突出主营业务，保持公司的股权清晰，解决独立性、同业竞争、关联交易等问题，通过重组，使得企业能够符合证监会对上市公司主体资格的要求，为上市打下良好基础。

1. 突出主营业务

主板要求拟上市企业主营业务突出，创业板要求主要经营一种产品。

重组中很重要的原因就是为了将不相关业务剥离出去，相关业务纳入上市主体中来，从而达到主营业务突出或主要经营一种产品的目的。

资产重组可以将与主营业务不相关资产通过出售的方式剥离出去。（例如康力电梯的策略就是将主营业务纳入发行人，剥离非主营业务，从而顺利上市。）

该种主营业务要求具备完整的产供销体系，具备直接面向市场独立经营的能力，不允许把与主营业务相关的资产、人员、资质等放到上市主体之外。

2. 保证公司股权清晰

拟上市企业的股权必须清晰，不存在法律障碍，不存在任何纠纷。

3. 实现公司独立运作——"五独立"

上市公司应当具备资产独立、业务独立、机构独立、财务独立和人员独立五个要求。

4. 规范关联交易以及同业竞争

证监会要求拟上市企业消除同业竞争，减少关联交易。在上市前并购重组的过程中，企业可以考虑将同业竞争或关联交易金额比较大的公司吸收到上市主体当中，或注销同业竞争公司和关联公司。

5. 提升公司整体的运营效率

通过上市前重组，建立公司完善的股东大会、董事会、监事会以及经理层规范运作的制度，建立健全完善的、合法合规的财务会计制度，以达到IPO的要求。

三、重组是把双刃剑，筹划不好也会影响IPO

需要注意的是，重大资产重组虽然能给IPO带来积极的影响，若在实践中不注意细节，也会导致IPO的失败。

根据《首次公开发行股票并上市管理办法》和《首次公开发行股票并在创业板上市管理暂行办法》，中国证监会对IPO申请的审核主要从企业的主体资格、独立性、规范运行、持续盈利能力、财务与会计、募集资金运用、信息披露等方面进行,而企业上市被否的原因也主要集中在这些方面,下文将重点探讨重大资产重组对企业主体资格的影响。

四、主体资格是小事？其实是个雷

因主体资格原因被否的比例虽然不高,但证监会对于IPO企业的主体资格审核一直处于高度关注阶段。作为一家行走在IPO路上的新三板企业,做足了功课,经历了漫长的守望,却因为主体问题被证监会拒之门外,你说冤不冤？

但确实有很多新三板企业经过重大资产重组后暴露出了主体资格问题,且很可能会影响IPO申请。尤其是以下三大因素会影响主体资格：

（一）股权是否清晰——"三类股东"的隐痛

三类股东,是指公司股东中的资产管理计划、契约型基金和信托计划持股。

"三类股东"是新三板头疼已久的话题,直接股东或间接投资人中含有"三类股东"的企业,由于不符合上市监管"股权清晰"的审核要求,IPO之路障碍重重。而三类股东的重灾区,就集中在新三板企业。

> **【案例1】新三板企业点点客收购杭州微巴**
>
> 2015年2月,新三板企业点点客(430177)临时股东大会通过了重大资产重组相关议案,拟以发行股票及支付现金的方式购买杭州微巴信息技术有限公司100%股权,新增股东涉及契约型基金和多个客户专享理财计划。重组之后,敏感的"三类股东"出现了！
>
> 受限于工商登记等原因,"三类股东"投资于拟IPO企业通常有两种方式:一是资产管理人代三类股东对拟IPO企业出资;二是嵌套有限合伙制基金,由资产管理人代三类股东认购基金份额,有限合伙制基金对拟IPO企业进行投资。目前,第二种方式较为常见。
>
> 在以上两种方式中,三类股东与资产管理人之间存在委托或信托持股关系,这种关系的存在会对发行人是否满足"股权清晰"要求的判断产生影响;同时,委托持股、信托持股及间接持股增加了判断最终出资人及其变动情况、关联方及关联交易情况、是否涉及利益输送等问题的核查和信披难度。

疑问:"三类股东"影响新三板公司 IPO 吗?

针对部分新三板公司存在"三类股东"的问题,证监会并未在 IPO 申请及受理阶段设置差别性政策,已有多家存在"三类股东"的拟上市企业提交 IPO 申请并获受理。同时,鉴于"三类股东"作为拟上市企业股东涉及发行人股权清晰等发行条件及相关信息披露要求,目前,证监会正积极研究"三类股东"作为拟上市企业股东的适格性问题。

谢菊萍律师分析了四家含有"三类股东"却顺利过会的企业,发现三类股东是新三板企业 IPO 过程中需要处理的棘手问题,但并不是实质性障碍。现在监管层尚未明确表态"三类股东"是否股权清晰,但已明确表态需要穿透至自然人或国资主体。

虽然证监会尚未明确表态,但根据已有案例可以看出目前"三类股东"还是会影响审核进度。

> **【案例 2】涉及三类股东,海容冷链 IPO 审查停滞不前**
>
> 2015 年 11 月开始 IPO 排队的海容冷链,在上交所的审核名单中一度跟在三星新材和艾艾精工之后,如今这两家公司成功登陆 A 股市场,而海容冷链却恐因带有敏感的三类股东问题,导致 IPO 审查停滞不前。同时排队的公司,都已经开完上市庆功会了,三类股东还在继续守望。

> 企业如果含有"三类股东",能清理的话尽量清理。

(二) 主营业务是否发生重大变化

《创业板首发管理办法》第 14 条规定:发行人最近两年内主营业务和董事、高级管理人员均没有发生重大变化,实际控制人没有发生变更。

《首次公开发行股票并上市管理办法》第 12 条规定:发行人最近 3 年内主营业务和董事、高级管理人员没有发生重大变化,实际控制人没有发生变更。

> **【案例3】九星娱乐主营业务发生变化 IPO 或受阻**
>
> 九星娱乐(原合肥伊科耐信息科技股份有限公司)现金收购北京青云互动科技有限公司25%的股权,根据中兴财光华会计师事务所于2016年2月15日出具的审计报告,截至2015年12月31日,九星娱乐资产总额为3614.26万元,净资产为2623.66万元。本次交易价格为25000万元,占其最近一个会计年度经审计的合并财务会计报表期末资产总额的比例为691.70%,已达到50%以上。本次交易构成重大资产重组。交易完成后九星娱乐的主营业务发生了重大变化,由原来的软件和信息技术服务变为文化娱乐。如果九星娱乐在2—3年内计划 IPO,本次重大资产重组极有可能成为实质性障碍。

> 如果被重组方与重组方从事的业务领域不相同、不类似或不相关,而重组方又有 IPO 计划的话,很有可能导致主营业务的重大变化,给 IPO 造成实质性障碍,建议不要轻易出手。

(三) 控股股东、实际控制人是否发生重大变化

《创业板首发管理办法》第14条规定:发行人最近2年内主营业务和董事、高级管理人员均没有发生重大变化,实际控制人没有发生变更。

《首次公开发行股票并上市管理办法》第12条规定:发行人最近3年内主营业务和董事、高级管理人员没有发生重大变化,实际控制人没有发生变更。

在新三板公司重大资产重组中,要重点关注重组之后控股股东和实际控制人是否发生变更。

> **【案例4】亚锦科技实际控制人发生变化 IPO 或受阻**
>
> 亚锦科技以发行股份的方式购买大丰电器持有的南孚电池60%股权。根据中审亚太会计师事务所(特殊普通合伙)出具的审计报告,截至2014年12月31日,亚锦科技的总资产、净资产分别为5977110.99元、5165097.26元,本次交易南孚电池60%股权经协商成交金额为26.4亿元。本次购买资产价格高于公众公司2014年期末经审计总资产、净资

产的50%,本次交易构成重大资产重组。

交易完成后,公司的控股股东和实际控制人将发生变化,控股股东由彭利安变更为大丰电器,实际控制人由彭利安变更为吴尚志和焦树阁两人,同时,主营业务也发生了变化。

如果公司2—3年内计划IPO,本次重大资产重组极有可能成为实质性障碍。

五、结语

重组的初衷都是美好的,想离IPO更近,但结果却可能给自己埋了个雷。企业重组过程中控股股东、实际控制人及其控制的其他企业间是否存在同业竞争?企业主体资格是否符合证监会要求?建议新三板公司打算进行重大资产重组同时近2—3年又有IPO计划的,在筹划重大资产重组时就应该考虑重组后可能出现的各种问题,特别是会对IPO构成不利影响的因素。企业重组过程应重点研究IPO审核重点,比如同业竞争、关联交易以及重组后企业的盈利能力、会计核算以及信息披露是否充分等等问题。

聚美私有化搁浅,为自己代言的陈欧还能"撑"多久?

2017-09-18

流量红利下降,已是移动互联网时代不争的事实。哪怕是一度辉煌的聚美,也不例外。面对困境,寻求突破,尽管陈欧试图通过多元布局挽回颓势,但私有化的搁浅,难免让人感到聚美已难以再续辉煌。

梦想是注定孤独的旅行,路上少不了质疑和嘲笑。
但那又怎样?哪怕遍体鳞伤,也要活得漂亮。
我是陈欧,我为自己代言!

2012年,一则充满情怀、正能量爆棚的广告让陈欧成了80后创业者的标杆,也让聚美优品走到了大众面前。

2014年5月,聚美在纽交所挂牌上市,时年31岁的陈欧成为纽交所最年轻的CEO,自带明星效应。然而,从明星到流星,聚美优品几乎是在一夜间跌落神坛。

在上市不到两年的2016年2月,陈欧、聚美联合创始人戴雨森以及聚美投资方红杉资本沈南鹏以每股7美元的价格提出私有化方案,仅为聚美22美元发行价的三分之一。聚美拟低价私有化的消息引发一片哗然,坊间骂声不绝,知名VC投资人朱啸虎直接给陈欧取了一个"陈七块"的外号。

一、聚美优品发展历程

聚美优品为何要进行私有化?私有化为何引起巨大不满?会带来什么样的影响?在厘清以上问题之前,我们必须先了解聚美优品的发展历程。

2010年3月

陈欧、戴雨森、刘辉创立聚美优品。

2012年

一句"我为自己代言"带火了陈欧和聚美优品。

2014年5月

聚美优品成功在美国上市。31岁的陈欧，成为纽交所220余年来历史上最年轻的上市公司CEO，成为当年富豪榜上最年轻的富豪。随后几个月，聚美股价持续攀升，最高时为39.45美元，总市值高达57.8亿美元（约合376亿元人民币）。但聚美上市后不久，唯品会、兰亭集势、京东、阿里纷纷崛起，先后赴美上市，蚕食其市场份额。加上消费者注意力从"低价"转向"品质"，国际品牌选择入驻京东、天猫等口碑较好的电商平台，进一步挤压了聚美优品的生存空间。

2014年7月

聚美优品陷入售假风波。聚美优品被曝其供应商祎鹏恒业通过多个电商平台销售假冒服装和手表，陷入信任危机股价大幅下跌。此次售假事件后，为消除假货隐患，聚美开始下架平台上的第三方美妆卖家，向美妆产品全自营转型。但此举让消费者误以为聚美是品牌化妆品售假，使其核心业务受到重创。

2014年9月

聚美优品利润下滑。整个第三季度，转型带来经营成本的增加与毛利率的下降，聚美的利润开始下滑。

2015年

竞争对手激增。跨境电商涌现出贝贝网、洋码头等众多竞争对手，使聚美优品面临比上市初期更为激烈的外部环境。

2015年5月

聚美优品股价持续下跌。当月聚美优品财报披露后，股价有所下跌。此后，基本上每次财报披露后，股价都会有不同幅度的下跌。

2015年12月

聚美优品的股价出现暴跌。到2016年1月29日，其股价如脱缰的野马般暴跌至6.44美元。陈欧与管理团队认为聚美在美股价被严重低估，于是启动私有化程序。

2016年2月17日

私有化程序正式启动。聚美优品宣布收到陈欧、戴雨森、红杉资本等递交的每份ADS 7美元的价格私有化申请。该价格不到聚美当年上市发行价（每股22美元）的30%。消息一出，聚美小股东们群情激奋，在网上持续进行声讨，并形成团体，展开了一系列法律维权活动。他们开始在注册地开曼群岛及美国国内进行诉讼，并准备向美国证券交易委员会（SEC）进行申诉。此事引起轰动，认为这件"巨没有品"的事将严重影响未来中概股赴美上市获得较高估值，让聚美的品牌形象跌入低谷。私有化进程不顺，军心开始涣散。

2016年4月

聚美两名联席CFO高孟、郑云生同时离职。

2017年5月

聚美优品私有化被搁浅。根据聚美优品向美国SEC递交的20—F文件显示，徐小平和险峰长青（K2VC）也从聚美优品主要股东名单中消失，这意味着，两者已经大幅减仓甚至已经全部清仓套现离场，聚美的私有化搁浅。

※ ※ ※

从2014年8月到2017年8月，上市三年的聚美优品股价蒸发了90%，公司市值从53亿美元跌至4.97亿美元。从上市到聚美优品董事长陈欧等提出每股7美元的"私有化"提议，聚美股票持续了18个月的股价灾难，下跌率高达45.2%。2017年以来，聚美优品股价一直低于4美元，最低时报价仅为2美元。

眼看股价跌跌不休，陈欧坐不住了，试图通过多元布局来挽回颓势。2017年5月，聚美优品向深圳街电投资了4480万美元，引发与王思聪的"吃翔"赌约。同时，聚美优品还投资1430万美元用于电视剧的制作。这些与线上化妆品零售的核心业务毫无关系的投资，不但受到了各方的质疑，更引发聚美优品股东与管理层之间的矛盾升级。而私有化的搁浅，让聚美优品的日子更不好过了。

什么是私有化？上市公司"私有化"，是资本市场一类特殊的并购操作，由控股股东将股份从中小股东手里买回来，扩大已有份额，由公众公司变为私人公司。上市公司私有化往往由控股股东或管理层发起，中小股东处于弱势地位。大股东通过种种方式对中小股东施加压力,迫使中小股东在有利于实际控制人的条件下退出公司。

目前,已有超过20家在美上市互联网企业完成退市或正在进行私有化,包括人人网、世纪佳缘、巨人网络、盛大游戏、优酷土豆、奇虎360、当当网等。

二、聚美为什么要私有化?

聚美宣布私有化后,陈欧发过一封内部邮件,结合他的邮件内容和在美其他互联网企业退市的情况,聚美私有化的原因可能是:

1. 在目前的美股市场,聚美的公司价值被低估,股价没有反映出合理的公司价值,甚至低于一些在规模和盈利能力上远远落后的公司(中国市场和美国市场在估值上的差异)。

2. 美国证券交易所和监管机构对上市公司的信息披露内容要求严苛,私有化之后,聚美可以减少维护上市的运营成本,包括法律、合规以及财务成本;有利于聚美在转型期更灵活地做更长期的决定,公司可以不再以股价为中心,高层和大股东施展动作也可以少了阻碍,公司治理会更加灵活。

3. 国内政策环境趋好刺激了聚美等在美上市的中国互联网企业私有化退市。

4. 如果能成功回归A股,可以有效提升估值,并通过再融资获取更大的发展。如中安消、千方科技回归后,上市公司估值均出现了大幅提升。

三、聚美私有化价格之争

私有化的价格直接影响私有化能否顺利进行,甚至决定整个私有化的成败。陈欧、戴雨森、红杉资本等递交的私有化申请价格是每份ADS 7美元,那么私有化价格是怎么定出来的呢?

根据公司所在交易所的特点及本身特性,一般公司私有化回购的价格都是提出私有化要约前60个交易日的平均值再溢价15%—30%,而聚美优品当时收盘的均价是7.85美元/ADS,收购价还不及平均价。

投资者抱怨"不管是和22美元IPO发行价相比,和历史成交均价相比,还是和近期的成交均价相比,陈欧等买方团私有化按聚美优品过去10个交易日的平均收盘价实在太低了"。

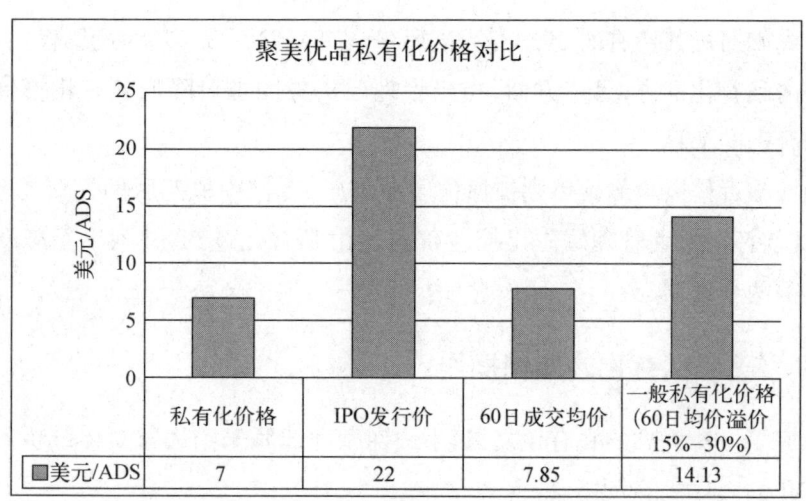

据悉,聚美优品自 2014 年 5 月 16 日在美股市场上市以来的 571 个交易日内,仅有 22 个交易日股价是低于管理层提出的 7 美元/ADS 私有化要约价。"也就是说 97％的时间段聚美的股价是高于私有化价格的",有投资者指出,只参考 10 个交易日的数据令人质疑。

对比其他私有化退市的企业,聚美优品报出的私有化价格真的太低吗?其实低价私有化的,聚美不是第一个。

公司名称	发行价(美元)	收购价(美元)	价差(收购价与发行价)	溢价
当当	16	7.8	−51.2％	36.4％
阿里巴巴	13.5 港元	13.5 港元	0	60％
陌陌	13.5	18.9	40％	20.5％
奇虎 360	14.5	77	431％	17％
聚美	22	7	−68.2％	27％
人人	14	4.2	−70％	22％
完美世界	25	20.20	−19.2％	28.2％

从表格中我们可以看出,除了聚美优品,当当、人人、完美世界的私有化价格也都偏低。同样是低价私有化,为什么聚美搁浅而当当却顺利完成?

当当背后的操盘手是因擅长操盘并购而知名的华兴资本。一方面,李国庆及俞渝夫妇通过其持有的35.9%当当股份,获得高达83.5%的投票权,直接主导当当的私有化推进;另一方面,当当管理层买方团也对降低私有化报价给出了看似合理的解释。

而面临诉讼风险的聚美则被抓住了小辫子,专注中概互联网投资的基金"i美股"此前怀疑聚美管理层先操控股价再发出私有化邀约,并列出了陈欧等操纵股价的两个证据。

四、美股私有化该如何操作?

看完了聚美优品的私有化之路,下面谢菊萍律师来给大家具体分析一下美股私有化的操作风险及要点:

(一)主要的三种私有化方式

1. 要约收购(Tender Offer)

收购者(可以是公司、公司管理层或第三方)向股东寄送一份书面要约文件(其中阐明了包含SEC披露要求的要约条款)和一封传达指示信;在收购者取得了公司90%股份的情况下可实施简易合并,与此同时余下的10%的股份将会被转变为主张评估权的权利或获得合并对价的权利。

2. 长式合并(Long Form Merger)

(1)由大股东直接与目标公司合并,或由大股东先设立一个全资子公司,然后通过该子公司与目标公司进行合并,从而实现退市;

(2)收购者和公司董事会(特别委员会)进行协商并签署合并协议;

(3)经董事会批准后,股东对此交易进行投票表决。

3. 反向股票分割(Reverse Stock Split)

(1)公司宣布旨在减少登记股东数量的反向股票分割计划;

(2)在反向股票分割中,通常公司让股东以原来的10股、100股或1000股换取现在的1股;

(3)遵照这一换股原则,公司通常会以现金支付的方式获得某些股东手中不足1股的股份,这样一来较小的登记股东将会被挤出公司,从而也减少了股东的总数量。

在这主要的三种方式中,要约收购适合股本较大且股东人数较多的上市公司,正好对应大多数中概股的特色,巨人网络、完美世界、聚美优品与360等多数公司均选择要约收购方式;反向股份分割适合股本较小、股东人数相对较少的上市公司;长式合并方式与港股中的协议安排、开曼公司法中的协议收购对应,中概股较少选择的原因主要是为了规避开曼公司法中的"数人头"条款。

(二)私有化流程

对不同的私有化方式来说,流程不尽相同。要约收购花费的时间较为不确定。美股要约私有化时间取决于提交文件的进度以及要约收购的进度。同样是美股要约私有化,环球天下仅30天就完成整个流程,而泰富电器却历时长达388天,多数案例在180天以内完成私有化。

美股私有化流程

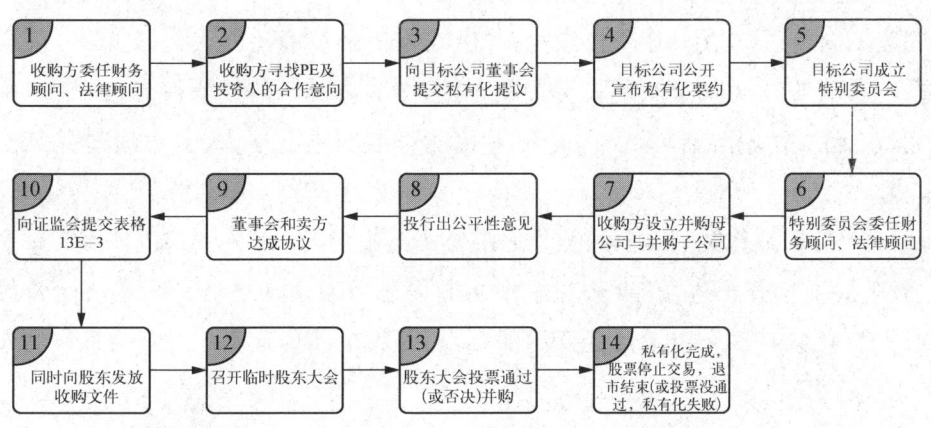

(三)监管机构

美股对私有化进行监管的机构主要包括证券监督机构、交易所,部分案例包括注册地法院和海外交易所。通常来说,私有化条件除了满足证券监管机构和交易所的要求外,还需要满足上市公司注册地的法律法规。美股私有化过程中,SEC更多起到监督信息披露的作用,较高的诉讼风险使注册地法院的地位至关重要。因此,在聚美优品私有化方案符合SEC的基本要求的情况下,觉得利益受损的中小股东通过法院诉讼寻求阻止,而且提起诉讼的法院为开曼群岛法院。

（四）私有化价格

美国在上市公司私有化价格方面依然要求遵循上市公司注册地的公司法。若注册在美国本土,需要遵循彻底公平(Entire Fairness)原则,若注册在开曼群岛,则没有过多限制。

所以,虽然聚美抛出每份 ADS 7 美元私有化价格的举动让聚美小股东们群情激奋,甚至被知名 VC 投资人朱啸虎直接在朋友圈炮轰为"陈七块",认为这是件"巨没有品"的事,但是,人家注册地在开曼群岛,没那么多限制,谁说非要按照一般公司的私有化定价来确定?

1. 私有化方案获得股东投票通过的条件

（1）注册地为开曼群岛的美股上市公司

聚美优品的注册地是开曼群岛,根据开曼群岛的法律规定,聚美只需要 66% 以上的投票权即可通过私有化方案,且买方是参与投票的。聚美实行的是"同股不同投票权"的 AB 股权结构,陈欧在聚美的持股比例大约是 35%,但投票权为 75.5%,再加上其他机构投资者,整个买方财团的投票权高达 90%,中小股东无法改变投票结果。但是私有化能否顺利进行下去,方案通过只是第一步。

（2）注册地为美国本土的美股上市公司

美股上市公司遵循"少数股东中多数同意"(Majority of the Minority)原则,少数股东中 50% 以上接受要约即可,控股股东或具有实际经营决策权的股东不具有投票权。

2. 私有化退市风险提示

（1）私有化可能面临诉讼风险

在美国,几乎所有上市公司私有化都有诉讼的风险,一旦涉及诉讼,私有化就有可能流产。聚美优品私有化搁浅最重要的原因就是收购价低而面临被小股东起诉。

注册地在美国的公司,私有化面临的诉讼风险主要来自两方面。一是小股东起诉控股股东或董事在交易决策过程中违反忠慎义务;二是股东起诉上市公司在并购交易中信息披露不实或者有重大遗漏。开曼群岛法律同样要求董事们尽到忠慎义务,但不管在实体上还是程序上都规定得模糊不清。面对一个遥远小岛上模糊不清的法律,大多数的公众投资人都望而却步了,这对在开曼设立公司的董事和大股东们而言无疑是个喜讯,但这并不代表没有人去起诉。

当年博纳影业就曾因为私有化估值问题陷入了法律争议。香港 Maso Capital 管理的 3 家基金向开曼群岛大法院提交申诉书,认为博纳影业私有化估值过低,要求将其清盘,该法院批准了这项申诉。而博纳影业并不是唯一一家因为私有化问题在开曼群岛遭遇诉讼的企业,这个名单上还有奇虎 360 科技、当当、易居、如家和盛大游戏等。

(2) 复杂的退市程序、高昂的时间和经济成本

美国证券交易市场有着复杂且谨慎的私有化退市程序。在通常情况下,从提交私有化协议建议书到 SEC 审查,再到终止股票上市,最快也大约需要 6 个月,由于各种因素的影响,实际上所需时间可能更长。以纽交所为例,私有化退市大约需耗费 18—22 个月的时间;接下来是拆 VIE 架构,至少四个月,部分架构复杂的企业可能要拆上七八个月,真可谓搭建容易拆时难;如果回国上市,IPO 三到五年是正常,借壳上市算是个捷径,挂牌新三板速度能更快,但这要看企业的财力以及在资本市场的定位标准。说到底,私有化退市是第一步,然而多少企业直接卡在这第一步上了。

另外,私有化要约发起人需有充足的现金流,如果现金流不足,则需通过银行贷款或在市场寻求私募股权、投资银行或证券公司等有合作意向的机构进行融资,需付出高昂的融资费用。除此之外,还需组建交易团队,成立特别委员会,聘请中介机构,支付会计费、财务顾问费、法律顾问费等不菲的费用,以及支付监管部门审查费用和潜在的诉讼费用等。根据公司规模的大小,其费用可能高达几百万甚至上千万美元。

(3) 退市后回归之路的不确定性

中概股私有化之后最大的不确定性在于,即使用大量人力、物力从美国退市后,却无法踏稳后续在中国上市的步伐。如果回归,又到底该走哪条路?IPO、借壳上市还是新三板?

IPO 成功率不高,且据统计数据显示,中概股退市后至少要排队两年半。如果中间再遇上个 IPO 关闸,申报材料驳回……搞上三年五载也是有可能的。这期间,企业要面临沉重的债务,不稳定的股权结构,甚至阶段性不盈利,能拖

得起的企业为数不多。

对于借壳上市，中概股要权衡高价壳资源与上市后市值的平衡。而且2016年6月17日，证监会发布新规，中心思想总结成一句话：严防炒壳，严守业绩承诺，严控配套融资规模！从此"借壳"受限。

中概股回归还受到了监管关注。2017年5月初，市场出现了"证监会叫停中概股回归"的传言，证监会新闻发言人也表示：市场对海外上市的红筹企业，通过并购重组回到A股市场上市存在质疑，认为这类企业回归A股市场有较大的特殊性，针对这类企业通过IPO、并购重组回归A股市场可能引起的影响要进行深入分析研究。虽然截至目前，未有正式限制文件公布，不过2017年5月之后，中概股回归的"全面遇阻"是明显可以感受到的。

五、结语

不是所有的企业都适合私有化，中概股企业在私有化之前应该根据国内外资本市场变化情况结合企业自身经营状况，谨慎客观地对企业估价、市值、是否存在融资困境、恶意收购等问题进行评估，进而判断是否适合走这条路，一旦决定就应该采用最优的模式和交易结构，合理定价，提高法律风险防范能力。同时找准自己的定位，密切关注国内资本市场变化，以期顺利回归。

合伙人之间恩怨情仇的中国式关系

——LP、GP 为何相爱相杀？

2017－09－25

投资圈不是风平浪静的港湾，这里从来就不缺乏故事。数据显示，国内私募股权投资市场 LP 数量已增至 18987 家，庞大的数字背后是国内 LP 群体喜怒哀乐的成长历程。其中，最为热议的便是 LP、GP 之间恩怨情仇的中国式关系。

国内股权投资市场是一个西学东渐的过程。私募股权基金起源于美国，华尔街贝尔斯登投资银行的三名投资银行家成立了全球第一家投资公司——KKR，该公司专门从事并购业务，这就是最早的私募股权投资公司。随着 KKR 在华尔街的大放异彩，整个世界的资本市场都掀起了追随的狂澜。中国也不例外。30 余年来，股权投资行业从无到有，从不毛沙漠变成灿然绿洲，这其中，有沙场沉戟的落寞，也有一路高歌的璀璨。

股权投资基金包括有限合伙制、公司制和契约制三种类型。其中，有限合伙制因可以有效地避免双重纳税、分配机制自由、管理灵活，成为如今私募股权基金（PE）成立的主要形式之一。在这种模式下，就有了普通合伙人（General Partner，GP）与有限合伙人（Limited Partner，LP）这两种当事人形态。

2007 年 6 月 1 日，现行版《中华人民共和国合伙企业法》（以下简称《合伙企业法》）正式施行，对有限合伙企业设立条件进行了明确的规定，有限合伙制的确为私募股权基金的有限合伙制模式提供了道路。

其中第 67、68 条规定，有限合伙企业由普通合伙人执行合伙事务，有限合伙人不得对外代表有限合伙企业。私募股权基金有限合伙制与一般的有限合伙企业一样，也是由有限合伙人（LP）和普通合伙人（GP）组成。

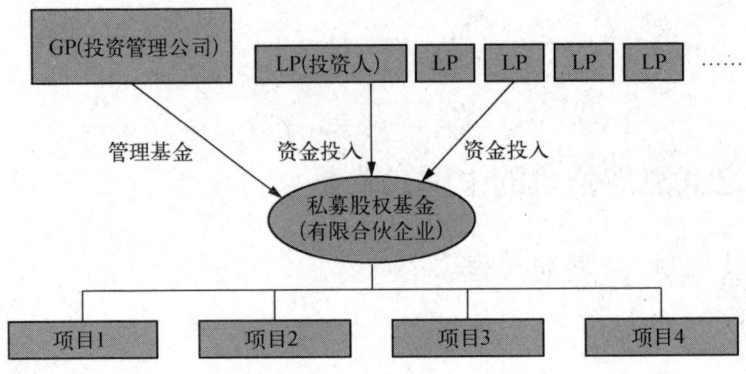

[普通合伙人]

通常作为私募股权基金的管理人,少量出资(一般为 1%),管理基金的运作,并对该私募股权基金承担无限责任。

[有限合伙人]

私募股权基金的投资者,类似于公司的股东,为基金提供大部分的资金,并在出资范围内对该有限合伙制私募股权基金承担有限责任。

从上文来看,LP 与 GP 之间应该相互合作、相互信任,同心同力将项目做好才对。那么为什么这一对中国式"夫妻"会出现你来我往、斗智斗勇、相爱相杀的情况呢?这与有限合伙制私募股权基金的模式有很大关系。

一、矛盾起源:所有者和经营者的分离

有限合伙制私募股权基金模式虽然因其优点明显备受青睐,但也因为所有者和经营者分离,从而产生资本监管难、信息不对称以及风险不对称的缺点。在公司制的私募股权基金中,投资者以参加股东会、董事会的方式来对基金的投资管理进行监督,从而防范基金管理人的道德风险。但是在有限合伙制中并不存在股东会以及董事会的结构,主要是靠约束机制和激励机制相容的方法对基金管理人进行道德风险防范,这也使得有限合伙制的私募股权基金在防范道德基金管理人的机制设计上不如公司制的私募股权基金强势。

通俗来说,当前中国的 LP 们具有两大特点:① 中国 LP 不愿做自己无法参与的事情,这与国人的财富管理观念密切相关;② 中国 LP 更喜欢赚快钱,远胜于长期投资,很少有 LP 愿意等待八九年去收获超额回报。正因为此,国内的 LP、GP 关系复杂,职责边界模糊不清,彼此提防、监视,甚至偷偷下绊子。

二、解决方式：弱化 GP 的管理权利

在合伙制私募股权基金中通常会设立合伙人会议或者投资决策委员来对基金管理人进行监督，抑或说是弱化普通合伙人作为基金管理人的权力。

目前有限合伙企业制私募股权基金管理结构如下图所示：

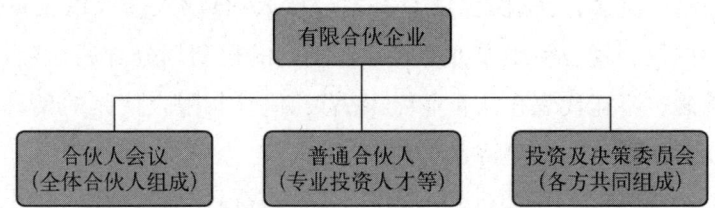

合伙人会议或者投资及决策委员会不同于公司制中的股东大会及董事会，有着《公司法》中法定的最高权力机构地位，而是根据投资各方签订的合伙协议的约定来确定权利义务。

投资及决策委员会作为有限合伙人对基金运行进行干涉的触手，其在合伙协议中约定的职权范围就是投资人和管理人相互让步的集中体现。实践中，一些有限合伙制私募股权基金在组建投资及决策委员会时往往会通过聘请行业的精英、律师、会计师等专业人士，和普通合伙人及持较高比例财产份额的有限合伙人一起组成委员会，通过三方相互配合，达到互相监督及平衡。

例如某投资决策委员会组织形式：执行事务合伙人在有限合伙设立后组建投资决策委员会。基金投资及决策委员会一般由 9—11 人组成，其中普通合伙人 5 人，有限合伙人委派 3 人，另外还有专家委员 3 人，基金主任委员由普通合伙人推荐、合伙人会议选举。

投资及决策委员会主要有以下职权：

1. 对基金投资管理部门审计通过的投资项目进行审批并制定计划。
2. 审批投资产品的研发、方案、策略等事项。
3. 对投资事项进行跟踪调查。

一般来说，投资及决策委员会所有的委员都有一票表决权，出席人数达到 2/3 才能召开会议，所有的决策须由全数委员半数通过。

三、博弈焦点：实际控制人如何认定？

互不信任、彼此怨愤、矛盾百出、人财两失、不欢而散……GP和LP之间的"年度大戏"不断，归根结底，都是为了掌握实权。

在目前国内有限合伙制私募股权基金中，由于有限合伙人对项目资金的投向的干涉也越来越多，合伙协议中对普通合伙人、合伙人会议以及投资和决策委员会之间的权利划分呈现多种形式。在不同的权利划分之后，虽然有限合伙人根据法律规定不能代表合伙企业做出决策，但是有限合伙制的私募股权基金的实际控制人却并不一定是普通合伙人。

（一）普通合伙人具有最高决策权的私募股权基金

根据现行法律规定，普通合伙人在合伙企业中执行合伙事务，也就是在目前的工商登记中的执行事务合伙人。如果普通合伙人没有妥协，对有限合伙人进行一些管理权的让渡，也没有在合伙协议中约定其他的机构有高于执行事务合伙人的职权，作为执行事务合伙人的普通合伙人就拥有对该有限合伙制私募股权基金的绝对决策权。该普通合伙人或者该普通合伙人的实际控制人即为该有限合伙制私募股权基金的实际控制人。

实践中，一部分有限合伙制私募股权基金为保障普通合伙人的独立决策权，防范有限合伙人或合伙人会议越权干预普通合伙人执行合伙事务的情况出现，实践操作中会在合伙协议中明确约定，如："各合伙人在此同意执行事务合伙人在本协议规定的投资业务及投资目标范围内对合伙企业所投资的项目具有完全的、独立的决策权。"然而，这种模式其实在实践中应用得有限。

首先是国内的信用投资理念尚未得到社会的广泛认同，投资者对于基金管理人的能力以及职业道德也不能做到完全的信任。其次，目前国内对私募股权基金的管理上显现出法律法规的不足、滞后以及行政监管的薄弱。因此，为了防范普通合伙人侵害合伙企业的利益，更多的有限合伙人还是十分注重对于普通合伙人的监管和权利限制。

（二）投资委员会作为最高决策机构的私募股权基金

美国是私募股权基金最多的国家，采用的大多都是有限合伙制形式，且运作良好、活力充沛。国内目前的有限合伙制私募股权基金的治理结构主要也是参照国外如美国的有限合伙制私募股权基金,但是又有着实质上的差别,带着对国内现实的妥协的特点。国外私募股权基金也会设立咨询委员会,对基金运作中具有利益冲突的或者大比例的投资项目等进行决策干涉,但是其职权不能代替甚至超越基金管理人的职权。普通合伙人作为基金的实际操作者,在合伙协议授权范围内,拥有最高的投资决策权。

而国内私募股权基金因为起步较晚,成熟的投资人以及有信誉和号召力的普通合伙人尚在培养和形成中,因此在目前的基金治理中,普通合伙人即基金管理人往往会向有限合伙人让渡一部分管理权来保障有限合伙人对基金的监督和掌控,如放宽合伙人会议、投资及决策委员会的职权范围。

许多 GP 都存在一种"给钱就是主"的弱势方心态。

实践中,在目前的中国有限合伙制私募协议中,投资者通常会约定由合伙人会议或者决议及决策委员会对企业比较重要投资行为做最终决定。在这种情况下,基金管理权限分配会有以下几种情况:

1. 普通合伙人在投资及决策委员会中占一半及以上的

如果普通合伙人在投资及决策委员会中的席位达到一半以上,那么也就意味着普通合伙人在任何需要投资及决策委员会通过的投资事项中都能做出最终决定。那么毫无疑问,此时普通合伙人或者普通合伙人的实际控制人就是该有限合伙制私募股权基金的实际控制人。

2. 普通合伙人在投资及决策委员会中占比较少的

在实际约定投资及决策委员会各方席位人数的时候,更多的是普通合伙人席位并没有达到半数及以上。当普通合伙人在投资及决策委员会的席位并没有达到半数及以上的情况下,普通合伙人并不能决定投资及决策委员会最终是否通过一项投资事项,那么对投资事项而言,投资及决策委员会才是最终的决策者。在这种情况下,普通合伙人除了不能对基金投资的项目作出最终决策之外,依旧掌握着对该基金有着重大影响的除投资之外的日常运作、诉讼、财务,以及对现有投资的继续或者退出等。

在这种权力划分下,担任执行事务合伙人的普通合伙人或者普通合伙人的实际控制人事实上就不能单纯认定为该类基金的实际控制人。那么由于控制权是能对基金有重大影响或者实际支配的权利,投资及决策委员会和普通合伙人都能够有较大影响但又均不是绝对控制或者达到实际完全支配的程度,故这种情况下我们也可以认为该私募股权基金没有实际控制人。这种模式是目前国内使用最多的。国内著名私募股权基金红杉基金采用的就是这种模式。

有限合伙人既不用对合伙企业的所有事务进行决策，又对较大额度的资金的走向有表决权，在削弱普通合伙人的权力的同时加强自身对合伙企业的控制。

3. 形式为有限合伙制，但实际上是公司制的私募股权基金

这一种模式是指该有限合伙制私募股权基金虽然在工商登记上系有限合伙企业，但在实际操作中所有的基金运作均由合伙人会议或者投资及决策委员会按照财产份额比例投票做出决定。

在这种情况下，关于该类合伙企业中实际控制人的认定，首先可以参见《公司法》中第二百一十七条第三款中关于实际控制人及公司控制权的规定，即实际控制包括直接和间接的投资关系达成的控制。有限合伙制私募股权结构中普通合伙人往往出资量很少，若按照财产份额来决定投票权的话，那么在此类有限合伙制私募股权基金中，普通合伙人的话语权可想而知。

执行事务合伙人只是作为一个经理人，并没有实际的控制权，而通过直接或者间接投资关系能够实际支配有限合伙制私募股权基金行为的自然人、法人或者其他企业才是该有限合伙制私募股权基金的实际控制人。

但这种模式有一个缺点，即在没有大比例的财产份额持有人的情况下，一旦各位投资人的投资意向不统一，投资事项就不能进行。而不同于一般的生产类或销售类企业，投资是私募股权基金成立的根本目的，一旦投资事项长期不能决定，该私募股权基金的发展也就受到致命的打击。且有限合伙人一旦参与最终决策，这种模式就在一定程度上扭曲了有限合伙制的责任分担，《合伙企业法》中由普通合伙人承担无限责任的规定就显得有失偏颇。

【案例】

温州东海创业投资有限公司是自 2007 年 6 月 1 日新《合伙企业法》实施以来，国内第二家也是长三角地区第一家私募机构，采用的就是此类有限合伙制模式。但东海创投的运作并不理想，因为各个投资人的投资意向不统一，而私募机构管理人又做不了最终决策，导致该公司步履艰难，最终夭折。

四、结语

目前,证监会对私募股权基金的实际控制人的认定并没有明确规定,包括公司在申请于上海交易所或者深圳交易所上市以及登陆新三板的过程中的审核也主要关注公司股东是否存在私募机构的情况,但并不要求中介机构确认该私募股权基金的实际控制人。在实践中,在对合伙企业(有限合伙)的控制人的认定上,我们往往会简单地根据执行事务合伙人来认定,但实际上这种方式并不准确或者说并不完全准确。根据法律规定以及合伙协议的约定的不同的权力划分,有限合伙制私募股权机构的实际控制人也会发生变化。

48只私募基金投了乐视,打水漂你参与了没?

2017 - 10 - 09

一、初识私募基金

2017年9月13日,中国证券投资基金业协会宣布,截至2017年8月底,中国证券投资基金业协会已登记私募基金管理人20652家,已备案私募基金60688只,管理基金规模10.21万亿元。

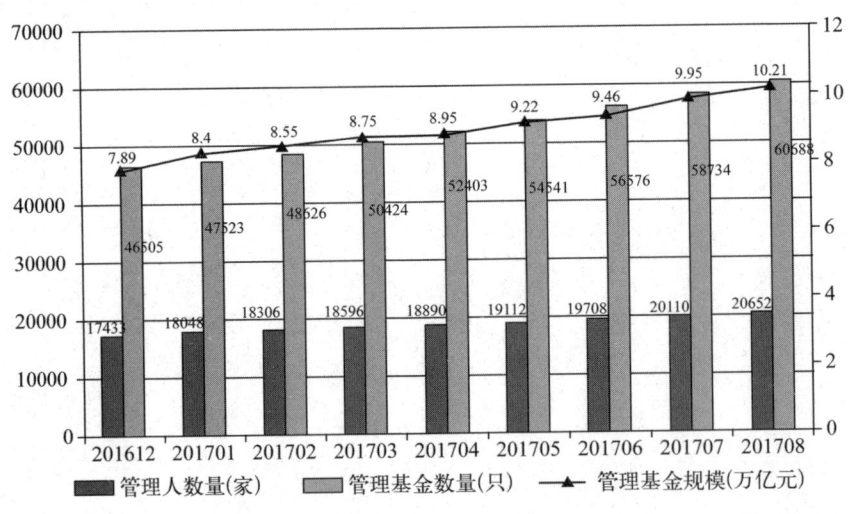

◎ 私募基金管理人登记月度趋势情况

私募基金的规模突破10万亿后,第一次在公募基金面前真正挺直了腰杆,私募的规模超越公募是迟早的事情。但是,私募的火爆并不意味着私募投资收益的稳定,远的不说,投了乐视非上市体系的那 48 只私募股权基金就被坑惨了。

目前在市场上可统计到共有 48 只股权类私募基金,分别投资到乐视体育、乐视移动、乐视文化、乐视虚拟现实、乐视影业、乐视汽车、乐视云、乐视网以及综合投资九大乐视项目中去,具体参考下表:

标的项目	基金数量
乐视体育	18
乐视移动	17
乐视文化	2
乐视虚拟现实	2
乐视影业	2
乐视汽车	2
乐视云	1
乐视网	1
综合投资	3

2017 年 3 月 28 日融创的业绩交流会上,乐视"接盘侠"孙宏斌表示,未来乐视主要就只有乐视网(上市部分)和乐视汽车。而这 48 只私募股权基金除了国融天下和新板资本外,都投了乐视汽车外的非上市项目。那么问题来了,上市部分有孙宏斌,汽车有贾跃亭,乐视体育、移动、影业啥的找谁?

这几年在"全民 PE"噱头的忽悠下,高净值投资人购买私募股权基金或购买股权基金优先级固定收益理财产品成为时髦。买买买,投投投。我们似乎只看到了表面的资本狂欢,却极少会注意背后的法律风险。如今乐视崩盘,留下一地鸡毛。有鉴于此,我们有必要好好认识一下私募基金及投资私募基金需要了解的法律风险。

[私募基金]

指在中华人民共和国境内,以非公开方式向两个以上投资者募集资金,为获取财务回报进行投资活动设立的投资基金。私募基金通过基金管理人与投资者私下协商进行,因此它又被称为向特定对象募集的基金。基金财产的投资包括买卖股票、股权、债券、期货、期权、基金份额及投资合同约定的其他投资标的。

二、高门槛：投资人并非人人可当

私募基金的特定募集对象必须是合格投资者,非你愿投就可投。《私募投资基金监督管理暂行办法》规定合格投资者的条件如下：

1. 单只私募基金的投资者人数累计不得超过《证券投资基金法》《公司法》《合伙企业法》等法律规定的特定数量。转让基金份额的,受让人应当为合格投资者且基金份额受让后投资者人数应当符合前述规定。

2. 合格投资者应符合三个条件：

(1) 具备相应风险识别能力和风险承担能力；

(2) 投资于单只私募基金的金额不低于100万元；

(3) 单位投资者净资产不低于1000万元,个人投资者金融资产不低于300万元或者最近三年个人年均收入不低于50万元。其中,金融资产包括银行存款、股票、债券、基金份额、资产管理计划、银行理财产品、信托计划、保险产品、期货权益等。

3. 社会保障基金、企业年金等养老基金,慈善基金等社会公益基金,依法设立并在中国证券投资基金业协会备案的投资计划,投资于所管理私募基金的私募基金管理人及其从业人员及中国证监会规定的其他投资者亦视为合格投资者。

三、私募基金与公募基金的区别

1. 募集的对象不同

公募基金的募集对象是广大社会公众,即社会不特定的投资者。而私募基金募集的对象是少数特定的投资者,包括机构和个人。

2. 募集的方式不同

公募基金募集资金是通过公开发售的方式进行的,而私募基金则是通过非公开发售的方式募集,这是私募基金与公募基金最主要的区别。

3. 信息披露要求不同

公募基金对信息披露有非常严格的要求,其投资目标、投资组合等信息都要披露。而私募基金则对信息披露的要求较低,具有较强的保密性。

4. 投资限制不同

公募基金在投资品种、投资比例、投资与基金类型的匹配上有严格的限制,而私募基金的投资限制完全由协议约定。

5. 业绩报酬不同

公募基金不提取业绩报酬,只收取管理费。而私募基金则收取业绩报酬,一般不收管理费。

四、国内外知名私募基金公司及私募基金产品

你可能没有投资过私募基金,但下面这些名字你可能经常听见:比如曾与俏江南纠缠不清的欧洲CVC资本,管理资金逾230亿美元;华尔街上最知名的私募基金黑石基金;1972年创立于美国硅谷的红杉资本,募集超过40亿美元总资本,投资超过500家公司,有200多家成功上市,100余个通过兼并收购成功退出的案例。

国内比较有名的私募基金公司及基金产品有北京蓝海韬略及其旗下2016年度收益率达到180.92%的蓝海一号,凭借押注雄安新区概念龙头股而成名的成泉资本及其旗下的成泉汇涌一期,中信产业投资基金管理有限公司、复星资产管理集团、上海朱雀投资发展中心(有限合伙)、上海鼎锋资产管理有限公司以及李开复创办的创新工厂等,都运作着规模可观的私募基金产品。

五、私募股权投资基金及其投资法律风险

目前私募基金类型分为私募证券基金、创业投资基金、私募股权基金、其他类别私募基金这四种。

鉴于目前证券类私募基金管理规模仅为股权类私募的35%,其他类别私募基金规模较小,特别是今年以来股权类私募基金飞速扩张,而证券类私募持续缩水,本文重点分析私募股权投资需注意的法律风险。

私募股权投资(PE)是指以非公开的方式向少数特定的机构投资者或者自然人投资者,即合格投资者募集资金,主要对未上市企业进行股权性投资,最终通过使被投资公司上市、股权转让、清算等方式退出,从而获得投资收益。

投资私募股权基金主要面临如下法律风险:

（一）法律地位风险

《证券法》《公司法》《合伙企业法》为国内私募股权投资基金的设立提供了法律依据。但目前的法规规范仍然不足。为了吸引客户，大多地下私募基金对客户有私下承诺，如保证金安全、保证年收益率等，这种既非合伙又非投资的合同在本质上类似非法集资，在这种情况下，即使有书面合同，也很难得到法律的保障。

（二）合同法律风险

私募股权投资基金与投资者之间签订的管理合同或其他类似投资协议，往往存在保证资金安全、保证收益率等不受法律保护的条款。此外，私募股权基金投资协议缔约不能、缔约不当与商业秘密保护也可能带来合同法律风险。私募股权投资基金与目标企业谈判的核心成果是投资协议的订立，在此过程中可能涉及三个方面的风险：一是缔约不能的法律风险；二是谈判过程中所涉及技术成果等商业秘密保密的法律风险；三是缔约不当的法律风险。这些风险严格而言不属于合同法律风险，而是附随义务引起的法律风险。

（三）操作风险

我国现有法律框架下的私募股权投资基金主要有三种形式：一是通过信托计划形成的契约型私人股权投资基金；二是国家发改委特批的公司型产业基金，比如天津的渤海产业基金；三是各类以投资公司名义出现的、与私募股权基金运作方式相同的投资机构所设的基金，而这种私募股权投资基金处于监管法律缺失的状态。虽然我国私募基金的运作与现有法律并不冲突，但在实施过程中又缺乏具体的法规和规章，导致监管层与投资者缺乏统一的观点和做法，部分不良私募股权投资基金或基金经理暗箱操作、过度交易、对倒操作等侵权、违约或者违背善良管理人义务的行为，都将严重侵害投资者利益。

（四）律师调查不实或法律意见书失误法律风险

私募股权投资基金一旦确定目标企业之后，就应该聘请专业人士对目标企业进行法律调查。因为在投资过程中，双方处于信息不对称的地位，所以法律调查的作用在于使投资方在投资开始前尽可能多地了解目标企业各方面的真实情况，确认他们已经掌握的重要资料是否准确地反映了目标企业的资产负债情况,避免对投资造成损害。在私募股权投资中,目标企业为非上市企业,信息披露程度就非常低,投资者想要掌握目标企业的详细资料就必须进行法律调查,来平衡双方在信息掌握程度上的不平等,明确该并购行为存在哪些风险和法律问题。

私募股权基金投资中律师调查不实或法律意见书失误引起的法律风险是作为中介机构的律师事务所与投资机构及创业企业共同面对的法律风险。尽职调查不实,中介机构将承担相应的法律责任,投资机构可能蒙受相应损失,创业企业则可能因其提供资料的不实承担相应的法律责任。

(五)私募股权投资基金进入企业后的法律风险

这部分风险主要是基金进入企业后日常经营过程中存在的风险,包括但不限于合同风险、不规范经营风险、管理引起的法律风险、投资合作风险、债务风险、借贷风险、担保风险。

(六)退出机制中的法律风险

私募股权投资项目包括筹资、投资、管理和退出四大环节,其中私募股权投资的退出是基金运作中最基础、最重要的一个环节。成功的退出保证了私募基金投资高收益的取得和资金的高效循环,不同的退出方式背后都隐藏着千差万别的法律风险。私募股权基金投资的退出方式主要为上市退出、股权回购、转让退出或清算退出。

1. 上市退出法律风险

私募股权基金通过上市方式退出主要有两大途径,首次公开募股(IPO)和借壳上市。

[IPO]

IPO对于私募投资者和企业来说可谓是双赢,被认为是最理想的退出方式之一。这种方式对投资者来说,可以得到较高的投资回报率,对于企业来说,取得了新的资本市场融资途径,为企业的后续发展铺平了道路。但这种方式也存在诸如退出成本高、周期长和市场不稳定等缺点。除了经营业绩和公司规模必须符合上市要求的条件外,还有许多因素会影响投资者的利益。

[借壳上市]

借壳上市的第一步就是选择一个好的"壳",而愿意出售"壳"的上市公司通常已经走投无路,在经营和管理方面无力回天,大股东才会愿意卖"壳"。为了让"壳"卖出一个更好的价钱,出卖方有可能隐瞒一些隐性债务,这就需要买壳方聘请各个领域的专业团队对壳公司进行尽职调查,查清壳公司的债权债务关系,规避法律风险。

而《上市公司重大资产重组管理办法》第45条规定,特定对象通过认购发行的股份取得上市公司的实际控制权的,其以资产认购而取得的上市公司股份在36个月内不得转让。

这说明私募基金通过借壳上市方法退出至少是成功借壳的三年之后。是否可以成功退出的关键还是在于借壳成功之后对企业的整合与经营以及二级市场上股价的表现。

2. 股权回购或转让退出法律风险

回购退出中,私募股权投资基金进入时的投资协议中回购条款设计不合法或者目标公司经营异常等都可能导致回购失败。

比如投资到乐视的48只基金,其中大多设置了回购条款。以一款名为"乐视体育股权投资基金"的产品为例,乐视体育承诺,将在2018年12月31日前挂牌,否则按照"全部投资款+12%/年(单利)计算的最低收益",以现金形式收购投资方所持有全部股权并支付全部对价,且A轮股东优先。不过指望现在的乐视体育上市或拿出这笔钱来回购似乎都不太现实。

须注意的是,如果公司来回购私募基金的股权,则必须要满足《公司法》第75条约定中的三种情形,且不能在公司章程中另行约定其他收购事由。对于股份有限公司而言,私募基金不能与公司做出随时退出的约定。如有约定,必须在《公司法》第142条规定的一年锁定期外。而私募基金与企业管理层约定的对赌协议中,如约定的股权回购情形发生在锁定期内,则股权转让的行为不发生效力,但这并不意味着回购条款的无效,等锁定期过后,再发生的股权转让行为应认定为有效。

3. 清算退出法律风险

由于私募股权投资具有高风险的特点,投资时往往与被投资企业约定优先清算权。在被投资企业进行清算时,能优先获得该企业的清算价值,保证自己最大程度回收初始投资。但这并不能打乱《破产法》对于公司财产清算偿还的先后顺序,在这中间特定的债权人还可能行使别除权。

一旦确认投资项目失败或成长太慢,不能获得预期回报,就要果断退出。当投资项目无法通过上市、股权转让途径退出,也没有必要维持时,也应关闭、解散。通过清算撤回资金然后投资到下一个资金项目以提高投资效率。然而在我国,由于国内拍卖市场不发达,公司有形资产和无形资产变现困难,清算成本过高,在一定程度上限制了公司清算方式的采用。

六、结语

"过去十年无房产不富,未来十年无股权不富"的投资论调迷了众多投资人的眼,但任何只谈收益不谈风险的行为都是耍流氓。私募基金很美,但绝没有想象中那么美,至于 IPO,更不是那么简单的事情,得先问问 1 亿股民同不同意大规模扩容。谢菊萍律师建议,大家还是要根据自己的财务状况、风险承受能力、投资目的灵活选择投资方式。

谎称拿下海外两亿订单，被外交部"点名"，这家公司或遭强制退市

2017 - 10 - 16

一、事件回顾：谎称承接修建"巴铁"大项目

2017年9月4日，外交部发言人耿爽在例行记者会上证实，A股上市公司雅百特（002323）曾通过虚构海外工程项目等手段，虚增营业收入和利润，并涉嫌伪造巴基斯坦政要信函，证监会将于近日对涉案公司作出正式处罚决定。

早在5月12日，证监会就披露称，雅百特对2015年至2016年9月的财务进行了造假，其中公司2015年虚增利润占当期利润总额约73%，2016年虚增利润占当期利润总额约11%。

原来，这家公司不仅将建材自买自卖，假冒跨国生意。而且还想乘着"一带一路"的东风，把假生意做到巴基斯坦。然而，经过监管机构跨境调查，参与巴基斯坦的项目完全是子虚乌有，雅百特只是伪造了施工现场的照片，自导自演了一出将建材出口到巴基斯坦的戏码。表演功力一流的雅百特，堪称2017年度最大"戏精"了！

二、雅百特起底

在山东成立的雅百特2015年8月成功借壳江苏中联电气上市，当年年报显示，雅百特在与巴基斯坦木尔坦市开展的城市快速公交专线项目实现收入超过2亿元，占年度销售总额21.8%。这么大单的跨国生意，让雅百特的年报"闪闪发亮"。事实上，在雅百特借壳上市前，由于披露的毛利润高于同行一倍多，

上海亚泽公司董事长钟俊浩就已向证监会进行了实名举报。

2016年7月20日,钟俊浩通过巴基斯坦的律师向木尔坦开发局发去了相关查询信函,查询主题为"木尔坦公交项目,承包商雅百特技术公司工作状况"。7月25日,查询结果显示:"截至目前,木尔坦开发局并未与标题所列公司签订任何合同。"至2017年4月被证监会立案调查,雅百特伪造外国政要函件,伪造项目及营业收入事件彻底败露。

三、造假根源:为完成业绩承诺

2015年8月,山东雅百特科技有限公司借壳中联电气上市时,承诺雅百特2015年度、2016年度、2017年度净利润数分别为2.55亿元、3.61亿元、4.76亿元。若未实现对赌协议,将以股份或现金方式进行对赌补偿。

据公开数据显示,借壳上市前的2012年至2014年,雅百特净利润仅为0.13亿元、0.2亿元和1.02亿元。但借壳上市后,雅百特2015年实现归属净利润2.66亿元,同比增长151.37%,成功实现业绩对赌承诺。

近年来,为并购重组中的标的资产作出业绩承诺几乎成为重组内容的标配,但业绩承诺无法兑现也是A股市场普遍存在的情况。据数据显示,在2014年、2015年与2016年已公布的上市公司并购案例中,业绩承诺未完成的分别有45项、60项和135项。目前,业绩承诺不达标的已经占了四分之一。

四、一点思考:拷问业绩承诺机制

以前,无法实现业绩承诺时,重组方会变更业绩承诺,尤其是降低整体业绩承诺补偿兑现的比例。

为强化并购重组业绩承诺监管,证监会在2016年6月17日发布的相关问答中明确,重组方不得适用《上市公司监管指引第4号——上市公司实际控制人、股东、关联方、收购人以及上市公司承诺及履行》第五条的规定,变更其作出的业绩补偿承诺。

雅百特此次财务造假就与当初借壳上市时所作出的业绩对赌有关,目前资本市场屡屡出现高额的业绩对赌,这种对赌会带来怎样的风险?

谢菊萍律师认为,若企业商业模式不足以支撑高额的业绩承诺,就会对重组方产生重大压力,包括企业回购股份、现金补偿压力等。为了让自己能够全身而退,这时候企业可能就会铤而走险,造假达到牟取非法经济利益的目的。

一方面来说,高额业绩对赌是企业在融资或重大资产重组后,为吸引投资者做出的一部分利益牺牲,这不应被提倡。另一方面,高额的业绩对赌实际上对大股东也有一定的损害,如果业绩对赌不能做到,将牵涉到违约以及广大投资者提起的诉讼。

五、事态发展:或被强制退市

2017年5月12日,证监会向雅百特送达《行政处罚及市场禁入事先告知书》,证监会拟决定对雅百特责令改正,给予警告,并处以60万元罚款;对责任人陆永、顾彤莉、施妙芳、李马松给予警告,并分别处以30万元罚款;对责任人褚衍玲、陈建辉给予警告,并分别处以20万元罚款;对责任人李冬明、刘元玲、张峥、潘飞、童敏明、涂振连、赵阿平、单少芳、彭玲玲、张庭、王国红、陈冬尔、张明、温世燕、秦静给予警告,并分别处以5万元罚款。同时,证监会拟决定对陆永、李马松采取终身证券市场禁入措施;对顾彤莉、施妙芳采取5年证券市场禁入措施;对褚衍玲、陈建辉采取3年证券市场禁入措施。

如公司因此受到中国证监会的行政处罚,并在行政处罚决定书中被认定构成重大违法行为,或者因涉嫌违规披露、不披露重要信息罪被依法移送公安机关的,因触及《深圳证券交易所股票上市规则(2014年修订)》13.2.1条规定的重大信息披露违法情形,公司股票交易将被实行退市风险警示。实行退市风险警示三十个交易日期限届满后,公司股票将被停牌,直至深圳证券交易所在十五个交易日内作出是否暂停公司股票上市的决定。

六、话题延伸:我国的退市制度

上市公司退市是证券市场的一个有机组成部分,其重要性不言而喻,在证券市场上发挥着独一无二的作用。为此,谢菊萍律师将给大家简单介绍我国的退市制度,以供参考。

目前,关于退市制度,我国现行有效的法律法规有:

序号	名称	生效日期	发文机关	涉及条款
1	中华人民共和国证券法	2014.08.31	全国人大常委会	第五十六条
2	关于改革完善并严格实施上市公司退市制度的若干意见	2014.11.16	证监会	全文
3	上海证券交易所股票上市规则	2014.11.16	上交所	第十三章 风险警示；第十四章 暂停、恢复、终止和重新上市
4	深圳证券交易所股票上市规则	2014.11.16	深交所	第十三章 风险警示；第十四章 暂停、恢复、终止和重新上市
5	深圳证券交易所创业板股票上市规则	2014.11.16	深交所	第十三章 暂停、恢复、终止和重新上市
6	关于改进和完善深圳证券交易所主板、中小企业板上市公司退市制度的方案	2012.06.28	深交所	全文
7	关于完善上海证券交易所上市公司退市制度的方案	2012.06.28	上交所	全文

目前上市公司退市情形分为主动退市和强制退市两种，具体情形见下表：

上市公司退市情形一览表

序号	主动退市
1	上市公司在履行必要的决策程序后，主动向证券交易所提出申请，撤回其股票在该交易所的交易，并决定不再在交易所交易
2	上市公司在履行必要的决策程序后，主动向证券交易所提出申请，撤回其股票在该交易所的交易，并转而申请在其他交易场所交易或者转让
3	上市公司向所有股东发出回购全部股份或者部分股份的要约，导致公司股本总额、股权分布等发生变化不再具备上市条件，其股票按照证券交易所规则退出市场交易
4	上市公司股东向所有其他股东发出收购全部股份或者部分股份的要约，导致公司股本总额、股权分布等发生变化不再具备上市条件，其股票按照证券交易所规则退出市场交易

续表

序号	主动退市
5	除上市公司股东外的其他收购人向所有股东发出收购全部股份或者部分股份的要约,导致公司股本总额、股权分布等发生变化不再具备上市条件,其股票按照证券交易所规则退出市场交易
6	上市公司因新设合并或者吸收合并,不再具有独立主体资格并被注销,其股票按照证券交易所规则退出市场交易
7	上市公司股东大会决议解散,其股票按照证券交易所规则退出市场交易
	强制退市
8	上市公司因首次公开发行股票申请或者披露文件存在虚假记载、误导性陈述或者重大遗漏,致使不符合发行条件的发行人骗取了发行核准,或者对新股发行定价产生了实质性影响,受到证监会行政处罚被暂停上市后,在证监会作出行政处罚决定之日起一年内,被证券交易所作出终止公司股票上市交易的决定
9	上市公司因首次公开发行股票申请或者披露文件存在虚假记载、误导性陈述或者重大遗漏,致使不符合发行条件的发行人骗取了发行核准,或者对新股发行定价产生了实质性影响,涉嫌欺诈发行罪被依法移送公安机关而暂停上市,在证监会作出移送决定之日起一年内,被证券交易所作出终止公司股票上市交易的决定
10	上市公司因信息披露文件存在虚假记载、误导性陈述或者重大遗漏,受到证监会行政处罚,并在行政处罚决定书中被认定构成重大违法行为而暂停上市,在证监会作出行政处罚决定之日起一年内,被证券交易所依据其股票上市规则作出终止公司股票上市交易的决定
11	上市公司因信息披露文件存在虚假记载、误导性陈述或者重大遗漏,涉嫌违规披露、不披露重要信息罪被依法移送公安机关而暂停上市,在证监会作出移送决定之日起一年内,被证券交易所依据其股票上市规则作出终止公司股票上市交易的决定
12	上市公司股本总额发生变化不再具备上市条件,且在证券交易所规定的期限内仍不能达到上市条件
13	上市公司社会公众持股比例不足公司股份总数的25%,或者公司股本总额超过4亿元,社会公众持股比例不足公司股份总数的10%,且在证券交易所规定的期限内仍不能达到上市条件
14	上市公司股票在一定期限内累计成交量低于证券交易所规定的最低限额
15	上市公司股票连续20个交易日(不含停牌交易日)每日股票收盘价均低于股票面值
16	上市公司因净利润、净资产、营业收入、审计意见类型或者追溯重述后的净利润、净资产、营业收入等触及规定标准,其股票被暂停上市后,公司披露的最近一个会计年度经审计的财务会计报告显示扣除非经常性损益前、后的净利润孰低者为负值

续表

序号	强制退市
17	上市公司因净利润、净资产、营业收入、审计意见类型或者追溯重述后的净利润、净资产、营业收入等触及规定标准,其股票被暂停上市后,公司披露的最近一个会计年度经审计的财务会计报告显示期末净资产为负值
18	上市公司因净利润、净资产、营业收入、审计意见类型或者追溯重述后的净利润、净资产、营业收入等触及规定标准,其股票被暂停上市后,公司披露的最近一个会计年度经审计的财务会计报告显示营业收入低于证券交易所规定数额
19	上市公司因净利润、净资产、营业收入、审计意见类型或者追溯重述后的净利润、净资产、营业收入等触及规定标准,其股票被暂停上市后,公司披露的最近一个会计年度经审计的财务会计报告被会计师事务所出具否定意见、无法表示意见或者保留意见
20	上市公司在证券交易所规定期限内,未改正财务会计报告中的重大差错或者虚假记载
21	法定期限届满后,上市公司在证券交易所规定的期限内,依然未能披露年度报告或者半年度报告
22	上市公司因净利润、净资产、营业收入、审计意见类型或者追溯重述后的净利润、净资产、营业收入等触及规定标准,其股票被暂停上市,不能在法定期限内披露最近一个会计年度的年度报告
23	上市公司股票被暂停上市后在规定期限内未提出恢复上市申请
24	上市公司股票被暂停上市后其向交易所提交的恢复上市申请材料不全且逾期未补充
25	上市公司股票被暂停上市后其恢复上市申请未获证券交易所同意
26	上市公司被法院宣告破产
27	证券交易所规定的其他情形

七、结语

当然,退市并非是一步到位的,整个过程需经历风险警示、暂停上市、恢复上市和终止上市等环节。

这里需要提示的是,风险警示分为退市风险警示(*ST)和其他风险警示(ST),证券交易所将对公司股票实施退市风险警示(*ST),公司股票可继续交易30个交易日。如未出现重大违法的行政处罚决定被依法撤销或确认无效或变更等例外情形的,公司股票将在30个交易日期限届满后进入暂停上市阶段,并将在相关行政处罚或移送公安决定之日起一年内被实施终止上市。

　　设置退市风险警示环节和一定交易期限，主要是考虑到该类退市情形的发生具有偶发性和突发性的特征，也是为了给投资者特别是中小投资者必要的缓冲准备和退出机会。

"慷慨"的股权激励:企业大佬们打得一手好算盘

2017-10-23

让"要我干"变成"我要干",这是很多鸡血文章常用的金句。为了让员工心甘情愿地为公司"发光发热",企业大佬们也是铆足了劲儿。因此,股权激励横空出世。

一、几组数据

(一)54.29亿股,A股市场股权激励热度空前

想要马儿跑,就得给马儿吃好草。

老板的鞭策套路很多,股权激励在最近几年独领风骚。凭借操作便捷、挂钩业绩等特质,其已成为上市公司"捆绑"员工利益最有效的手段之一。

2017年9月,辉隆股份披露股权激励草案,拟授予2878万份股票期权,成为8月以来第75家拿出股权激励计划的上市公司。据上证报资讯统计,这75家公司的股权激励涉及股份数(限制性股票或期权)高达19.94亿股。显然,2017年,A股市场的股权激励热度空前。

2017年年初至辉隆股份披露股权激励草案止,公告股权激励计划的上市公司达307家,涉及股份数为54.29亿股。对比2015、2016年全年,相应的数字分别是225家、273家,以及30.65亿股、45.38亿股。

其中,限制性股票由于风险收益对称性更明显,正逐步占据主流。正因如此,以限制性股票为代表的股权激励也成为观察上市公司运营前景的绝好窗口。

（二）超总股本 3%，股权激励力度越加慷慨

限制性股票和股票期权备受关注。2017 年 9 月以来，推出限制性股票或股票期权的上市公司已超过 20 家，一天三四家的情况也屡见不鲜。不仅如此，这些公司在股权激励的力度上也更加慷慨，激励涉及股份数大多超过公司总股本的 3%，部分甚至接近 10%。

以力帆股份为例，公司按计划将向包括 14 名董事、高管在内的 646 名员工定向发行 8000 万股限制性股票，占公告日公司总股本的 6.37%，其中 7121 万股已于 9 月 5 日授予，授予价格为 4.33 元/股。

铁汉生态的股票期权涉及股票数量则更多，根据公司 9 月 6 日公告的股票期权激励方案，拟向激励对象授予的股票期权多达 1.5 亿份，对应约 1.5 亿股公司股票，占公司目前总股本的 9.87%，首次授予的股票期权的行权价格为 12.90 元/股。

二、一个疑问：为何越来越多的公司采用限制性股票

梳理各式股权激励方案，不难发现，限制性股票类的激励计划出现得越来越多。据业内人士介绍，限制性股票占据主流，正是由于其在风险收益设计上更加平衡，更符合市场化的要求，能够起到更强的激励作用。

（一）看激励条件

按现行规则，限制性股票和股票期权都要设立绩效考核指标，且应包括公司指标和个人指标，而此前使用较多的员工持股计划则无须设定，这意味着限制性股票和股票期权更多地关注公司本身业绩成长，而非中短期的股价起伏。

【代表案例】

太阳纸业拟向 674 名员工授予不超过 5677 万股限制性股票，占公告时公司股本的 2.24%。在解除限售的条件上，方案设置了 2017 至 2019 年的业绩考核目标，即以 2016 年净利润为基数，上述三年对应净利润增长率不得低于 60%、80% 和 100%。若未能完成，则所有激励对象对应考核年度的限制性股票不得解除限售，由公司回购注销。

（二）看风险收益配比

与股票期权、员工持股计划相比，限制性股票更有高风险、高收益的特性，这也恰恰符合激励的初衷。

限制性股票一开始就需要员工掏出真金白银买入，虽说设计有回购机制，但与股票期权完全不需要先掏钱相比，这就足以令员工产生达到业绩目标的压力。这是限制性股票所体现的风险要素。

它的正向激励作用同样显著，按现行规则，限制性股票可以让员工按照五折价格购入股票，一旦能够达标解禁，收益除了股价上涨部分，还有折价部分。而股票期权的行权价格则没有折扣，少了折价部分的丰厚收益。

三、延伸思考：什么是股票期权、限制性股票？

股票期权和限制性股票作为股权激励最主要的两种模式，想必大家并不陌生。2016年出台的《上市公司股权激励管理办法》是这样描述的：

[股票期权]

指上市公司授予激励对象在未来一定期限内以预先确定的条件购买本公司一定数量股份的权利。激励对象获授的股票期权不得转让、用于担保或偿还债务。

[限制性股票]

指激励对象按照股权激励计划规定的条件，获得的转让等部分权利受到限制的本公司股票。限制性股票在接触限售前不得转让、用于担保或偿还债务。虽说是对上市公司的规定，但这个概念的解释同样适用于非上市公司，无非就是把股票换成股权。

一表拆解股票期权和限制性股票（上市公司与非上市公司对比）

	股票期权	限制性股票
激励目的	依企业需求而定	
人员选择	【上市公司】 a. 董事、高级管理人员、核心技术人员或者核心业务人员 b. 对公司经营业绩和未来发展有直接影响的其他员工 【非上市公司】 依企业需求而定	

续表

	股票期权	限制性股票
激励标的	【上市公司】 未来可按现价购买股票的选择权 【非上市公司】 未来可按约定价格获得股权的选择权	【上市公司】 权利受到限制的股票 【非上市公司】 权利受到限制的股权
股份来源	【上市公司】 定向发行新股、上市公司回购、大股东赠予、大宗交易定向转让等 【非上市公司】 老股东(通常是大股东)出让公司股份、公司回购股份、定向增发	
确定份额	【上市公司】 总量不超过10%,个人获得份额不超过1% 【非上市公司】 根据未来需要的控股比例测算总量	
获取价格	【上市公司】 前一交易日均价及前20交易日、60交易日或120交易日均价中较高者 【非上市公司】 任意定价	【上市公司】 前一交易日均价及前20交易日、60交易日或120交易日均价中较高者的50% 【非上市公司】 任意定价
发放方式	【上市公司】 授权日和首次行权日间隔不低于12个月,每期行权间隔不得低于12个月,每期行权比例不得超过50% 【非上市公司】 没有规定,建议参考上市公司要求	【上市公司】 授予日和首次解锁间隔不低于12个月,每期解锁间隔不低于12个月,每期解锁比例不得超过50% 【非上市公司】 没有规定,建议参考上市公司要求
约束条件	【上市公司】 明确的公司业绩指标和个人绩效指标 【非上市公司】 建议双线考核(公司及个人)	
激励收益	【上市公司】 以在二级市场卖掉股票后获得增值收益为主 【非上市公司】 分红和增值两种收益组合	
退出机制	出现离职或无法胜任当前工作的时候,根据导致因素设定退出方式	

四、两组案例：上市公司股票期权和限制性股票激励案例解析

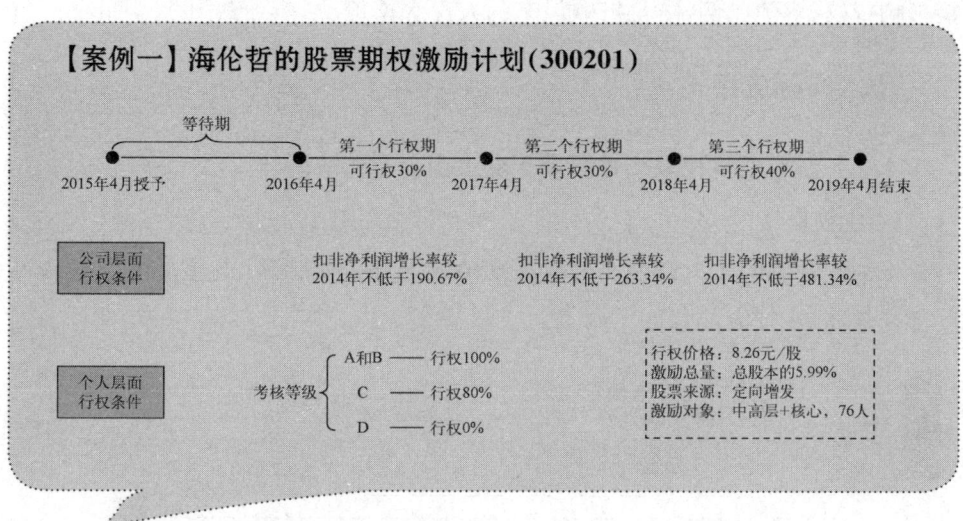

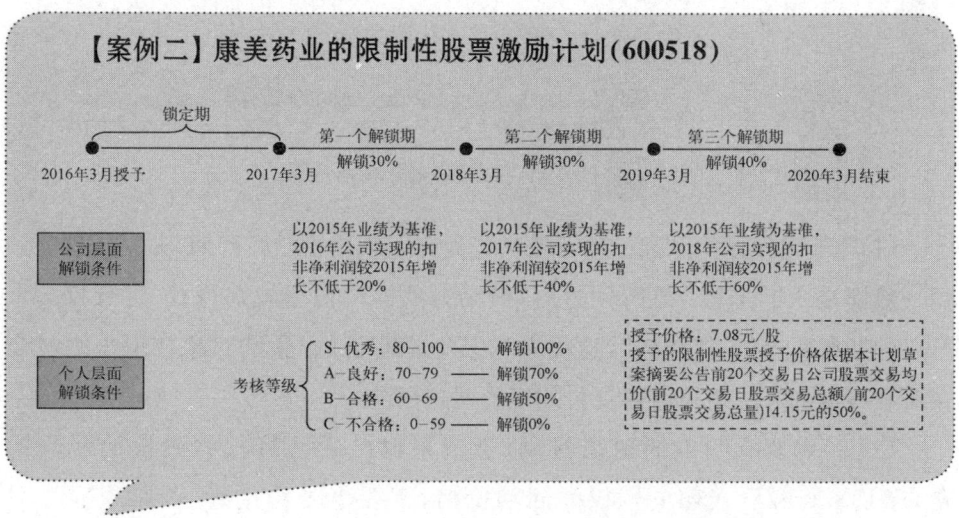

上述两个案例在约束条件的设计中有两个特点值得借鉴：

1. 公司每一年的业绩增长目标对标基准年（比如 2016、2017、2018 年的业绩增长目标都以 2015 年的业绩为基准），避免激励对象为了下一年的业绩而对当年的业绩有所保留。

2. 实际行权或解锁数量与个人考核结果相关联,考核等级(优秀为最高,合格为最低)越高的行权比例、解锁比例越高,这样的话个人业绩和工作能力就直接影响行权、解锁比例,防止搭顺风车的人浑水摸鱼。

五、实际应用

(一)股票期权和限制性股票于非上市公司的应用

1. 股权期权

作为最常用的非上市公司股权激励模式,不论是在国际上还是国内的认可度都非常高,主要应注意如下两点:

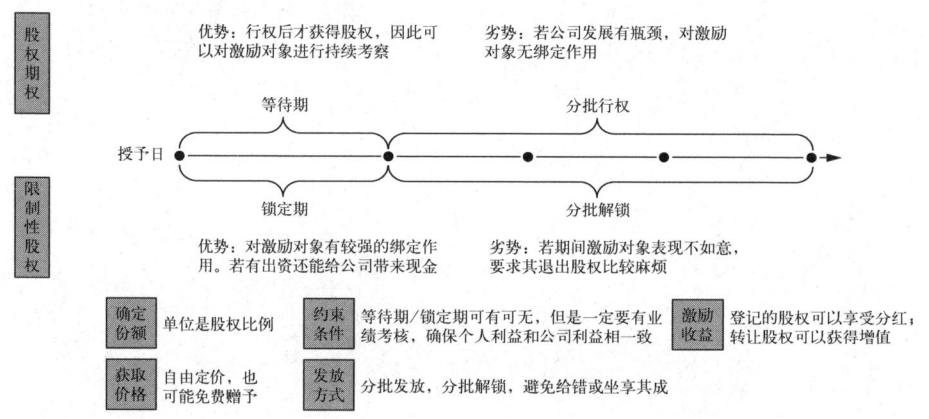

(1)等待期可设可不设,通行做法是会有一个较长的等待期,尤其是创业公司一般都是3年以上。等待期过后,激励对象即可根据规则行权,可行权却未行权的期权属于"成熟期权",这类期权已经是有价的,激励对象在退出之时公司若收回这部分的期权需要支付约定的对价回购。

(2)一定要有明确的退出机制,不论是退出后已行权的股权的回购价格,还是未行权已成熟的期权的回购价格,都要事先约定好,否则很容易引起争议。

2. 限制性股权

实际操作中并不多见,激励力度和对人员的捆绑性高于期权,但是对公司的风险也相对较高,主要应注意如下两点:

(1)一开始就授予激励对象股权,因此配合公司明确的发展目标和合理的考核指标,激励对象会对公司的发展更加上心。然而由于在授予之时已经在工商局登记了激励对象的股权权利,虽然对其股权加以限制,但可能会存在不配合退股而导致公司的股权难收回的情况出现。

(2)获取价格的制定非常讲究,需要基于激励对象和公司对未来发展的高度认可的前提之下,才能明确限制性股权的获取价格,对于激励对象而言也是一次风险投资,但由于给了激励对象约束条件,因此其获取价格会比市场价格低一些(然而市场价本身就很难确定)。

(二)上市公司股权激励的个人所得税处理

下面聊一聊激励对象关心的个人所得税问题,以限制性股票和股票期权为例,上市公司在不同阶段、不同股权激励形式下员工个人所得税处理的方式如下:

类别	各阶段适用税目			
	授予时	解禁/行权时	转让取得的股份时	参与利润分配时
限制性股票	无	工资、薪金所得(税率3%—45%)	财产转让所得(税率20%)	利息、股息、红利所得(税率20%)
股票期权	无	工资、薪金所得(税率3%—45%)	财产转让所得(税率20%)	利息、股息、红利所得(税率20%)

1. 应纳税所得额计算方式

限制性股票应纳税所得额=(股票登记日股票市价+本批次解禁股票份数)÷2×本批次解禁股票份数-被激励对象实际支付的资金总额×(本批次解禁股票份数÷被激励对象获取的限制性股票总份数)

股票期权应纳税所得额=(行权股票的每股市场价-员工取得该股票期权的每股施权价)×股票数量

2. 股息红利所得税

根据财政部、国家税务总局《关于实施上市公司股息红利差别化个人所得税政策有关问题的通知》规定,个人从公开发行和转让市场取得的上市公司股票,持股期限在1个月以内(含1个月)的,其股息红利所得全额计入应纳税所得额;持股期限在1个月以上至1年(含1年)的,暂减按50%计入应纳税所得额;持股期限超过1年的,暂减按25%计入应纳税所得额。对个人持有的上市公司限售股,解禁后取得的股息红利,按照本通知规定计算纳税,持股时间自解禁日起计算;解禁前取得的股息红利继续暂减按50%计入应纳税所得额,适用20%的税率计征个人所得税。因此,这种情况下取得的股息、红利按照上述标准计算缴纳。

3. 优惠计税方法

根据现行税法规定,在满足一定要求的情况下,员工参与股权激励计划取得收益时可适用优惠计税方法。员工就股票期权行权或限制性股票解禁所取得的收入,在按照"工资、薪金所得"税目计算个人所得税时,可独立于当期其他工资、薪金所得单独计算,并可以应纳税所得额除以"规定月份数"后的商数确定所适用的税率,即应纳税额=(应纳税所得额÷规定月份数×适用税率-速算扣除数)×规定月份数。("规定月份数"是指员工取得来源于中国境内的股票期权形式工资薪金所得的境内工作期间月份数,长于12个月的,按12个月计算。)

(三)非上市公司股权激励的个人所得税纳税政策

2016年9月20日,财政部、国家税务总局发布《关于完善股权激励和技术入股有关所得税政策的通知》(财税[2016]101号),对部分符合条件的非上市公司股权期权、限制性股权和股权奖励实行递延纳税政策。具体内容包括:

(1)员工在取得股权激励时可暂不纳税,递延至转让该股权时纳税,且股权转让所得按"财产转让所得"20%的税率计算个人所得税;

(2)股权转让时,股权期权取得成本按行权价确定,限制性股权取得成本按实际出资额确定。

1. 递延纳税需满足的条件

境内主体	境内居民企业的股权激励计划
审核批准	股权激励计划经公司董事会、股东(大)会审议通过。未设股东(大)会的国有单位,经上级主管部门审核批准
激励标的	境内居民企业的本公司股权,可以是技术成果投资入股到其他境内居民企业所取得的股权
股权来源	增发、大股东直接让渡以及法律法规允许的其他合理方式授予激励对象的股票(权)

续表

境内主体	境内居民企业的股权激励计划
激励对象	公司董事会或股东(大)会决定的技术骨干和高级管理人员,激励对象人数累计不得超过本公司最近6个月在职职工平均人数的30%
持有时间	期权自投予日起应持有满3年,且自行权日起应持有满1年;限制性股票自授予日起应持有满3年,且解禁后持有满1年;股权奖励自获得奖励之日起应持有满3年(上述时间条件须在股权激励计划中列明)
行权时间	期权自授予日至行权日的时间不得超过10年
行业限制	实施股权奖励的公司及其奖励股权标的公司所属行业均不属于《股权奖励税收优惠政策限制性行业目录》范围
备案要求	在规定期限内到主管税务机关办理备案手续

2. 个人所得税纳税情况如下(以限制性股票为例)

序号	环节	递延纳税政策	非递延纳税政策
1	授予限制性股票时	不征个人所得税	不征个人所得税
2	限制性股票解禁时	暂不征收个人所得税	按工资薪金所得项目征税
3	转增股本时	按利息、股息、红利所得在当期纳税	按利息股息红利所得在当期纳税,中小高新技术企业可分期5年纳税
4	投资入股时	按财产转让所得在当期纳税	可以分期5年缴纳
5	在境内上市后处置股票	按限售股相关规定征税	按限售股相关规定征税
6	转让股票时	按财产转让所得征个人所得税,财产原值为实际出资额	按财产转让所得征个人所得税

六、结语

不管是上市公司还是非上市公司,不论是期权模式还是限制性模式,股权激励的重点是"分批"和"考核",根据公司实际情况将这两者进行有效设定和搭配,赋予合理的获取和退出规则,就能自定义出适合自己公司中长期激励的股权激励模式,一味地套用某一种特定的模式很难达到理想的效果。

有上市安排的非上市公司还要考虑因股权激励公司可能构成《企业会计准则第 11 号——股份支付》影响盈利指标,对上市计划造成拖延;股权激励还会影响股权结构,进而阻碍上市进程。被激励对象也最好提前了解清楚自己在各阶段需要缴纳的个人所得税及税收优惠政策,做到心中有数,避免不必要的争议。

"了不起"的比特币，一文读懂 ICO 为何会被定性为涉嫌非法集资

2017 - 10 - 30

当一串代码比一盎司黄金还值钱时，你有没有问过自己，"凭什么"？你只看到了有的人开了香槟，换了豪车，买了别墅。却没看到更多人的倾家荡产、妻离子散。

"一币一别墅"是比特币圈里很流行的一句话，形象描述了炒币者内心深处对比特币未来的美好期待与想象。2017 年 9 月，随着监管机构强势出手，这个天马行空的美梦被彻底打破。一天蒸发 1.6 亿人民币，从天堂到地狱，只需要一个黑夜。

一、ICO 被摁下暂停键，这波监管有点"猛"

2017 年 9 月 2 日，"比特币中国"这个中国首家比特币交易平台在其官网上发布公告称暂停 ICOCOIN 充值与交易业务、暂停 ICOCOIN 提币业务。

这是自 ICOINFO 之后又一家平台主动关停业务。这无疑显示了金融监管机关发出的强烈监管信号。

因此带来的影响也很巨大。根据数据显示，ICOCOIN 在 9 月 2 日暴跌近 36%，总流通市值在 24 小时内蒸发约 2440 万美元（约合人民币 1.6 亿）。

ICO 是 Initial Coin Offering 的缩写，指首次币发行，源自股票市场的首次公开发行（IPO）概念，是区块链项目首次发行代币，募集比特币、以太币等通用数字货币的行为。融资主体通过代币的发售、流通，向投资者筹集比特币、以太币等所谓"虚拟货币"代币发行融资。

二、或涉嫌非法集资，ICO 遭行业监管

ICO"从 20 万裂变成 600 万的暴富传说"难道就此破灭了吗？

2017 年 9 月 4 日下午 3 点，中国人民银行、中央网信办、工业和信息化部、工商总局、银监会、证监会、保监会联合作出了回答。

七部委公布的《关于防范代币发行融资风险的公告》中，认为代币发行融资与交易存在多重风险，包括虚假资产风险、经营失败风险、投资炒作风险等。将代币发行融资认定为"本质上是一种未经批准非法公开融资的行为"，涉嫌非法发售代币票券、非法发行证券以及非法集资、金融诈骗、传销等违法犯罪活动。并采取"一刀切"的态度，要求立即停止各类代币发行融资活动。

ICO 被定性为涉嫌非法集资估计让许多投资者如梦初醒，因为七部委的公告同时强调，由于 ICO 是非法活动，投资者须自行承担投资风险。作为一个普通人，我们离非法集资其实真的不远。

三、非法集资，那么远，这么近

2017 年 7 月 25 日，国家互联网金融安全技术专家委员会发布了《2017 上半年国内 ICO 发展情况报告》。监测发现，面向国内提供 ICO 服务的相关平台有 43 家，完成的 ICO 项目累计融资规模折合人民币总计 26.16 亿元，累计参与人次达 10.5 万。此外，ICO 融资规模和用户参与程度呈加速上升趋势。

央行相关人士研究了大量的 ICO 白皮书，得出的结论是："90%的 ICO 项目涉嫌非法集资和主观故意诈骗，真正募集资金用作项目投资的 ICO，其实连 1%都不到。"馅饼？陷阱？披着羊皮的狼！这才是数据背后的真相。

还记得 e 租宝吗？它曾在央视、东方卫视等诸多电视台大肆宣传，它做的融资租赁债权转让项目，年收益 9.0%到 14.2%之间不等，非法吸收公众资金累计高达 762 亿余元。这个当年风头无两、坑人无数的互联网金融平台，经过旷日持久的审理，终在 2017 年 9 月 12 日宣判，26 人因集资诈骗等获刑，判处公司罚金 19 亿，主犯丁宁被判无期徒刑，处罚金 1 亿。e 租宝就是一个典型的庞氏骗局。有人认为"区块链＋虚拟币＋ICO"也是一个融合了众多金融手法的华丽骗局，其拥有庞氏骗局的全部特征。

（一）擦亮眼睛：认清非法集资骗局本质

很多人通过庞氏骗局实现其非法集资的目的，而参与者面对巨大的赚钱效应和希望一夜暴富的投机心理，奋不顾身地投入非法集资的漩涡中。

1. 警惕披着金融创新外衣的庞氏骗局

"庞氏骗局"是古老而又常见的投资诈骗行为。1920 年美国金融家查尔斯·庞兹承诺在三个月内能让投资者的钱翻一倍。他用后期投资者的钱支付前期投资者的本金和利息，在短短几个星期内捞到了数以千万计的美元，而后卷款潜逃，不知所踪。中国俗称"空手套白狼"或是"拆东墙补西墙"。

现如今的"庞氏骗局"不再局限于内容简单、形式单一的传销、销售商品、提供服务等方式。它不仅借助网络新概念的载体，还披上了金融创新的外衣，通过新型营销方式实现了华丽转身。设立互联网金融企业、资产管理类公司、投资咨询类公司、各类交易场所或者平台、农民专业合作社、资金互助组织以及其他组织筹集资金，以发行或者转让股权、募集基金、销售保险，或者以从事理财及其他资产管理类活动、虚拟货币、融资租赁、信用合作、资金互助等名义筹集资金等都有可能成为庞氏骗局的新表现形式。但无论如何粉饰，终究摆脱不了庞氏骗局的实质。

2. 非法集资的法律定义

非法集资并不是具体的罪名，而是对一类行为的概括定义。最高人民法院 2010 年 12 月 13 日发布的《关于审理非法集资刑事案件具体应用法律若干问题的解释》中将非法集资定义为"违反国家金融管理法律规定，向社会公众（包括单位和个人）吸收资金的行为"。国务院法制办 2017 年 8 月 24 日发布的《处置非法集资条例（征求意见稿）》中将非法集资定义为"未经依法许可或者违反国家有关规定，向不特定对象或者超过规定人数的特定对象筹集资金，并承诺还本付息或者给付回报的行为"。

非法集资对应到《刑法》的具体条文，涉及非法吸收公众存款罪，变相吸收公众存款罪，集资诈骗罪，欺诈发行股票、债券罪，擅自发行股票、债券罪，组织、领导传销活动罪，非法经营罪，擅自设立金融机构罪等。

3. 如何分清投资项目是不是非法集资？

ICO 被摁下了暂停键，让很多投资者疑惑自己所参与的项目是否是非法集

资,下面的四个自测点是进行初步判断的标准:
(1) 未经有关部门依法批准或者借用合法经营的形式吸收资金;
(2) 通过媒体、推介会、传单、手机短信等途径向社会公开宣传;
(3) 承诺在一定期限内以货币、实物、股权等方式还本付息或者给付回报;
(4) 向社会公众即社会不特定对象吸收资金。

如果同时符合上述非法性、公开性、利诱性和社会性的四个特征,那么请你万分小心,审慎分清你眼前的到底是馅饼还是陷阱。

(二) 任重道远:驯服非法集资这只"灰犀牛"

2016年美国学者米歇尔·渥克出版《灰犀牛》一书,他在书中用"灰犀牛"一词比喻大概率且影响巨大、冲击力极强的潜在危机和风险。中央财办一局局长王志军借用"灰犀牛"的概念解读了中国金融背景下的大概率潜在冲击波,包括房地产泡沫、影子银行、国有企业高杠杆、地方债务、违法违规集资等风险隐患。

非法集资风险被中国官方列入中国金融体系中存在的五大潜在的灰犀牛式风险之一。这只比黑天鹅更可怕的"灰犀牛",严重干扰了金融秩序,非法集资一旦崩盘,会激发出巨大的社会矛盾并引发大量社会治安问题,处置不当极易引发大规模群体事件。

1. 金融监管或将加强

近十几年,法律规范对非法集资的表现形式和处罚措施等在不断完善。但由于法律制定成本及滞后性,面对新生的尤其是互联网金融领域中的非法集资现象,往往通过金融监管的手段实现整治目的。

2017年新年伊始,央行发布的《关于实施支付机构客户备付金集中存管有关事项的通知》规定,支付宝等支付机构视支付牌照类型、监管级别不同应将一定比例的客户备付金交存至指定机构专用存款账户,且该账户资金暂不计付利息。这从某种角度来说就是在避免非法集资的发生。

而2017年7月召开的第五次全国金融工作会议更是向我们传达了加强金融监管助力经济脱虚向实的信号。国务院金融稳定发展委员会的设立更标志着金融行业将逐渐进入混业监管的"大监管"时代。非法集资的灰色地带将迎来秋后算账。8月24日,国务院法制办发布了《处置非法集资条例(征求意见稿)》,再一次将大众的目光聚焦到了"非法集资"上。新闻的热度还未冷却,七部委的《关于防范代币发行融资风险的公告》让大家见识到对ICO金融监管的力度。此外,8月30日,中国互联网金融协会也发布了《关于防范各类以ICO名义吸收投资相关风险的提示》。

2. 非法集资参与人自行承担损失

《处置非法集资条例(征求意见稿)》中规定:"非法集资参与人应当自行承担因参与非法集资受到的损失。"非法集资参与人,就是指为非法集资投入资金的单位和个人。该条例目前虽未最终定稿生效,但给了我们强烈且明确的信号,非法集资参与人将无处话凄凉,遭受的损失和苦果只有自己体会和承担。

在某种程度上而言,金融监管力量与企业融资、资金需求的供给之间是个博弈的过程。但由于现行市场准入、投融资渠道、金融体系中存在的各种问题,如变相公开发行行为入罪的界定和限制等情形,企业在融资过程中需审慎操作。

因金融监管等"政策巨大变化"导致合同目的不能实现,并不属于法律规定的"不可抗力",公司将可能面对于法无据的尴尬境地。面对非法金融活动,企业务必强化风险防范意识和识别能力。

最后的最后说个故事:我一个相识多年的小友,去年玩上了比特币,前后投了100万元。今年年初见他的时候,说是赚了不少,据说身边的姑娘也是换了一茬又一茬。上个月再见时,他却已是满脸胡楂,一脸颓废。

——"翻1倍的时候我说还有空间。翻3倍的时候我说再涨涨就抛。翻5倍的时候我说再等一天吧。"

——"然后呢?"

——"然后?呵呵,没有然后了。"

一夜之间,化为乌有。

资本的游戏

——优先股,有钱人的最爱,融资者的利器

2017-11-06

"产品运营是爬楼梯,资本运营是上电梯,前者一代致富,后者一夜致富。"《资本的游戏》如是说。在资本的游戏中,优先股何以成为有钱人的最爱,融资者的利器?无论你是投资者还是融资企业,想要成就一夜暴富的神话,请先读懂游戏规则。

巴菲特历次投资优先股获得巨大成功的案例一直令高净值投资者对"优先股"心驰神往。

优先股是低风险投资?买了优先股就能高枕无忧?优先股到底有啥优先"特权"?优先股在企业融资中的应用和警示有哪些?……有关优先股的"真实面目",将在本文一一揭开。

说到优先股,不得不提起股神"巴菲特"的传奇之路。巴菲特对优先股"情有独钟",2008年金融危机,巴菲特购买最多的不是普通股,而是优先股。在其持有的股份中优先股占有很大比例,先后买入过所罗门、冠军国际、箭牌口香

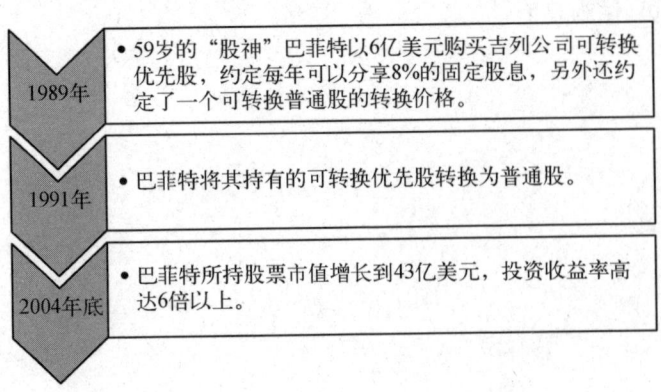

1989年	• 59岁的"股神"巴菲特以6亿美元购买吉列公司可转换优先股,约定每年可以分享8%的固定股息,另外还约定了一个可转换普通股的转换价格。
1991年	• 巴菲特将其持有的可转换优先股转换为普通股。
2004年底	• 巴菲特所持股票市值增长到43亿美元,投资收益率高达6倍以上。

糖、通用电气等公司的优先股,带来了巨大投资收益,给巴菲特"成神"之路上添上浓墨重彩的一笔。

一、什么是优先股？优先股"优先"在哪儿？

优先股制度是海外上市公司常用的融资手段,在国外已经非常成熟。美国拥有超过100年的优先股发行历史,是全球最大的优先股市场。

在2008年金融危机中,美国政府宣布用1250亿美元购入花旗银行、摩根大通等9家主要银行的优先股,既起到了帮助金融机构化解危机的作用,也给投资者带来了丰厚的股息回报。

那到底什么才是优先股呢？优先股既像债券,又像股票,优先股是相对于普通股而言的,主要指在利润分红及剩余财产分配的权利方面,优先于普通股。

优先股的"优先"主要体现在:优先股的股息率是公司在发行优先股时事先设定的,一般高于债券,且不会根据公司的经营情况而变化;在破产清算时,优先股股东对公司剩余资产的权利先于普通股股东,但在债权人之后。因此,优先股"高收益低风险"的特点,使它一出世就受到富人们的追捧。

普通股、优先股、债券之间的区别

	普通股	优先股	债券
资本属性	权益资本	混合资本	债务资本
股东权利	具有表决权在内的法定股东权利	一般无表决权	无股东权利
融资期限	无期限		约定期限
收益是否固定	分红不定期不固定	定期支付固定或浮动	定期还本付息
是否偿还本金	否		是
收益来源	税后列支		税前列支
破产清偿顺序	债券→优先股→普通股		

二、优先股也有权益限制

当然,优先股股东在享受上述两方面"优先"权利时,其他一些股东权利是受限的,比如说:① 优先股股东对公司日常经营管理事务没有表决权;② 仅在与之利益密切相关的特定事项上享有表决权；③优先股股东对公司经营的影响力要小于普通股股东。

我们需要明确的是，投资都是与风险相伴的，优先股"似股"的属性意味着这种分红实际上是带有不确定性的。也就是说，如果公司经营不善，没有利润可供分配，那么完全可以不支付优先股股息，这也是风险高于债券所在。就债券而言，不管公司经营情况如何，如果到期不支付利息就算是违约。

三、优先股：企业的融资"利器"

万科的股权之争及资本与管理层的矛盾也许是个案或特例，但反映出资本市场的残酷竞争，不一定会对企业的稳定发展带来机遇，反而可能带来的是灾难。

——任志强

还记得持续一年多的万科股权之争吗？无疑给中国资本市场敲响了警钟，让更多的企业、投资者不得不去重新认识优先股。

在"资本的游戏"中，各种资本为寻求利润的最大化，必然会在市场中实现资产配置的多样化，并通过资本的并购等方式控制企业。而大量非专业的资本取得了企业的控制权，终将会使得企业管理出现混乱，这带给企业的伤害是致命的。

采用股权融资可以使企业在不需要偿还股本金的条件下进行融资，满足企业的融资需求。但是，股权融资的负面效果也是非常明显的，企业利润高的时候，分红要比贷款利息多，最要命的是，股份被稀释后控制权也被削弱，容易引起企业控制权争夺战。

俏江南的创始人张兰，1号店的创始人于刚，雷士照明的创始人吴长江，还有国美的黄光裕，都在与资本的"联姻"上失利，他们中的有些人既不在董事会里，也不在核心管理层中，有些甚至连公司股权都没有了。从这些惨痛的教训中可以看出，选择一个合适的融资工具非常重要。

优先股种类多样，是一种非常灵活的融资方式。发行优先股不仅可以满足公司融资的需求，同时因为优先股与普通股的风险和交易方式不同，可以降低融资风险。由于优先股相当于发行无限期的债券，只需支付固定利息即可获得长期的低成本稳定资金，能够提高公司的资产质量。另外，优先股具有可赎回性，发行优先股使再融资不扩大股票的总股本，不摊薄上市公司的每股业绩。

加之优先股不具有表决权,对公司的经营管理没有决策权,从而保证了公司控制权不被稀释。

四、新三板的"新宠"

相对于主板、中小企业板、创业板 IPO 的高门槛,新三板准入门槛低,在企业运营中,初创期的中小企业一般存在股权高度集中的问题,且创始人和核心管理层不愿意股权被稀释丧失控制权,而财务投资者又往往只希望获得相对稳定的收益,并不参与公司的日常管理。所以,优先股对于新三板挂牌的企业而言更具吸引力,能够兼顾两个方面的需求,既让企业家保持对公司的控制权,又能为投资者享受更有保障的分红回报创造条件。

2015 年 9 月 22 日,全国中小企业股份转让系统发布了关于优先股相关业务规则,其中包括一个指引、三个指南,具体为《全国中小企业股份转让系统优先股业务指引(试行)》《全国中小企业股份转让系统业务指南》(第 1 号:发行备案和申请办理挂牌的文件与程序、第 2 号:主办券商推荐工作报告的内容与格式、第 3 号:法律意见书的内容与格式)。

随着优先股相关业务规则的发布,优先股的发行将吸引更多投资者重视,转换新三板市场投资者的风险偏好。另外,优先股制度的落地,完善了新三板高效便捷的融资功能,新三板金融工具走向多元化发展,不再只有普通股票这种单一的融资和投资工具。

2015 年 11 月 2 日,新三板公司鑫庄农贷在股转系统官网上发布《非公开发行优先股预案》,作为新三板企业首例优先股发行企业,成为新三板市场上"吃螃蟹"的第一人,此后,新三板市场发行优先股如雨后春笋,竞相破土而出。

五、结语

发行优先股,通过它"似股似债"的属性,一方面可以增加对投资者的吸引力,为企业融得大量资金;另一方面,不会扩大股票总额,且优先股的股东权利受限,对公司的经营管理没有决策权,从而保证了公司控制权不被稀释。因此,它可以成为企业融资的一把利器。

橙黄大战何时休？小黄车和摩拜能否牵手成功？

2017-11-13

2017年的年中，小黄车在官微上宣布：我和TA在一起了！

Sorry，不是摩拜。

确实，小黄车和摩拜看起来并不合拍，彼此互怼也不是一次两次了。但资本的力量，谁说得准呢？还记得滴滴和优步吗？前一刻还在战场上"厮杀"，突然一拍即合就合并，翻脸比翻书还快。关于小黄车和摩拜合并的猜想从未间断，网络媒体几乎每隔一段时间就要爆出各种来路不明的"内幕消息"。

这也不难理解，从诸侯争霸到双雄对决，再到一统天下，武侠小说是这么写的，互联网行业也是这么演的：美团 & 大众点评，去哪儿 & 携程，滴滴打车 & 优步，58同城 & 赶集网……曾经打得你死我活的巨头们，不都握手言和了吗？

听起来很尴尬，但资本的力量总是凌驾于企业之上，尤其是初创公司，在引进资本之后再加之股权划分的问题，一些投资人掌控公司的事情屡见不鲜。

那么，小黄车和摩拜会不会"联姻"成功，重演互联网"佳话"？

一、从"千车大战"到"双雄争霸"

中国共享单车市场早已进入了寡头竞争阶段，在淘汰大部分共享单车企业后，根据比达网公布的"2017年Q1共享单车行业市场占有率"数据显示，小黄车市场占有率为51.9%，摩拜单车以40.7%位居第二，两者市占率加起来高达92.6%，只给其他共享

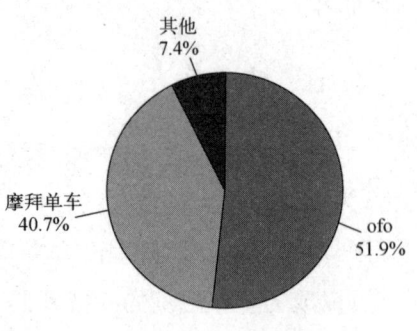

◎ 2017年Q1共享单车行业市场占有率

单车留下了7.4%的生存空间。

同时,据易观数据显示,2017年6月,摩拜单车、ofo共享单车和酷骑单车分别以51.9%、45.2%、4.6%占据中国共享单车APP活跃用户覆盖率的前三名。

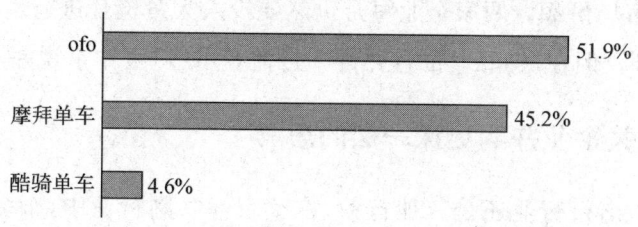

◎ 2017年6月中国共享单车APP活跃用户覆盖率TOP3

2017年6月,ofo共享单车、摩拜单车、永安行分别以57.2%、46.1%、36.4%占据中国共享单车APP活跃用户次月留存率的前三名。

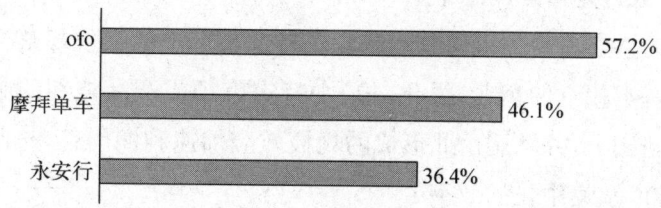

◎ 2017年6月中国共享单车APP活跃用户次月留存率TOP3

二、从"互怼互喷"到"暗送秋波"

2017年6月份,ofo投资人朱啸虎在朋友圈发表评论,称ofo用户数远超摩拜,"和街头实际数量感觉一致"。马化腾随即回怼:天天可看实时数据,从微信支付看摩拜胜出,勿因投资而歪曲事实。

双方互怼的源头来自艾瑞咨询的一份报告。该报告显示,2017年5月,共享单车行业新增活跃用户近3200万,其中ofo月度活跃用户增长至6272万,摩拜月度活跃用户增长至5838万。报告指出,ofo活跃用户数超过摩拜434万,活跃用户增速为摩拜的6.5倍。朱啸虎见此报告后转发朋友圈,并附评论称"和街头实际数量感觉一致"。马化腾显然对报告不满,在留言中对结论进行反击,称从微信支付看摩拜高出一倍多。

两大巨头在朋友圈就"ofo和摩拜谁是一哥"互怼,当时朱啸虎信誓旦旦表示"一年后看数据见分晓"。然而这才几个月,朱啸虎就发表了ofo和摩拜双方合并才有可能盈利的言论。据相关媒体报道,ofo投资人朱啸虎在第三届复旦首席经济学家论坛上表示,共享单车行业格局已定,摩拜和ofo已经占据了共享单车95%的市场份额。两家企业每月仍然要投入大量资金进行运营,只有合并才有可能盈利。但在被问到"谁合并谁"时,他表示"对资本来说并不重要"。

三、有关企业并购更深一层的思考

不管是在出行行业还是其他行业,在整个互联网行业中,很多细分领域都出现过前两大巨头合并的情况。

中国电子商务研究中心共享经济分析师陈礼腾分析:"从野蛮扩张中沉静下来的ofo和摩拜重新聚焦产品迭代,致力于打造好的产品。如果还是不能实现盈利,合并或许是最终的结果。"

同行业的整合表现为横向收购或者在特定市场上的大规模整合,其实质就是通过收购基本相近的企业,强化对某个特定市场或产品类别的服务,从而形成较高的竞争实力,并利用由此形成的规模效应加速利润增长,与此同时,提高业务运营、推广及集中化的效率。

摩拜与ofo目前虽然还在大力扩展市场,收拢用户,但是当市场触顶、资本开始做推手的时候,双方走上谈判桌也未尝不可,那么,距离合并还有多远呢?

但是,我们需要了解的是,在现实中,并不是每次并购都是成功的,并购后未达到预期目标,甚至导致整个企业陷入困境的案例也不鲜见。总之,企业并购也是喜忧参半的。

(一)企业并购交易的模式

根据企业并购交易的对象不同,企业并购分为资产收购、股权收购、企业合并三种模式。如果选择目标企业的资产作为交易对象,就构成了资产收购;如果选择目标企业的股权,就构成股权收购;如果选择目标企业的股权和资产,并以消灭目标企业的主体资格为目的,就构成企业合并。

1. 资产收购

资产收购一般需要满足以下几个方面的标准:①所收购的资产必须达到一定数量和质量。《公司法》第74、104、121条仅规定在处理重大资产时需要股东会或股东大会审议,但是缺乏量化标准,这也导致了滥用资产收购的方式来侵害中小股东利益的做法。因此,在区别非常规性资产处置与常规性资产处置时应考虑:一是资产处置的目的。如房地产企业将房地产全部售出,这种出售就不属于资产收购中的出售。二是判断资产收购中出售的资产是否达到全部或实质全部的标准。②所收购的资产必须限于一定形态。构成资产收购的资产主要是目标企业自有的财产权,一般不包括目标企业基于租赁、借贷关系而占有的财产。

2. 股权收购

股权收购是围绕目标企业的股权展开的交易活动,根据股权收购的具体交易形式的不同,具体操作方式又可以分为股权转让和定向增发两种方式。

3. 企业合并

企业合并是资本集中从而市场集中的基本形式,是指将两个或者两个以上单独的企业合并形成一个主体的交易或事项。企业合并种类有两种:①新设合并(A+B=C);②吸收合并(A+B=A 或 A+B=B)。

(二)企业并购交易路径

企业并购的交易路径就是要解决如何与交易对手达成并购意向或者协议的问题,也就是达成交易所借助的渠道或程序。

协议并购	协议并购是企业并购交易的重要交易形式,是指并购方与目标企业或目标企业的各股东以友好协商的方式确立交易条件,达成并购协议,并最终完成对目标企业的并购。
要约并购	并购方通过向目标公司的股东发出购买其所持该公司股份的书面意见表示,并按照依法公告的并购要约中所规定的并购条件、价格、期限以及其他规定事项,并购目标公司股份的收购方式。要约并购与协议并购相比更能体现公开性与公平性,有利于防止各种内幕交易,保障全体股东尤其是中小股东的利益。
竞价并购	又被称为招标式并购,指目标企业通过公布出售公告的形式,邀请具有一定实力的潜在购买方,通过递交密标的方式公开竞价,价优者获得并购资格。
财务重组并购	指对陷入财务危机,仍有转机和重建价值的企业,根据一定程序进行重新整顿,使公司得以复苏和维持的处置方法。

（三）企业并购的支付手段

企业并购的支付手段，简单来说，就是采用什么对价来换取目标企业的股权、资产。通常支付手段包括现金支付、股票支付、混合证券支付的直接支付，还包括通过资产置换和债权置换的间接支付。

这里主要说一下混合证券支付。混合证券支付是在现金支付手段和股权支付手段基础上衍生出来的支付手段，实质上就是特定的融资工具，目前主要有以下两种：

1. 可转换公司债券

可转换债券是一种比较特殊的债券，在企业发行之初为投资者提供固定报酬，同时允许投资者在一定的时间内，按照一定的价格将购买的债券转换为普通股。

以发行可转换债券进行并购融资有四方面的优势：①可转换债券的报酬率一般比较低，降低了企业并购成本；②具有高度的灵活性，企业可以依据自身具体情况和并购需要，设计出不同的收益率、不同的转换条件的可转换债券；③由于可转换债券到期可以转换为公司股票，享受持有普通股的好处，在融资的限制性条款上限制性条款相对较少；④可以实现并购方推迟股票发行的目的，这可以使并购方避免直接发行股票所面临的每股收益率下跌的风险。

但是，采取可转换债券方式支付时，如果股票价格猛涨而且大大高于普通股转换价格时，发行可转换债券反而使并购方产生财务损失。

2. 优先股

优先股是相对于普通股而言的，在股利支付与公司剩余财产权分配上优先于普通股，但不具有公司经营决策的表决权，并且只享受固定的收益。

以优先股进行并购融资有四方面的优势：①没有固定到期日，不需要偿还本金，减轻企业财务压力；②优先股同样属于企业的权益资本，可以改善企业的资本资产比率，为日后债务融资创造有利条件；③不会影响普通股股东的控制权。

但是，发行优先股的限制条件较多，对企业的生产经营可能会产生一定的影响。企业在对并购支付手段作出选择的时候，必须具体根据企业并购的融资安排、交易路径交易模式以及税务安排等具体因素综合考虑。

一道不得不重视的坎是反垄断审查。互联网市场竞争日趋复杂激烈，涉及垄断和不正当竞争的纠纷与案件逐年增多，类似互联网企业合并，常常会引发社会舆论对其是否有垄断问题的关注。

　　无论是2015年五大互联网并购案，还是2016年滴滴出行与UBER（中国）的合并，都在资本激战胜负难分时收兵谈判，殊途同归走向合并。虽然这些企业在打破传统市场格局层面屡建新功，但想做大市场规模仍非易事，过程中不仅会有竞争者之间的较量，有时还需跨过反垄断审查等诸多门槛。而小黄车若是真的与摩拜单车"联姻"，反垄断审查也是一道不得不过的坎。

　　事实上，企业之间的"联姻"并不是想象中简单，需要按规操作，按照流程一步步进行。

四、结语

　　其实，企业最终目的还是为了追逐利益，实现利益的最大化。互联网企业在最初以烧钱的方式进入市场并开始抢占市场后会按照"721法则"操作，即最终会出现一个超级公司占据市场70%的份额，老二会占据20%左右的份额，剩余的10%由几家小公司分食，此法则在互联网业界广泛流传并被多次验证。如果市场上存在两家巨头始终僵持不下的时候，资本的逐利性就显现出来了，继续相互损耗还不如抱团取暖。所以说，小黄车和摩拜究竟会不会合并，我们一起拭目以待……

奇瑞:十年前的销量王,为何迟迟无法上市?

2017-11-27

2017年是奇瑞汽车成立的20周年,也是开启上市旅程的第13年。从曾经的"国民骄傲"到如今的"无人问津",奇瑞近年来的表现确实不够好。更为遗憾的是,努力十余年,奇瑞汽车却始终没能迈入资本市场的大门。哪怕是"迎娶"了捷豹路虎,上市之路仍显迷茫。

作为地地道道的自主品牌,奇瑞在很长一段时间内在国内都扮演着领头羊的角色。2003年,第一代奇瑞QQ正式上市,被称为"全世界最酷的小车"。犹记得那几年,放眼向马路上望去,10辆车中至少有5辆是奇瑞QQ,五彩斑斓。

如今,别说是长安、长城、吉利已经把奇瑞甩开了几个身位,连宇通、力帆、金龙也都已经站到了奇瑞的前面。

2017年前三季度自主品牌销量

品牌	销量(万辆)	同比
吉利汽车	82.7	80.0%↑
长城汽车	70.5	2.2%↑
长安乘用车	89.4	7.3%↓
广汽传祺	37.6	46.8%↑
上汽乘用车	36.1	88.2%↑
比亚迪	27.5	17.9%↑
众泰	18.3	19.9%↑
奇瑞汽车	34.2	67.1%↑

这十年中,除了"奇瑞量子发展到如今的观致",以及"迎娶捷豹路虎开启奇瑞的合资时代"这两则新闻之外,其他围绕这家公司的所有新闻,几乎只有两个话题:奇瑞欲重启 IPO,以及奇瑞上市再次遥遥无期。

2017 年 10 月的传闻版本是奇瑞将"分拆卖身",观致引入宝能作为控股大股东,凯翼卖给五粮液,奇瑞新能源借壳上市。而奇瑞汽车股份有限公司层面,也将引入新的战略投资者,目前董明珠、兴业银行、百度等声名响亮的个人与机构投资者,都在与奇瑞进行接洽,最终目的是优化奇瑞汽车的股权结构,实现整体上市。遗憾的是,努力近十年,奇瑞汽车却始终没能迈入资本市场的大门。

一、坎坷的上市历程

作为国内最大的自主品牌汽车制造企业,奇瑞汽车从 2004 年起就被寄予上市预期,并在 2007 年和 2009 年两轮大规模融资过程中吸引了大量的股权投资公司进驻。2009 年奇瑞成功引入华融、渤海产业基金、中科招商、融德资产和鼎晖投资 5 家国内投资机构,一共向奇瑞注资 29 亿元。

然而,奇瑞的上市之路似乎总是差了那么点时运。

2008 年,奇瑞汽车开始谋求整体上市,但由于当时金融危机爆发、市况不佳,上市计划被搁浅。

2009 年 7 月,奇瑞汽车为新一轮 IPO 做准备,不料在准备上市申报材料过程中发现,公司股东之一湖山投资的最终持有人数量众多,使得公司股东人数远远超过 200 人的规定,其上市计划暂时中止。

2010 年递交 A 股上市申请,由于种种原因,整体上市计划无果而终。此后,奇瑞改弦更张,转向推动旗下优势业务板块独立上市。迄今为止,已有部分业务或登陆新三板或曲线上市,但也有奇瑞重磅投入的业务板块铩羽而归。

2015 年,奇瑞徽银冲刺港股失利。

2016 年,奇瑞新能源试图借壳海螺型材上市,但以失败告终。

2017 年 6 月,奇瑞徽银转战国内 A 股市场,再次冲刺上市。

也许很多人会有疑问,为什么别的自主企业要么上市,要么融资,似乎都顺风顺水,唯独奇瑞汽车却如此命途多舛?

(一)上市障碍一:"金主"爸爸背景强大

众所周知,奇瑞汽车股份有限公司是一家集汽车整车、动力总成、关键零部件的研发、试制、生产和销售为一体的自主品牌制造企业。不过,很多人不知道奇瑞是一家起源于安徽省芜湖市政府的汽车项目,也就是说,奇瑞汽车是一家地地道道的国有企业。正因如此,奇瑞在20年的发展中始终"不差钱"。但所谓"福兮祸之所倚",这也给奇瑞的上市之路带来了障碍。

《首次公开发行股票并上市管理办法》(以下简称《首发办法》)要求发行人的股权清晰,公司历史沿革问题是证监会关注的重点之一,核查股权是否存在瑕疵、是否涉嫌国有资产流失等,这些问题均可能给公司上市造成障碍。

据企业信用信息公示系统显示,奇瑞汽车股东多达22个,且股东类型不是法人即为合伙企业,这就导致奇瑞汽车股权结构十分复杂,难以做到股权清晰。而持股位列前五的股东中,除了以尹同跃为首的114位管理层为股东的芜湖瑞创投资股份有限公司持股8.27%外,其余均是安徽省人民政府或芜湖市国资委直属企业。或许正如有人戏言的,有关奇瑞的大事可能安徽省委还得开个会。

序号	股东名称	持股比例	认缴出资额(万元)	认缴出资日期	股东类型
1	奇瑞控股集团有限公司	27.97%	124681.25	2010年5月30日	法人股东
2	安徽省信用担保集团有限公司	12.24%	54551.36	2004年12月31日	法人股东
3	芜湖市建设投资有限公司	8.43%	37562.87	2008年3月18日	法人股东
4	芜湖瑞创投资股份有限公司	8.27%	36858.56	2008年3月18日	法人股东
5	安徽省投资集团控股有限公司	6.38%	28422.4	2003年7月23日	法人股东
	合计	63.29%	282076.44	——	——

(二) 上市障碍二:主营业务产品体系混乱

1997—2007年的奇瑞发展速度可以用突飞猛进来形容,尤其是在中国汽车进入家庭的初期,凭借以QQ等入门级产品的快速爆发,奇瑞一度成为中国销量第一的自主品牌,不仅是众多国内企业的学习榜样,甚至引发众多合资品牌的关注。

不过,在中质低价模式达成规模效应后,奇瑞为了迅速扩张过早进行了多品牌运营尝试,但由于管理能力和技术实力存在不足,导致其对市场消费需求理解、产品定位均出现较大偏差,最终造成了产品体系混乱。

2012年,奇瑞放弃多品牌收缩战线时,依然保留了两个尾巴,一个是微车品牌开瑞,一个是主打年轻人互联网汽车的凯翼。但几年来,两个品牌发展并不理想。再加上代表品牌向上突破的观致一直亏损,给外界的印象是奇瑞战线很长,依然是多品牌的状态。

从近期的一系列动作看,奇瑞确实在酝酿一系列资本大动作和品牌调整,但从调整的方向看,奇瑞并不打算放弃凯翼、观致等品牌,依然要继续多品牌的道路。"说实话,对于奇瑞现在都有些看不懂,前几年还很明确,收缩战线,转向一个品牌,技术升级突破,现在大家又有些迷茫了,不知道它到底要往什么方向走。"一位业内分析人士表示。

(三)上市障碍三:盈利能力不足

经查阅奇瑞汽车的财务数据发现,2013—2016年,奇瑞汽车股份有限公司的净利润分别为8.78亿元、1.27亿元、1.82亿元和3.02亿元。在国内现有的自主品牌整车企业中,此业绩并不突出。2016年度,吉利汽车净利润达到51.7亿元,同比大增125.9%;长城汽车归属于上市公司股东的净利润为105.51亿元,同比增长30.92%。

按照《首发办法》的要求,企业要连续实现三年盈利且盈利能力较强才能上市。公开数据显示,早期在2007—2009年,奇瑞汽车净利润分别为10.1亿元、4.4亿元和0.66亿元,其中获得的政府补贴分别为2.85亿元、4.7亿元和6.33亿元。政府补贴逐年上升,但净利润却逐年减少。奇瑞汽车此前盈利能力不高主要是由于QQ、风云等低价位产品销量占比太大。近年来,随着瑞虎与艾瑞泽系列车型推出,奇瑞已不再是5万元车型的代名词,但其盈利能力并没有得到大的改善。不管以后奇瑞通过何种路径来实现整体上市,业绩是基础,如果不改善,上市的阻力依旧非常大。

二、IPO企业的上市条件

奇瑞汽车整体上市屡次失败,给众多拟IPO企业攒下参考经验。那么拟IPO企业整体应当如何规范才符合上市条件?

根据《首发办法》第二章有关发行条件的规定，拟发行上市公司需要持续经营三年以上且近三年的运营管理符合《首发办法》对拟发行上市的主体资格、财务与会计、规范运行三大方面的要求。

（一）主体资格规范

1. 持续经营

发行人自股份有限公司成立后，持续经营时间应当在3年以上。

2. 股权清晰

《首发办法》要求发行人的股权清晰，控股股东和受控股股东、实际控制人支配的股东持有的发行人股份不存在重大权属纠纷。

3. 董监高级实际控制人稳定

《首发办法》要求发行人最近3年内主营业务和董事、高级管理人员没有发生重大变化，实际控制人没有发生变更。

（二）财务与会计规范

1. 财务条件

《首发办法》第二十一条要求发行人资产质量良好，资产负债结构合理，盈利能力较强，现金流量正常。

2. 报告期内利润、营业收入、无形资产规范

（1）最近3个会计年度净利润均为正数且累计超过人民币3000万元，净利润以扣除非经常性损益前后较低者为计算依据；

（2）最近3个会计年度经营活动产生的现金流量净额累计超过人民币5000万元；或者最近3个会计年度营业收入累计超过人民币3亿元；

（3）最近一期末无形资产（扣除土地使用权、水面养殖权和采矿权等后）占净资产的比例不高于20%；

（4）最近一期末不存在未弥补亏损。

3. 关联方与关联交易

发行人应完整披露关联方关系并按重要性原则恰当披露关联交易。关联交易价格公允，不存在通过关联交易操纵利润的情形。

4. 税收、重大债务、担保、诉讼、仲裁

发行人依法纳税，各项税收优惠符合相关法律法规的规定，经营成果对税

收优惠不存在严重依赖,不存在重大偿债风险,不存在影响持续经营的担保、诉讼以及仲裁等重大或有事项。

5. 持续盈利

发行人不得有下列影响持续盈利能力的情形:

(1) 发行人的经营模式、产品或服务的品种结构已经或者将发生重大变化,并对发行人的持续盈利能力构成重大不利影响;

(2) 发行人的行业地位或发行人所处行业的经营环境已经或者将发生重大变化,并对发行人的持续盈利能力构成重大不利影响;

(3) 发行人最近1个会计年度的营业收入或净利润对关联方或者存在重大不确定性的客户存在重大依赖;

(4) 发行人最近1个会计年度的净利润主要来自合并财务报表范围以外的投资收益;

(5) 发行人在用的商标、专利、专有技术以及特许经营权等重要资产或技术的取得或者使用存在重大不利变化的风险;

(6) 其他可能对发行人持续盈利能力构成重大不利影响的情形。

(三) 运行规范

1. 建立三会制度,完善公司治理

(1) 公司建立健全股东大会、董事会、监事会、独立董事、董事会秘书制度,相关机构和人员能够依法履行职责;

(2) 董监高符合任职资格,了解股票发行上市相关的法律法规,知悉自身的法定义务和责任;

(3) 公司内部控制制度健全且被有效执行,能够合理保证财务报告的可靠性、生产经营的合法性、营运的效率与效果。

2. 合法合规经营

(1) 公司不存在下列情形:

① 最近36个月内未经法定机关核准,擅自公开或者变相公开发行过证券;或者有关违法行为虽然发生在36个月前,但目前仍处于持续状态;

② 最近36个月内违反工商、税收、土地、环保、海关以及其他法律、行政法规,受到行政处罚,且情节严重;

③ 最近 36 个月内曾向中国证监会提出发行申请,但报送的发行申请文件有虚假记载、误导性陈述或重大遗漏;或者不符合发行条件以欺骗手段骗取发行核准;或者以不正当手段干扰中国证监会及其发行审核委员会审核工作;或者伪造、变造发行人或其董事、监事、高级管理人员的签字、盖章;

④ 本次报送的发行申请文件有虚假记载、误导性陈述或者重大遗漏;

⑤ 涉嫌犯罪被司法机关立案侦查,尚未有明确结论意见;

⑥ 严重损害投资者合法权益和社会公共利益的其他情形。

(2) 公司章程中已明确对外担保的审批权限和审议程序,不存在为控股股东、实际控制人及其控制的其他企业进行违规担保的情形。

(3) 有严格的资金管理制度,不得有资金被控股股东、实际控制人及其控制的其他企业以借款、代偿债务、代垫款项或者其他方式占用的情形。

3. 劳动社保合规

(1) 依法与公司员工签订劳动合同、劳务合同、退休返聘协议等;

(2) 依法足额为员工缴纳社会保险及公积金,对漏缴、欠缴的部分,及时补缴并按照劳动社会保障部门的要求缴纳滞纳金;

(3) 对于不愿缴纳社保及公积金的员工,公司应当言明利害关系,积极动员其自愿参加社保,仍旧不愿参加社保的员工必须签署个人不参社保声明,以便最大限度免除法律风险,同时应要求拟上市公司大股东承诺独立承担因此被追偿的法律责任。

4. 业务、资产、人员、机构、财务独立

发行人的业务应当独立于控股股东、实际控制人及其控制的其他企业,与控股股东、实际控制人及其控制的其他企业间不得有同业竞争或者显失公平的关联交易。

发行人资产完整,业务及人员、机构独立,具有完整的业务体系和直接面向市场独立经营的能力。与控股股东、实际控制人及其控制的其他企业间不存在同业竞争,以及严重影响公司独立性或者显失公允的关联交易。

发行人财务独立,不存在为控股股东、实际控制人及其控制的其他企业进行违规担保的情形。不得有资金被控股股东、实际控制人及其控制的其他企业以借款、代偿债务、代垫款项或者其他方式占用的情形。

李彦宏、马云、刘强东……他们为何不会成为下一个王石?

2017 - 12 - 04

"希望人们很快就把我忘记,这就是我设计的人生"。如今的王石在面对媒体时,这样说。

曾几何时,王石是一面旗帜。一手把万科带到地产界一哥位置的他,在某种程度上,就代表了万科。经历了一场长达 712 天的万科股权之争后,从万科管理一线退出后的王石,就从"地产商"转变为了"慈善者",做公益、做环保、做慈善。过往的一切辉煌,似乎都随着王石放弃股权而画上了句号。

抛开情怀不谈,看着一些上市公司的创始人先后被资本或股东"赶走",是时候好好聊一聊股权分散时代下,创始人该如何不丢掉公司控制权这个难题。

一、阿里的故事:纽约还是香港?

2013 年 7 月 23 日,有消息传出阿里巴巴有意赴香港,拟于同年 10 月挂牌。随后,阿里巴巴方面透露香港是其 IPO 的首选地点。

紧接着,阿里巴巴集团在与港交所就上市方案沟通中提出了上市后公司核心管理者保持对公司控制的合伙人制度,该制度允许包括创始人马云在内的合伙人在公司上市后提名大部分董事,港交所因此拒绝了阿里巴巴的上市申请。

为了获得香港证监会的政策支持,阿里与其博弈了一段时间,最终无果。2014 年,阿里"出逃海外",赴纽交所上市成功,并引发了前所未有的关注。

公众关注的原因不止于阿里巴巴 IPO 的造富神话,还包括其在上市过程中所坚持的合伙人制度。阿里合伙人制度,不同于传统的合伙企业法中的合伙制,也不等同于双重股权架构。在"合伙人"制度中,由合伙人提名董事会的大多数董事人选，而非根据股份的多少分配董事席位。

明白人一眼就看出来了，即使合伙人出让最大量的股份，也不会丧失公司的控制权。这就是为什么马云占7%左右的阿里股权，却在公司决策上一家独大，要知道雅虎和软银在阿里的占股比例都在30%以上。

二、被"放跑的大鱼"

2017年9月底，英国《金融时报》的记者发布了一条"香港可能放行双重股权结构"的报道：港交所2017年6月发布了《有关建议设立创新板的框架咨询文件》，有望为曾经坚守一股一票原则的香港带来某种形式的双重股权。该文件考虑是否创建一个新板，让达不到主板要求的公司上市，即让亏损的初创企业、二次上市的中国内地公司以及"有着非标准治理架构"的公司有发展的平台。

港交所的举措不禁让人想起了他们因为曾经固守30年的"一股一票"原则而放跑的一条大鱼——阿里巴巴。阿里巴巴登陆纳斯达克融资额高达250亿美元，让香港后悔不已。

"一股一票"和"双重股权"不仅仅是公司股权和表决权的差异，更关系到公司的治理、发展空间和内源动力。

双重股权制度使用率持续上升的现状，越来越深刻地表明在股权分散时代下，投资者需要多样性的投资空间，而发行者亦需要更广泛的需求。

三、创始人生存法则

其实关于这个双重股权架构，在香港股市应该算是老生常谈了。李嘉诚当年就联合了多方力量跟香港证监会争取过关于同股不同权的政策，但是由于反对声音太大，最终没能成功。

双重股权结构是公司的创始人既想要增发股票融资，又不想影响自身的控股地位，采用的一种区别对待的股权结构。

双重股权俗称AB股模式，它将股票分为A、B两个系列，对外部投资者发行的A系列普通股有1票投票权，实现了对现金流的需求，而管理层持有的B系列普通股每股则有n票投票权，从而实现表决权的掌控。这也被业内调侃为"创始人生存法则"。

比较知名的例子有：

京东：刘强东所持有的京东集团的 B 类股票，1 股拥有 20 票的投票权，因此刘强东虽然持股比例仅有 23.67%（京东上市招股说明书披露的数据），但其投票权比例却高达 86.12%。

聚美优品：创始人陈欧的持股比例也没有超过 50%，2014 年 5 月份披露陈欧的持股比例从 40.7% 降至 35.8%，但投票权依然达到 75.8%，原因是陈欧持有的 B 类股票 1 股有 10 票投票权。

百度：李彦宏夫妇持有的 B 类股票，1 股拥有 10 票的投票权，所以即使李彦宏夫妇的股权只有 20% 多，但是投票权却超过 60%，仍然牢牢掌控着百度。

万科：股权＝控制权。

上面所说的与我们在电视剧中经常看到的"争夺股权"的桥段不太一样，其实影视剧中展现的一般是"同股同权"。

"同股同权"也就是"一股一票"，是传统的股权原则，等比例的一股对应一份表决权，因此一定要做控股股东或是做到"一股独大"一直被认为是我国上市公司治理模式的基本特征。

2015 年 7 月爆发"宝万之争"，"野蛮人入侵"把万科和王石推上了风口浪尖，两年多来，万科、宝能、深铁、华润、恒大、安邦六家大企业搅在这场股权斗争的漩涡中。今年 6 月 30 日，这场乱战终于告一段落，恒大地产及其附属公司将持有的 15.53 亿股万科 A 股份转给深圳地铁，加上之前从华润受让的股份，深圳地铁持有的万科 A 股份达到 29.38%，超过宝能系 25.4% 的持股份额，成为万科第一大股东。

王石为首的创业团队对万科的控制权归根结底依赖于对股权的控制。万科的股权之争就突出体现了资本市场同股同权的模式下"股权至上"的逻辑本质。

四、带着"脚镣"跳舞

现实情况是，目前我国资本市场并不允许发行具有不平等投票权的股票。香港可能会在不久的将来放行双重股权结构，但内地对双重股权结构的立法态度依旧比较模糊，虽留有一定的制度解释空间，但并无具体操作规定。

然而，对很多现代新兴高科技企业而言，原始股东一方面需要引入外部投资进行产品创新研发甚至是企业转型,另一方面又希望在自身不增加资金投入的情况下保持其对企业的控制权不被稀释,避免"野蛮人入侵",从而实现从专业的角度出发把握企业发展的大方向。如何解决这样的矛盾走出公司治理困境,是许多企业家走上资本市场后迫切需要面对的。

现阶段无法实现双重股权的内地公司将如何进行创业团队和外部投资者某种程度上需要的分工明确呢?优先股是个不错的选择。

优先股是与普通股相对的概念,《国务院关于开展优先股试点的指导意见》将优先股定义为依照《公司法》,在一般规定的普通种类股份之外,另行规定的其他种类股份,证监会于2013年底出台了《优先股试点管理办法》,在某种程度上是对分散股权时代下股权结构的一种新思考和新尝试。

(一)优先股是什么

普通股在公司的经营管理和盈利及财产的分配上享有普通权利的股份,普通股股东通常依据手中持有的股权份额享有投票权。而优先股的股东在利润分红及剩余财产分配的权利方面优先于普通股,实现稳定分红。

《优先股试点管理办法》规定,优先股股东按照约定的票面股息率,优先于普通股股东分配公司利润,公司应当以现金的形式向优先股股东支付股息,在完全支付约定的股息之前,不得向普通股股东分配利润。但优先股股东在参与公司决策管理等方面的权利受到限制,其没有选举及被选举权,不参与公司的经营。

这在某种程度上与双重股权结构有着相似性,优先股股东将重点放在高额的投资回报上,而普通股股东将重心放在公司的有效治理中。

(二)优先股的种类

根据不同的股息分配方式,优先股可以分为固定股息率优先股和浮动股息率优先股、强制分红优先股和非强制分红优先股、可累积优先股和非累积优先股、参与优先股和非参与优先股、可转换优先股和不可转换优先股、可回购优先股和不可回购优先股。优先股的股东可根据不同的利益需求和投资策略选择不同的优先股类型,实现自身经济利益最大化。

(三)优先股的表决权限制

《优先股试点管理办法》中明确规定了对优先股的表决权限制情形,不仅不出席股东大会会议,除了修改公司章程中与优先股相关的内容,一次或累计减少公司注册资本超过百分之十,公司合并、分立、解散或变更公司形式等与优先股股东利益切身相关的重大事项外,优先股的股东没有表决权。而且优先股股东的这种"固有的表决权"与普通股进行分类表决。

但优先股股东并非无权维护自身利益,当公司累计3个会计年度或连续2个会计年度未按约定支付优先股股息的,优先股股东可以享有公司章程规定的表决权。即优先股股东恢复到与普通股股东同样的表决权,可以参与公司经营决策,与普通股股东一同参加投票。

五、结语

对创业初期,亟待需要资金进行技术开发、产品创新的企业而言,优先股是个不错的选择。优先股票没有规定最终到期日,因此优先股股利的支付具有一定的灵活性,财务风险小,对想把握公司控制权的核心团队而言,发行优先股不会损害自身股票收益且不会稀释公司控制权。

"吃"之前请先"洗手"

——透过红黄蓝事件看教育投资法律风险

2017 - 12 - 11

在资本市场眼中,学前教育是一块"大蛋糕"。一位投资教育的 VC 投资人表示:"如今互联网教育市场已经相对明朗,打法相对清楚,所以,不论是做在线教育还是投资在线教育抑或是买教育类股票,都能挣钱。"

面对疯狂的教育资本化,是时候停下来思考初衷了。

2017 年 11 月,最牵动家长情绪的新闻莫过于携程亲子园虐童和红黄蓝幼儿园事件。而"红黄蓝"这个 9 月份刚在纽交所上市的中国教育概念股,则引发了更多有关"教育资本化"的讨论。

有人说,教育与医疗实行市场化、资本化,意味着把拯救人的生命与灵魂,同时丢进了贪图钱财的陷阱里,实在不可取;也有人说,现阶段教育资源尚不平衡,亟须资本为民办教育产业插上翅膀,翱翔九天。是投资天使还是助长恶魔?该不该投?怎么投?都等着我们来一一寻找答案。

一、红黄蓝为何能够"带病上市"?

从资本市场的角度看,红黄蓝赶上了好时候。

2017 年 1 月 18 日,民办教育促进法草案三审正式通过,营利性幼儿园在中国首获官方认可,除可以进行 IPO 上市,其主管部门变更为在工商部门登记。营利性民办幼儿园举办者可以取得办学收益,办学结余依据国家有关规定进行分配。同时,扩大办学资金来源,利用幼儿园现金流发行 ABS 等创新金融工具将更加活跃。在这种情况下,国内幼儿园发展呈现出民办化、资本化和高端化的发展趋势。

（一）9万亿元"大蛋糕"

从大局来看,教育行业确实是一个"大蛋糕"。根据中国统计年鉴的数据显示,2017年中国教育市场总规模将超过9万亿元。

实际上,在二级市场,红黄蓝只是被热捧的中国教育概念股之一。

截至2017年11月,全年已有4家教育类公司赴美上市;而在美国上市的中国教育概念股中,新东方2017年以来股价涨幅已经超过100%;而从2017年年初至8月16日拆股,好未来的股价涨幅超过150%。

目前国内在美国上市的教育类项目

公司	股票代码	主营业务	上市时间
新东方	EDU	语言培训、K12教辅、留学	2006.09
ATA INC	ATAI	考试和测评服务	2008.01
正保远程	DL	职业类在线教育	2008.07
好未来	TAL	K12教辅	2010.01
达内科技	TEDU	IT培训	2014.04
海亮教育	HLG	学前教育、K12教育	2015.07
51 Talk	COE	在线英语教育	2016.06
博实乐	BEDU	K12教辅	2017.05
红黄蓝	RYB	学前教育	2017.09
瑞思学科英语	REDU	K12英语教辅	2017.10
四季教育	FEDU	K12教辅	2017.11

（二）96.4亿元资本追逐

"蛋糕"大了,争"蛋糕"的人也就多了,同时,资本也开始迅速进入这个行业。根据《2017年教育行业蓝皮书》显示,2017年前8个月,一级市场教育行业的总融资额达96.4亿元,公布金额的融资案例达156起;和去年同期的58.1亿元相比增长66%,融资案例增加68%。

同样,近3个月,教育企业的融资事件几乎是平均每周都有两例发生。

近三个月国内部分教育企业融资表

公司	轮次	金额	时间	投资机构
创数教育	战略投资	1000 万人民币	2017/09/07	立思辰
学程无忧	天使轮	300 万人民币	2017/09/10	未知
优读学院	Pre-A 轮	1000 万人民币	2017/09/18	润象资本、研途宝
新舟教育	A 轮	数千万人民币	2017/09/19	鑫乐国瑞
腾跃校长社区	A+轮	2000 万人民币	2017/10/10	佳一教育、高思教育
作业盒子	B+轮	2 亿人民币	2017/10/12	贝塔斯曼亚洲投资基金、好未来、百度风投
高思教育	战略投资	3.5 亿人民币	2017/10/24	华人文化产业基金、创新工场、中金公司
平行线教育	A 轮	8000 万人民币	2017/10/27	创新工场、天图资本、景林投资
极课大数据	B 轮	1 亿人民币	2017/10/30	丹华资本、XVC 创投
轻轻家教	D 轮	5500 万美元	2017/10/30	锴明资本、好未来、IDG 资本、红杉中国、锋瑞资本等
爱培优	天使轮	数百万人民币	2017/10/31	立思辰
乂学教育	天使轮	2.7 亿人民币	2017/11/07	新东方、诺基亚成长基金、SIG 等
艺朝艺夕	B 轮	1.6 亿人民币	2017/11/08	达晨创投、真格基金、领创投资、真格教育基金
论答	A 轮	数千万人民币	2017/11/16	东方富海、卓越教育

二、处于风口就可以高枕无忧？

答案是否定的。

资本快速充斥的背后,隐藏的教育投资法律风险是我们不能忽视的。

事实上,红黄蓝已经预料到类似事件可能带来的风险。招股书中,该公司向投资者提示:公司业务倚赖于市场对"红黄蓝"品牌的认知,若公司无法保持声誉,并加强品牌认知,则其业务及运营结果将遭受重大不利影响——这被放到长达35页风险提示内容的第一项。

资本化潮流中资本扩张失速,加盟园过多良莠不齐,部分幼儿园过于追求业绩,使得师资和教育内容无法得到保证。这一背景下,频繁发生的幼儿园虐童事件并非偶然,很大程度上与幼教领域资本化过程中监管、管理不能跟上有关。

而幼儿教育只是教育行业的一小部分,与其他行业的投资法律风险相比,教育行业投资有其特有的法律风险。

1. 学校设施及安全制度存在的法律风险

在学校教育教学管理上,可能出现多种风险,尤其是涉及学生的安全问题,而学校的建筑、制度、管理等的疏忽都有可能导致此类风险。学校管理范围内的不动产,如教学楼、宿舍、实验楼、食堂、围墙等设施,由于存在质量问题,或者没有按时检修、及时修缮,或者学生学习、生活场所拥挤,楼道狭窄;学校管理范围内的水电设施,由于学校未尽足够的教育、告知义务,或者水电设施有疏漏,可能对学生造成伤害;学校饮食管理过程中出现疏漏,因管理失职而可能发生学生安全事故等。

2. 学校管理瑕疵或者错位存在的法律风险

学校组织的活动中存在安全隐患,或者组织不适宜未成年学生参加的活动,从而可能引发学生安全事故。或者当出现学生安全事故时,学校没有积极进行救助,或者采取的措施不力,致使学生因救助延误而产生的风险。而在学校出现特殊情况时,比如调整了放学时间,或者特殊情况学校放假等,以及当学生出现任何非正常的情况和举动时,都未及时通知学生家长,未及时履行告知义务,可能引起学校自身的责任。

3. 教师教学工作中因侵权或其他违规行为而造成的法律风险

此次红黄蓝虐童事件正是教师故意侵权导致的。教师充当的是教育者的角色,享有法律所赋予的教育权力,然而这种权力是一把双刃剑,使用不当就会侵害学生的合法权利。常见的侵权行为有:侵害学生的受教育权、身体权、健康权、名誉权、人格权,等等。而教师在教学中违反工作规程、职业道德要求或不履行保护学生合法权益的义务,同样可能造成事故。值得注意的是,侵权行为虽是教师的个人行为,但基于职务行为由所在机构承担赔偿责任的原则,将由民办教育机构承担损害赔偿的后果。

4. 政策法律风险

教育是典型的"反周期"行业,也是典型的政策敏感型行业。对比世界水平,我国民办教育仍处于早期阶段,民办教育政策的不稳定,相关法律不健全,是投资者面临的最大风险。如"校中校"辅导被叫停,名牌高校不招往届复读生等政策,都预示着未来教育发展方向变动的可能性。因此无论是企业或是投资人,都应时刻关注教育政策及法规的变化,对未来发展方向做好规划。

5. 扩张及运营风险

以服务为主的教育企业扩张主要分为异地连锁化、收购兼并两种模式。对于异地扩张而言,各类教育服务共同的挑战在于人才的输出、异地政策的适应、有效的规模化管理和直营与加盟的选择。有所区别的是,不同的教育服务面对的问题有所不同,如高考复读,考试政策调整频繁,各地命题不同;少儿辅导老师跟从现象突出等;职业培训区域人才需求类型不同等,这些都是异地扩张所涉及的运营风险。

三、民办学校上市,先看看是否存在这6大法律问题

不可否认,民办学校寻求上市确实能带来很多正面意义,上市或许能让民办学校获得巨额资金,带来品牌效应,同时提升管理水平。

然而,IPO之路上布满荆棘,如下法律问题你弄清楚了吗?

1. 主体资格、资质问题

取决于学校主体为"民办非企业单位"还是"公司",也即在工商部门登记为"公司"还是在民政部门登记为"民办非企业单位"。登记为公司主体的才有机会进入资本市场。要想进入资本市场,除了主体必须登记为公司外,还须关注是否每一个教学点都按照相关法律法规配有符合规定的负责人、专兼职教师和管理人员;有无与培训类别、层次和规模相适应的营业场所和教学设备;是否完成消防验收/备案,是否已取得包含"教育培训"范围的营业执照等。

2. 举办者适格问题

由于《外商产业指导目录》的限制,义务制教育禁止外国投资者进入,高中教育、高等教育、学前教育要求外国投资者须为有相关经验和资格的外国教育机构且限于中外合作、中方主导。因此,如上市集团包含上述办学层次,须关注举办者、举办者的股东(追溯至最终自然人)是否在历史上任何时间点有外资成分,如有,是否符合前述外方经验、股权比例、管理层组成等规定并取得省级或教育部的审批,是否进行安全制度及消防备案等,采取网络教学的需要ICP备案、网络文化经营许可证等。

3. 员工及社保问题

针对这一问题,须关注员工是否取得了相应的资格证(如教师资格证、幼儿园教师资格证、非学历教育培训师资格证、保育员职业资格证、医师执业证书、护士执业证书等),是否签署了全职或兼职聘用合同,是否全员、足额(包括基本工资、课时费、奖金等)缴纳社保保险和住房公积金等。

4. 合作办学问题

鉴于合作形式多样,这一问题需要具体问题具体分析。如与外方合作开展国际班、预科班的问题,目前缺乏统一的监管体系,各地教育部门政策差异也较大,应以当地学校主管部门的意见为准,又如将学籍挂靠在其他学校或为其他机构学生提供学籍合作中存在的不合规等问题。

5. 涉嫌发布虚假招生简章或者广告

由于近年来民办学校如雨后春笋般地兴起,为了从有限的生源中招收更多的学生,各民办学校都纷纷发布招生简章或广告。但因目前对招生简章和广告缺乏严格管理,致使不少学校在其中加入了夸大、虚假或欺骗的内容,侵犯了受教育者的合法权益。民办学校对这一违法行为除应负相应的限期改正、警告、没收违法所得或吊销办学许可证等行政责任外,如发布虚假招生简章或者广告骗取钱财巨大构成犯罪的,还必须承担相应的刑事责任。

6. 非法颁发或者伪造学历证书、结业证书、培训证书、职业资格证书等

学历证书等是记载或证明学习经历、培训技能、职业资格的书面凭证,只有经过国家批准设立或认可的学校、职业资格鉴定机构才有权颁发。民办学校如非法颁发或者伪造证书,则破坏了我国的教育证书制度。对上述违法行为应给予相应的限期改正、警告、没收违法所得或吊销办学许可证等行政处罚;情节严重构成犯罪的,应当按照最高人民法院的司法解释,依据《刑法》有关伪造事业单位印章罪给予刑事处罚。

四、结语

教育资源投入不足,激发了民办教育营利化、资本化,教育行业准上市的盲目投资不在少数。大多数投资人仅仅作为财务投资入股,是为了获得上市后的收益,但教育行业有其公益性质,就此而论,即使是营利性的教育机构,也不该只是单纯的商业投资,而应成为有情怀,有愿景,也有思考战略的投资。

承载希望的孩子们不能也不应被资本绑架,愿天下再无"红黄蓝"。

潘多拉的魔盒

——扒一扒让人又爱又恨的"对赌协议"

2017-12-18

资本世界常常出现一个词——对赌协议。融资方可能借助资本大展宏图一飞冲天,也可能因"赌局"失败而身家全无从头再来。"胜者为王败者为寇"的生存规则在这里体现得淋漓尽致,听起来就很紧张刺激。

那么,对赌协议究竟是怎么玩的?

本文将以链家为例,结合蒙牛、小肥羊等经典对赌案例,为大家深度剖析对赌协议中的"游戏规则"。

一、视角:二手房市场遭遇寒冬

在这个全民抢房时代,楼市只要有一点风吹草动,就能让无数人牵肠挂肚。

2016年"930新政"实施至今,楼市一年间经历了猛烈的调控浪潮,限购、限贷、限商、限价、限售等政策如暴风骤雨,不断给房地产市场带来冲击。

在党的十九大报告中,习近平总书记再次强调了"房子是用来住的、不是用来炒的",以及加快推进"租售同权"的住房制度的构建等措施的出台。在新的一轮调控下,卖方市场和买方市场持续观望。

有人说,楼市的寒冬来临了。

市场变化谁也说不准,但二手房确实是不好卖了。

2016年南京二手房共成交近149846套,创历史新高,相当于2014年和2015年两年成交量的总和,同比2015年的93899套上涨了59.58%。而2017年,截至11月30日,成交套数仅为86531套,市场紧缩,成交量不足,无论是大型房产中介还是小中介,大部分都采用关门、裁员等休眠方式度过"寒冬"。

从最初的如火如荼,到目前的不温不火,甚至唱衰声不断,以链家为首的互联网房地产中介们,日子实在是不好过。事实上,任何企业,都无法从淡季中全身而退。而链家作为中国房地产中介行业的领头羊,且不说做大市值,能够保住市值对于左晖已属不易。

三、链家:遭遇市场降温能否如约上市?

链家全称为北京链家地产经济有限公司,成立于2001年9月30日,是一个综合性房产服务平台,涉及房产交易服务、资产管理服务和金融管理服务,业务覆盖二手房交易、新房交易、租赁、装修服务等。从2004年的32家店面,通过不断发展,大量的收购,到现今成为超过10万个经纪人、分布在中国的24个城市、覆盖2.3亿人口的国内领先的房产中介公司。

从2014年开始,为了抢链家地产准备上市这块蛋糕,就不断有明星资本涌入其中,堪称"资本宠儿"。链家的融资历程见下表:

时间	阶段	金额	投资方
2014年1月	A轮	1亿美元	投资方
2016年4月	B轮	64亿人民币	华晟资本、百度、腾讯、H Capital、执一资本、海峡基金、原仓资本、源码资本、经纬中国、喜神资产等
2017年1月	C轮	26亿人民币	融创中国领投
2017年4月	D轮	30亿人民币	万科集团
2017年11月	E轮	未知	高瓴资本、华兴资本、治平资本、川商兴业股权投资基金

此次E轮融资虽然未公布融资金额,但是,根据融创中国在2017年1月9日发布公告来看,融创中国通过增资以26亿元的价格获得北京链家6.25%股权,依此计算,链家的估值达到416亿。

然而,在《国际金融报》记者的调查中,据上海链家的许多员工反映,上海链家员工从3万人减少到2万人,身边很多同事都离职了,业务量的下降也导致了利润的下滑,从而对公司估值产生影响。

早在2017年的5月份,链家就被曝出"关闭300家店面"的消息。链家虽然还是那个链家,但市场已不是那个市场,左晖要如何导演上市这场戏?

根据此前公开报道,链家地产已于2016年在B轮融资中与投资人签订了

"对赌协议",承诺5年内完成上市目标,若公司未能达成该目标,投资人有权在该情形发生后的任何时间要求回购,回购价格为基本投资价格＋每年8%(单利)的回报。因此,上市是链家前行的唯一道路。

然而,刚签订完"对赌协议"的链家,很"不凑巧"地赶上了新一轮宏观调控政策的推出,房地产市场出现明显降温;同时,A股市场IPO全面从严的时代已经来临。

目前,证监会依然执行企业上会之前须对PE"对赌协议"进行清理的规定。包括上市时间对赌、股权对赌协议、业绩对赌协议、董事会一票否决权安排、企业清算优先受偿协议等五类PE对赌协议,还都处在IPO审核的禁区。未来链家如果选择登陆A股市场,必然要清理对赌协议,除非选择在境外上市,但海外上市将可能面临估值偏低、监管严厉等一系列问题。

[对赌协议]

对赌协议实质上属于期权,就是收购方(包括投资方)与出让方(包括融资方)在达成并购(或者融资)协议时,对于未来不确定的情况进行一种约定。如果约定的条件出现,融资方可以行使一种权利;如果约定的条件不出现,投资方可以行使一种权利。

三、干货:"对赌协议"你知道多少?

陈晓与摩根士丹利及鼎辉对赌输掉永乐电器;太子奶李途纯对赌英联、摩根士丹利、高盛输掉太子奶;张兰对赌鼎辉输掉俏江南;吴长江引入软银赛富和施耐德后被逼出雷士照明;"真功夫"蔡达标引入中山联动和今日资本后身陷囹圄;冷杉投资、硅谷天堂等27家PE深陷山东瀚霖上市对赌;"海富投资"诉"甘肃世恒"履行对赌条款最高法惨胜;贝恩资本折戟国美18亿入股5年后20亿退出。

相信大家对以上经典对赌案例都有所耳闻。事实上,其中涉及的对赌协议类型不尽相同。今天给大家介绍六种常见的对赌协议类型:

类型一:股权回购型

该类协议约定,当目标公司未能实现对赌协议规定的特定目标时(比如未能实现公开发行股票并上市或经营业绩指标完不成),目标公司原股东将以投资方的投资款加固定回报的价格回购其持有的全部股份。

代表案例：链家。 链家在 B 轮融资中与投资方签署的对赌协议就属于此类。根据融资协议，链家 B 轮融资金额为 64 亿人民币，如果未能在 5 年内成功上市，按照对赌条款约定，回购的价格按照投资价格+每年 8%（单利）的回报的价格计算的话，回购价格大概在 89.6 亿元。因此，上市是链家前行的唯一道路。

类型二：现金补偿型

此类对赌条款主要约定，当目标公司未能实现对赌协议规定的业绩目标时，目标公司原股东将向投资方支付一定金额的现金补偿，不再调整双方的股权比例。

代表案例：小肥羊。 该类型的典型案例为小肥羊货币补偿对赌，相关的对赌协议规定：从 2008 年开始三年内，小肥羊承诺业绩复合年增长率不低于 40%，如果完不成约定目标，小肥羊将向投资方提供现金补偿。

类型三：股权调整型

此类条款主要约定，当目标公司实现对赌条款的既定目标时，投资方将无偿或者以象征性的价格转让一部分股权给目标公司的原股东作为奖励；但当目标公司未能实现对赌协议规定的目标时，目标公司原股东将无偿或者以象征性的价格转让一部分股权给投资者作为补偿。

代表案例：蒙牛乳业。 2003 年，蒙牛乳业管理层与摩根士丹利、鼎晖等投资方签署对赌协议。对赌条款约定，以利润为主要考量指标，在此后的三年时间里，如果蒙牛乳业的复合盈利增长没有超过 50%，则蒙牛乳业原股东必须支付约定数额的股份给投资方，反之，投资方必须转让给蒙牛乳业原股东股权。赌局结果是：以牛根生为首的蒙牛管理层达到了协议所要求的企业增长率，获得了摩根士丹利给予蒙牛乳业管理层的股份奖励；同时摩根士丹利等投资机构也因所持有的蒙牛股票价格上涨而获利不菲。

类型四：股权稀释型

该类协议约定，当目标公司未能实现对赌协议规定的目标时，目标公司原股东将同意目标公司以低廉价格向投资者增发一部分股权，实现稀释目标公司实际控制人的股权比例，增加投资者在目标公司内部的权益比例。

对赌条款如：20××年××公司的复合年增长率不低于××%。若业绩增长达不到目标,公司管理层将给投资方约××千万股的上市公司股份;如果达到目标,投资方就要拿出自己的相应股份奖励给××公司管理层。

代表案例:徐工机械。此类型的典型案例有徐工机械和凯雷徐工的协议出现如下对赌条款:2006年,一旦徐工机械实现约定的业绩目标,凯雷徐工增资2.42亿元人民币需出资1.2亿美元;一年后,徐工机械的经营业绩如果达不到对赌条款约定的要求,则增资2.42亿元人民币只需出资6000万美元。

类型五: 股权激励型

该类协议约定,当目标公司实现对赌协议约定的目标时,投资方将以无偿或象征性的低廉价格转让一部分股权给企业管理层,如果未能实现既定的目标时,则投资方将依据对赌条款约定要求管理层低价或者无偿转让股权给投资方,或限制管理层的股权转让等。

类型六: 股权优先型

该类协议约定,当目标公司未能实现对赌协议规定的业绩目标时,投资方将获得股息分配优先权、剩余财产分配优先权、超比例表决权等特定的权利。

四、 思考:签对赌协议时应注意什么?

由以上案例我们可以看出,在对赌这场残酷的游戏中,创业者既可能借着资金让自己一下子鲤鱼跃龙门,登上人生巅峰;也有可能折戟沉沙,还要赔上现有的资源。而投资界亘古不变的定理就是收益越高,风险越大,放之四海而皆准,所以对赌协议对投资人和创始人来说,也就是一个博弈的过程,最终促成有效的合作。

然而,国内PE投资很多合同条款包括对赌条款都是直接从国外移植,在中国相对严格的金融管制、司法制度以及不明确的成文法规范之下,投资双方如简单套用欧美市场的操作方式、忽略国内整体的法律框架下的条款设置,就会遭遇水土不服。

签署对赌协议的注意事项:

1. 投资人与原始股东之间的对赌条款有效,但是,对赌协议中与目标公司的对赌条款(即业绩补偿约定)无效。

根据最高人民法院就"甘肃世恒案"作出的再审判决([2012]民提字第11

号),最高人民法院认为:在增资协议书中,迪亚公司对于海富公司的补偿承诺并不损害公司及公司债权人的利益,不违反法律法规的禁止性规定,是当事人的真实意思表示,是有效的。而对于与目标公司的对赌条款即世恒公司、海富公司、迪亚公司、陆波在增资协议书中约定,如果世恒公司实际净利润低于3000万元,则海富公司有权从世恒公司处获得补偿,并约定了计算公式。这一约定使得海富公司的投资可以取得相对固定的收益,该收益脱离了世恒公司的经营业绩,损害了公司利益和公司债权人利益,违反了《公司法》第二十条:"公司股东应当遵守法律、行政法规和公司章程,依法行使股东权利,不得滥用股东权利损害公司或者其他股东的利益;不得滥用公司法人独立地位和股东有限责任损害公司债权人的利益。"根据《合同法》第五十二条(五)项之规定,该条由世恒公司对海富公司承担补偿责任的约定违反了法律、行政法规的强制性规定,认定增资协议书中的这部分条款无效。

2. 对赌协议所涉内容如需主管部门审批,未经批准,该对赌协议未生效。

江苏省高级人民法院就"国华实业有限公司与西安向阳航天工业总公司股权转让纠纷案"做出终审判决([2013]苏商外终字第0034号),该判决根据《中外合资经营企业法实施条例》第二十条规定:"合营一方向第三者转让其全部或者部分股权的,须经合营他方同意,并报审批机构批准,向登记管理机构办理变更登记手续。……违反上述规定的,其转让无效。"我国《合同法》第四十四条第二款规定:"法律、行政法规规定应当办理批准、登记等手续生效的,依照其规定。"《最高人民法院关于适用〈中华人民共和国合同法〉若干问题的解释(一)》第九条规定:"依照合同法第四十四条第二款的规定,法律、行政法规规定合同应当办理批准手续,或者办理批准、登记等手续才生效,在一审法庭辩论终结前当事人仍未办理批准手续的,或者仍未办理批准、登记等手续的,人民法院应当认定该合同未生效。"因此,认定涉案股权转让协议中的股权回购条款未生效,国华公司据此请求法院判令向阳公司回购股权并承担违约责任,不予支持。

3. 对赌协议内容不得违反《公司法》关于公司资本维持原则及公司回购股权的相关规定,否则属于无效条款。但是,投资人与目标公司原始股东之间的股份回购条款,合法有效。

江苏省高级人民法院在"刘来宝与阮荣林股权转让纠纷上诉案"做出([2014]苏商终字第255号)终审判决,该判决根据《公司法》第七十四条之规定:"有下列情形之一的,对股东会该项决议投反对票的股东可以请求公司按照合理的价格收购其股权:(一)公司连续五年不向股东分配利润,而公司该五年连续盈利,并且符合本法规定的分配利润条件的;(二)公司合并、分立、转让主要财产的;(三)公司章程规定的营业期限届满或者章程规定的其他解散事由出现,股东会会议通过决议修改章程使公司存续的。"认定对赌条款虽然是当事人真实意思表示,也不违反法律、行政法规的禁止性规定,但基于公司股本不变的原则,公司仅能在特定情形下才能回购本公司的股权而并不能仅凭股东与公司之间的约定回购股权。

4. 如果投资人确需选择目标公司作为对赌对象的,建议尽量选择仲裁的方式作为纠纷解决机制。

2014年1月中国国际经济贸易仲裁委员会在([2014]中国贸仲京裁字第0056号)裁决中,作出了与最高人民法院"甘肃世恒案"再审判决([2012]民提字第11号)不一致的裁判,认定投资方与目标公司之间的对赌条款有效。因此,对比法院裁判和仲裁机构的裁判,仲裁机构对于投资人与公司之间对赌的态度更为开放、灵活,相关对赌协议只要是遵循平等自愿、权益对等、公平合理、诚实信用的原则签订的,对赌条款本身并不构成违法,进而认定其有效。

五、结语

基于目前相关的法律法规未对对赌协议的效力作出明确规定,投资人如果确需对赌作为条件,应尽量避免投资人与目标公司的对赌。另外,在投资人与目标公司股东及管理层进行业绩对赌时,不能脱离目标公司的盈利能力,否则容易被认定为投机行为,从而影响协议效力。而对于目标企业管理人员来说,应结合企业的实际情况,选择对赌目标及合适的对赌类型。

赌还是不赌、赌多大、和谁赌、何时赌……需要细思量!

IPO被否,关联交易成闯关"杀手"

2017-12-26

2018年上半年,共103家IPO企业首发上会。58家成功过会,44家被否,1家暂缓表决。被否原因可谓五花八门,既有因持续盈利能力不足折翼的,也有因内部控制制度混乱被拒的。其中,不少企业因为过不了关联交易这一关而梦断资本市场。在这44家被否企业中,涉及关联交易/关联方的问题被否的统计有30家,关联交易成为企业闯关IPO"杀手"。

关联交易一直是资本市场老生常谈的问题,也是众多企业IPO审核过程当中的拦路虎,处理稍有不慎就可能导致前功尽弃。

在IPO审核中,关联交易为什么被看得那么重?笔者带大家回顾国民男装品牌——海澜之家这一案例,来聊聊关联交易中的一系列问题。

当年,借助央视广告的投放,"男人一年逛两次海澜之家就够了"的广告语传遍大江南北,但同时"土"和"low"也成了海澜之家挥之不去的标签。如今,不仅是代言人换成了当红小生林更新,海澜之家还找来知名设计师推出联名款,画风一变再变,硬生生穿出了高定风。不过,今天咱们不说海澜之家的时尚经,而是回顾一下5年前的IPO。

一、事件回顾

2012年,海澜之家拟募集资金10.6亿元冲击IPO折戟,证监会披露的原因并非业界猜测的存货过高,也非企业内部的管控、持续盈利较弱问题,而在于独立性欠佳以及关联交易。

据证监会披露,海澜集团曾控股凯诺科技,而在2009、2010年凯诺科技的3

家主要供应商与海澜之家、海澜集团存在业务或资金往来。因此海澜之家的独立性受到质疑,同时在关联交易方面也有诸多疑点。

尽管海澜之家的实际控制人周建平处心积虑将持有的上市公司凯诺科技股权悉数对外转让,声称与凯诺科技已无关联,但与凯诺科技的旧账依然成了海澜之家 IPO 的绊脚石。

坊间一直有传闻说海澜之家通过关联交易掏空了凯诺科技,更有人调侃称:打开"男人的衣柜",一面海澜之家,一面凯诺科技。

二、关联交易到底是什么意思? 关联关系又如何界定?

带着一系列的疑问,咱们继续往下看:

法规	关联关系、关联方的界定
《中华人民共和国公司法》	关联关系,是指公司控股股东、实际控制人、董事、监事、高级管理人员与其直接或者间接控制的企业之间的关系,以及可能导致公司利益转移的其他关系。但是,国家控股的企业之间不仅因为同受国家控股而具有关联关系。
《上市公司信息披露管理办法》、交易所《上市规则》	关联交易,是指上市公司或者其控股子公司与上市公司关联人之间发生的转移资源或者义务的事项。
《企业会计准则第36号——关联方披露》	关联方交易,是指关联方之间转移资源、劳务或义务的行为,而不论是否收取价款。
《中华人民共和国企业所得税法实施条例》	关联方是指与企业有下列关联关系之一的企业、其他组织或者个人:(一)在资金、经营、购销等方面存在直接或者间接的控制关系;(二)直接或者间接地同为第三者控制;(三)在利益上具有相关联的其他关系。

通过以上表格我们注意到,不同法律法规出于各自的监管需要,对关联交易作出了差异化的规定。这些规定的内容虽有差异,但我们把握规则的方法是一样的。

掌握了方法,接下来就是具体判断了。根据相关上市规则,上市公司关联人主要包括关联自然人和关联法人两种。其规则逻辑在于通过身份关系或股权关系确认相关方与上市公司的联系。

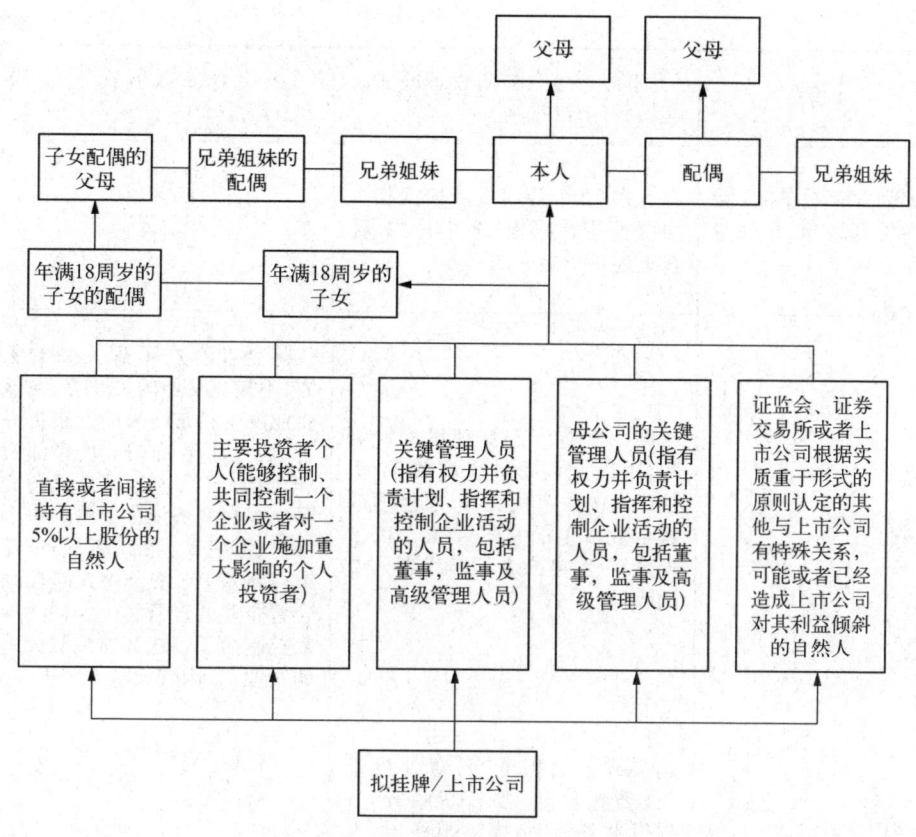

◎ 一图读懂关联自然人

除上图列示的范围外,根据与上市公司或者其关联人签署的协议或者作出的安排,在协议或者安排生效后,或在未来12个月内将存在关联关系,或在过去12个月内存在关联关系的法人、其他组织或自然人也视作上市公司的关联人,我们通常称之为潜在关联人和历史关联人。

下面,还有一些与关联交易相关的内容我们可以作些了解:

内容	《上市公司信息披露管理办法》、交易所《上市规则》	《企业会计准则第36号——关联方披露》
关联方兜底条款	中国证监会、证券交易所或公司根据实质重于形式原则认定的其他与公司有特殊关系,可能导致公司利益对其倾斜的法人或自然人	财政部关于36号准则的《指南》要求判断关联方交易的存在应当遵循实质重于形式的原则

续表

内容	《上市公司信息披露管理办法》、交易所(上市规则)	《企业会计准则第36号 关联方披露》
关联方时效条款(潜在关联方和历史关联方)	在过去12个月内或者根据相关协议安排在未来12个月内,存在上述情形之一的	
例外条款	受同一国有资产管理机构控制的,不因此而形成关联关系,但该法人的法定代表人、总经理或者半数以上的董事兼任上市公司董事、监事或者高级管理人员的除外。	仅与企业存在下列关系的各方,不构成企业的关联方:与该企业发生日常往来的资金提供者、公用事业部门、政府部门和机构;与该企业发生大量交易而存在经济依存关系的单个客户、供应商、特许商、经销商或代理商;与该企业共同控制合营企业的合营者。仅同受国家控制而不存在其他关联关系的企业,不构成关联方
关联交易类型	购买或者出售资产;对外投资(含委托理财、委托贷款等);提供财务资助;提供担保;租入或者租出资产;委托或者受托管理资产和业务;赠予或者受赠资产;债权、债务重组;签订许可使用协议;转让或者受让研究与开发项目;购买原材料、燃料、动力;销售产品、商品;提供或者接受劳务;委托或者受托销售;在关联人财务公司存贷款;与关联人共同投资;其他通过约定可能引致资源或者义务转移的事项。	购买或销售商品;购买或销售商品以外的其他资产;提供或接受劳务;担保;提供资金(贷款或股权投资);租赁;代理;研究与开发项目的转移;许可协议;代表企业或由企业代表另一方进行债务结算;关键管理人员薪酬。

在实际操作中以下两点需要格外注意:① 关联交易的类型不仅限于已经列举的这些,只要涉及转移资源、劳务或义务的行为或事项,均构成关联交易。② 即便是已经列举的行为,也不能简单看形式,要从实质上进行判断。

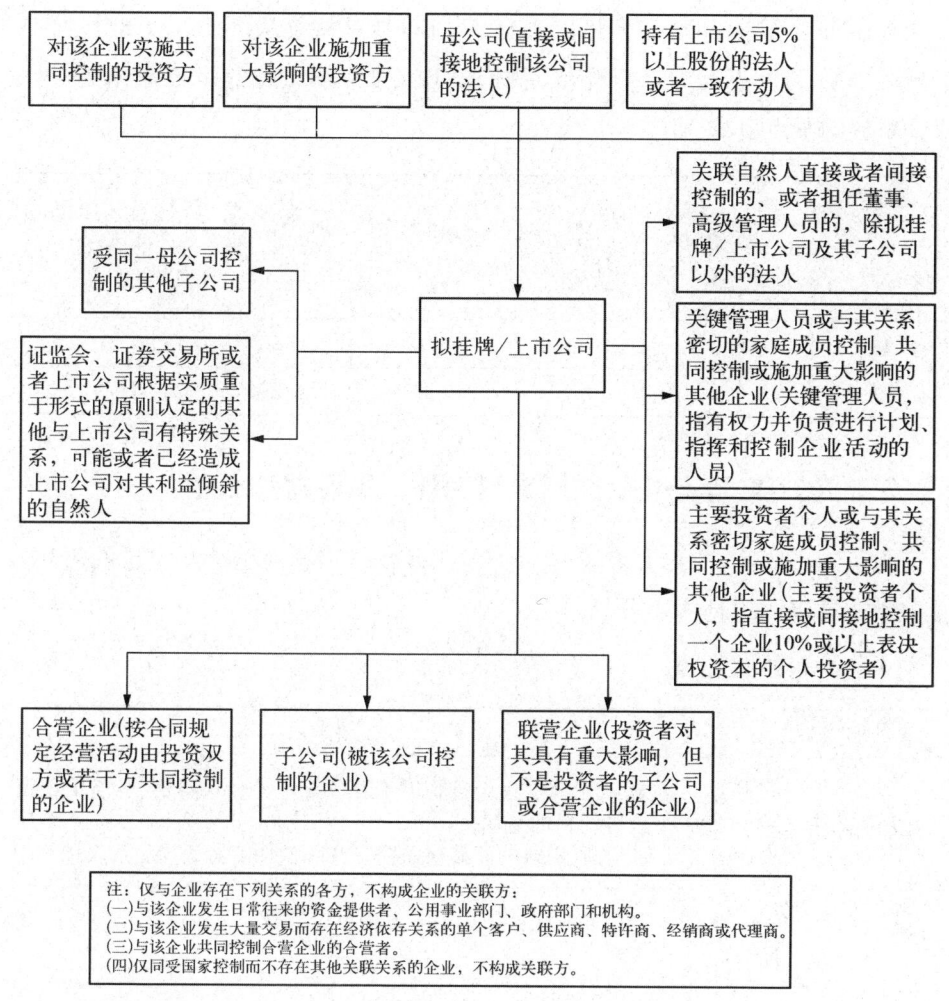

◎ 一图读懂关联法人

比如,交易所《股票上市规则》明确列举了"与关联人共同投资"这一形式。在实际表现上,除了通常的发行人与控股股东共同投资设立企业明显符合外,也可能有其他形式显现但实质上是"与关联人共同投资"。假如,发行人从无关联第三方购买控股股东控股的子公司的少数股权。该交易从形式上看起来,是发行人与无关联第三方的交易,不构成关联交易。但是,该交易的后果会形成发行人与控股股东共同持有同一公司股权。从严格意义上讲,这一交易也应该被视为关联交易,董事会或者股东大会在进行审议时关联方应该回避表决。

纵观整个资本市场,我们可以看出,IPO 审核是持续从严的。以 2017 年 56 家折戟 IPO 的企业作为分析样本,我们发现,对关联交易的审核历来是 A 股 IPO 审核的重点事项。

要点	内控制度的有效性及会计基础的规范性	经营状况或财务状况异常	持续盈利能力	关联交易及关联关系	申请文件的真实、准确、完整和及时性存疑
数量	23	14	10	8	1
比例	41.07%	25%	17.86%	14.29%	1.79%

三、在 IPO 审核中,关联交易为什么被看得那么重?

为了知己知彼,我给大家罗列了一下目前 IPO 审核对于关联交易的关注点及关联交易审核的具体要求。

(一)审核关注点

审核关注点		要求
关联交易的真实性		1. 交易真实发生且是出于发行人正常经营需要,不存在商业以外的目的与动机 2. 关联销售的商品被关联方实际使用或者实现了最终销售
对发行人独立性的影响	必要性与合理性	与关联方而非市场第三方进行该项交易具有商业合理性和必要性
	可替代性	是否可通过非关联交易解决,即对关联方是否具有较强的依赖性
	重要性	按照性质(经常性关联交易与偶发性关联交易)分别考察,对于在销售、采购等核心业务环节发生的经常性关联交易更加重视
	比例	既考察该关联交易占发行人同类业务的比例,也考察该关联交易占交易对方的比例
	对业绩的影响	来自关联销售业务收入占发行人营业收入、毛利的比重
	趋势	该关联交易占发行人同类业务的比例与数量是否呈下降趋势

审核关注点		要求
关联交易的公允性	交易条件与定价	交易价格的确定公允,且有足够的证据能够证明交易条件与交易价格的公允性
	毛利率	来自关联销售的业务毛利率与非关联销售的业务毛利率没有显著差别
关联交易的合规性	决策程序	按照章程规定的程序予以决策与批准,关联方回避表决,独立董事发表意见
	充分披露	按照相关监管要求真实、准确、完整地披露关联方与关联交易
	会计处理	严格按照会计准则相关要求进行会计处理

(二)关联交易审核的具体要求

1. 全面核查和披露关联方与关联交易

审核高度关注关联方的认定是否合规,披露是否完整,是否存在隐瞒关联方的情况。保荐机构在关联方的尽职调查中,要按照实质重于形式原则,只要可能存在利益输送就可能需要被确认为关联方。

2. 对重要客户、供应商关联身份及交易真实性的核查

前一项是要求完整披露关联方与关联交易并对已披露的关联方与关联交易进行核查,本项重点是对未披露为关联方和关联交易的核查,核心是发现有无遗漏或者故意隐瞒关联关系的情况。

3. 关联交易的公允性论证

关联交易的定价政策及其公允性论证是申报材料必须披露和保荐机构必须发表意见的内容。实践中,可选择的方法包括:同类或近似产品既有关联方交易又有非关联方交易的,直接对比关联方与非关联方交易的价格;不存在同类非关联方交易的,通过说明关联交易价格的生成机制,如运用成本加成法定价等,分析并论证定价方法的合理性。

四、存在关联交易的企业如何应对审核?

现实情况是,虽然证监会对关联交易审核严格,但是拟IPO的企业仍然绝大多数存在关联交易。这一方面是因为关联交易存在不构成实质性障碍,另一

方面是关联交易对企业的快速、稳定发展有促进作用。对于这部分企业,应该如何应对呢?

(一)消除与减少关联交易的措施

如果面临关联交易问题(例如关联交易占比较大),发行人应在提出发行上市申请前考虑两大类方式予以解决。

1. 方式一:消除关联交易

这类方式也可以分成两个思路。一个思路是"买",即发行人通过收购等方式将关联方纳入发行人,以消除关联交易。另一个思路是"卖",包括发行人、实际控制人将涉及关联交易的业务出售给关联方或者第三人等。

因为"买"是纳入发行人主体,监管机构历来更鼓励通过"买"的方式来消除关联交易。如果选择"卖",审核方一般会本着风险导向审核理念,对"卖"的真实性提出进一步的核查与披露要求,也就是所谓"关联交易非关联化"的问题。

2. 方式二:披露与合理解释,并且提出未来减少关联交易的措施

通过披露与合理解释,以说明当前关联交易的合理性与必要性,而且交易公允,已经采取措施未来可以减少关联交易金额和占比。

(二)关注重点

上面所说的消除关联交易的方法中包括发行人或者实际控制人将涉及关联交易的业务或者主体出售给第三方,从而将关联交易转换为市场竞争主体之间的正常交易。这在审核中一般被称为"关联交易非关联化"。

基于IPO审核中的风险导向理念,审核方一般会对"关联交易非关联化"问题高度警惕。主要的审核要求包括:

1. 在信息披露方面严格要求

要求发行人详细披露"非关联化"的相关具体情况,包括但不限于注销、转让等情况。在报告期内注销、转出的关联方仍然要做详尽披露,包括注销的要提供清算之前的财务数据。

2. 如果是以转让的方式进行"非关联化",要求中介机构重点核查以下事项

(1)转让的真实性、合法性、合理性,包括受让主体的身份,与发行人是否存在关联关系,是否存在委托或代理持股,是否存在未来回购安排、仍然掌握控制权等"抽屉协议"等。特别是要从商业合理性方面考虑交易的真实性,并关注异常情况。

例如,如果准备接手的第三方是发行人的高管(前高管)、员工(前员工)、与新引入 PE 的关联方、与实际控制人存在其他关系(但并不构成关联方)等,都建议尽量避免。确实已经发生的,建议要么如实披露并进行充分的分析说明,要么进一步予以处理。

(2) 转让价格是否公允。

(3) 转让后与发行人之间是否仍存在交易及资金往来情况。

(4) 转让后相关资产、人员的最终去向。

3. 如果是以注销的方式进行"非关联化",要求中介机构重点核查以下事项

注销的关联企业情况,注销的原因,是否存在较多的债务或持续的亏损;该注销主体自设立以来的生产经营情况,存续期间是否合法经营,注销前从事的业务及与发行人的业务、资产、技术、营销网络等方面之间的关系,注销后管理人员和生产人员的去向,与发行人的人员是否重叠。一般还会要求提供注销前一年的财务报表和注销的相关证明文件,注销履行的内部决策程序和债权人告知程序以及是否存在纠纷和潜在纠纷。

4. 非关联化的标的历史上是否存在重大违法行为

关联方的认定不是一件简单的事,不仅有规则之间的交叉,还有很大的实质性判断的成分;审核方出于多因素考量的理念,会综合各种因素来全面看待发行人的关联交易事项,并最终得出审核结论;同时,基于 A 股 IPO 的风险导向审核理念,加上近年来利用关联交易进行财务粉饰甚至财务舞弊的情况较为普遍,审核方总体上还是希望发行人尽可能减少关联交易,确实存在的关联交易应说明其合理性、必要性、公允性和合规性,并及时全面地披露。

赵薇的滑铁卢

——51倍杠杆拿下万家文化？别把信息披露当儿戏

2018 - 01 - 09

提起"赵薇"这两个字，越来越少的人会将其与之前疯疯癫癫的小燕子挂钩了，取而代之的印象是"有钱""酒庄""股东"，等等。

这些年来，赵薇一直在资本市场上行走，基本未有失手，久而久之，"女版巴菲特"成了赵薇的代名词。赵薇、黄有龙夫妇一度成为资本市场的传奇，他们涉足金融投资管理、房地产、烟草等多个行业，在中国内地、香港、澳门，以及新加坡、法国等地有多个物业和投资。

更有人为赵薇、黄有龙夫妇统计过身家：对云锋金融、唐德影视等上市公司持股市值45.22亿元，不动产价值约6.66亿元，其他股权投资价值约3.18亿元，经营影视、酒业贸易等多项业务，约1.57亿元，夫妇二人的身家总值竟达到了56.63亿元。

由于万家文化（现名：祥源文化）事件，赵薇"女版巴菲特"的这个人设已然崩塌。连带着八卦消息井喷式爆发，有人说黄有龙当过落马的深圳前市长许宗衡的司机，有人说他们的发家致富有着不为人知的秘密，有人甚至又扒出了赵薇的情史，等等。

一、事件回顾：赵薇夫妇被证监会处罚

2017年11月9日晚，祥源文化公告了证监会作出的"行政处罚事先告知书"。根据该告知书，西藏龙薇文化传媒有限公司（以下简称"龙薇传媒"）这一空壳公司，在未进行资金的充分筹备、境内可支付资金有限的情况下，以51倍高杠杆借入资金收购境内市值达100亿元上市公司29.135%的股份，最终因资

金无法落实终止股权转让,造成了万家文化(后更名祥源文化)股价大幅波动,严重影响了市场秩序。在这一过程中,龙薇传媒于2017年1月12日、2月16日通过万家文化对上交所问询函发布回复公告,公告的信息存在虚假记载、误导性陈述、重大遗漏及披露不及时,构成了信息披露违法行为。证监会拟对相关公司和责任人员给予行政处罚和市场禁入措施,其中对黄有龙、赵薇给予警告,并分别处以30万元罚款、采取5年证券市场禁入措施。

不喜欢看大段文字的朋友,戳下图:

二、时间轴

2016年12月26日

万家文化发公告,赵薇的公司龙薇传媒要花30亿元买下实控人持有的1.85亿股股份,占了万家文化股份的29.135%。(很快就收到上交所问询函:这么多钱怎么来的？你个人的财务状况怎么样呢？）

2017年1月11日

赵薇回复上交所：自掏6000万元融资30亿元，高杠杆收购万家。

2017年2月13日

万家文化公告称，将转让给龙薇传媒的股份总数从1.85亿股调整为3200万股，转让总价款调整为5.29亿元。（原因是赵薇融资遇到了难题。）

2017年2月27日

万家文化公告说，收到了证监会的立案调查通知。

2017年4月1日

赵薇不买万家文化了，一股也不买，赵薇拿回2.5亿元股权转让款全身而退。（万家集团放弃了1.5亿元的违约金。）

从以上内容我们不难看出，赵薇夫妇上演了一个"给我一根杠杆，我将撬动地球"的故事。由于赵薇自带流量，此事引发热议，一系列问题不断发酵。

三、五个问题

（一）一问：赵薇夫妇为何被证监会说"不"？

龙薇传媒法定代表人为赵薇，注册资金200万元，但并未实缴到位，也未开展实际经营活动，总资产、净资产、营业收入、净利润均为零。这个仅成立了一个多月的空壳公司，欲通过30.599亿元的总价，收购境内市值达100亿元上市公司万家文化29.135%的股份，而这30多亿元的标的中，龙薇传媒的自有资金仅有6000万元，杠杆比例高达51倍。该行为最终得到的是证监会作出的行政处罚和市场禁入的决定。

在公告中，证监会明确指出，在控股权转让过程中，龙薇传媒通过万家文化在信息披露中存在虚假记载、误导性陈述及重大遗漏：首先，龙薇传媒在自身境内资金准备不足，相关金融机构融资尚待审批，存在极大不确定性的情况下，以空壳公司收购上市公司，且贸然予以公告，对市场和投资者产生严重误导；其次，龙薇传媒关于筹资计划和安排的信息披露存在虚假记载、重大遗漏；第三，龙薇传媒未及时披露与金融机构未达成融资合作的情况；第四，龙薇传媒对无法按期完成融资计划原因的披露存在重大遗漏；第五，龙薇传媒关于积极促使本次控股权转让交易顺利完成的信息披露存在虚假记载、误导性陈述。

（二）二问：此事造成了什么后果？

受龙薇传媒收购万家文化信息披露违法违规影响，截至 2017 年 7 月 21 日，万家文化收盘价为 9.03 元，较 2017 年 1 月 17 日股价下跌 63.88％，不少投资者损失惨重。

万家文化涉案期间的股价走势：2016 年 11 月 28 日停牌，停牌时万家文化股价为 18.83 元；2017 年 1 月 12 日复牌后，最高涨至 25.00 元，涨幅高达 32.77％。2 月 8 日，万家文化再次停牌，停牌时股价为 20.13 元，停牌期间公告股东股份转让比例由 29.135％变更为 5％；2 月 16 日复牌，当日下跌 8.49％，第二个交易日下跌 6.89％。4 月 1 日（休市），万家文化公告"解除协议"，次一交易日股价下跌 2.39％。6 月 2 日，万家文化股价跌至最低点 8.85 元。截至 7 月 21 日，万家文化收盘价为 9.03 元，较 1 月 17 日股价下跌 63.88％。

由于赵薇的明星效应，许多中小投资者出于信任心理纷纷跟投，但龙薇传媒的做法不仅引起市场和媒体高度关注，更严重影响了市场秩序，导致股价大幅波动。

（三）三问：处罚太轻了吗？

我们再来回顾一下处罚内容，关于处罚金额，夫妻二人加起来也就 60 万元，如果算上龙薇传媒、万家文化处罚金额，合计 120 万元，以赵薇夫妇的身家，这 120 万元的处罚的确是九牛一毛。因此，有人质疑，这样的处罚实在是太轻了。

需要注意的是，本案与证监会以往开出的天价罚单不同，以往的天价罚单，大多是针对内幕交易、操纵市场行为，《证券法》明确规定这两类行为处以违法所得一倍以上五倍以下的罚款，因此违法所得越多，罚款金额越大。但对于信息披露违法行为，根据《证券法》的相关规定，对上市公司顶格罚款只有 60 万元，对相关责任人员的顶格罚款只有 30 万元。所以，证监会拟对赵薇夫妇分别处以 30 万元罚款，已经是顶格罚款了，这也代表了证监会对其行为恶性程度、后果危害程度的判断。

对于赵薇夫妇来说，他们真正在意的是 5 年的证券市场禁入以及可能面临的巨额索赔。

（四）四问：市场禁入究竟意味着什么？

根据《证券法》的规定，违法行为情节严重的，证监会可以对有关责任人员采取证券市场禁入的措施，在禁入期间不得从事证券业务或者不得担任上市公司董事、监事、高级管理人员。对于大多数信息披露违法违规行为而言，证监会并不会在给予行政处罚的同时，采取市场禁入措施。既然采取市场禁入措施了，就已经代表证监会认为，即使给了顶格罚款也不足以惩戒。

据天眼查显示，赵薇目前担任 5 家企业的法人，持有 16 家公司的股权，持股比例在 50% 以上的就有 9 家，并在 8 家企业担任管理职务。

角色	企业	注册地	开业日期	注册资本	经营状态
法人	龙旭新（北京）商贸有限公司	北京	2011/9/5	50万元	开业
	上海欣艺文化传播有限公司	上海	1999/12/22	50万元	吊销，未注销
	赵赵（上海）影视文化工作室	上海	2013/9/26	—	存续（在营、开业、在册）
	西藏龙薇文化传媒有限公司	西藏	2016/11/2	200万元	存续（在营、开业、在册）
	上海星星商务咨询有限公司	上海	1999/9/6	50万元	注销

也就是说，在接下来的 5 年内，赵薇持股的这些公司都不得直接参与跟上市公司相关的业务，且她本人需立即停止履行上述 8 家公司的管理职务。

（五）五问：受损股民可否索赔？如何索赔？

随着中小投资者维权意识的提高和维权律师群体的发展，上市公司一旦出现信息披露违法被予以行政处罚，经常面临大量股民索赔。近期被处罚的几家上市公司，如佛山照明、海润光伏、大智慧等，都已经面临上亿元甚至数亿元的索赔。而在遭证监会 5 年证券市场禁入行政处罚后，赵薇在资本市场上的违规操作同样引来大量诉讼。

2018 年 9 月 14 日，祥源文化公告称，自 6 月 20 日至 9 月 13 日，公司陆续收到法院应诉通知书，涉及 96 起证券虚假陈述责任纠纷案件，诉讼金额为

1132.22万元,案件的被告涉及赵薇、龙薇传媒、祥源文化等。截至9月14日,440位投资者起诉祥源文化索赔5584.77万元。

2018年9月19日上午,上海王女士诉赵薇、祥源文化的证券虚假陈述纠纷案在杭州中院开庭,此案是备受关注的投资者诉赵薇、祥源文化证券虚假陈述纠纷案的首批开庭案件。王女士在2017年1月24至26日期间,合计买入万家文化10000股,均价为20.94元/股,至今仍持有。王女士要求索赔9.62万元,这其中包括投资差额、佣金、印花税、利息损失。9月19日祥源文化报收4.93元每股,比之原告王女士买入时已缩水76%。

那么,哪些投资者符合获取赔偿的条件?

由于祥源文化作为证券信息披露义务人违反《证券法》规定的信息披露义务,在提交或公布的信息披露文件中作出违背事实真相的陈述和记载,侵犯了投资者合法权益,已构成虚假陈述民事赔偿案件。其实质是民事侵权的索赔案件。

根据最高人民法院虚假陈述司法解释和处罚告知的内容,初步确定索赔条件是:2017年的1月12日到3月31日期间买入万家文化的股票,并且在4月1日之后把股票卖掉或继续持有的股民,可以参加索赔。(以上的索赔条件只是律师初步确定的,最终谁能索赔要由法院来决定。)

第一被告肯定是祥源文化。因为它是上市公司,龙薇传媒和赵薇夫妇等人的相关信息都是通过祥源文化发布出来的。此外,由于龙薇传媒、赵薇夫妇等人也是被证监会处罚、认定信息披露违规的,所以也会被列为共同被告,要求承担连带赔偿责任。

四、法律要点:不要把信息披露当儿戏

事实上,有关信息披露的问题,绝不只存在于万家文化和龙薇传媒,很多企业出于利益考量等问题,选择在信息披露中进行有利于己方的操作。许多信息披露姗姗来迟或是部分信息前后矛盾、信息披露中提及的承诺未履行、信息披露避重就轻、有的甚至披露得不真实不准确、不充分不完整等等。这些把信息披露视为儿戏的行为,不仅是法律规范所禁止的,也让企业自身体会到了"生命中不能承受之重"。

(一)信息披露的外部法规的强制性要求

信息披露不是公司可有可无或是随心所欲的选择,我国已基本建立了针对

信息披露的一系列法律规范体系。目前我国对信息披露的法律体系为以《公司法》《证券法》《会计法》《注册会计法》等法律为核心，以行政法规和规章配套的多层次监管。这些法律规范不只针对上市公司及非上市公众公司的发行信息披露和持续信息披露等，还包括不同业务的信息披露要求，如对于保险公司股权、银行间债券交易、定向发行债券、证券投资基金、私募股权基金等做了详细规范，形成了外部的强制性要求。

从法律层面而言，《公司法》《证券法》里均明确对上市公司信息披露的法律规定。《证券法》第69条就为相关主体界定了责任承担的前提和内容："发行人、上市公司公告的招股说明书、公司债券募集办法、财务会计报告、上市报告文件、年度报告、中期报告、临时报告以及其他信息披露资料，有虚假记载、误导性陈述或者重大遗漏，致使投资者在证券交易中遭受损失的，发行人、上市公司应当承担赔偿责任；发行人、上市公司的董事、监事、高级管理人员和其他直接责任人员以及保荐人、承销的证券公司，应当与发行人、上市公司承担连带赔偿责任，但是能够证明自己没有过错的除外；发行人、上市公司的控股股东、实际控制人有过错的，应当与发行人、上市公司承担连带赔偿责任。"

（二）加强企业内部信息披露规范

关于信息披露我国虽已初步建立了法律规范体系，但更为关键的是企业内部的自我管制和完善。要求企业不仅需要各信息披露义务人，包括公司董事、监事、高级管理人员、公司的股东、实际控制人等清楚地认识到各自在信息披露工作中的职责范围和责任，更加需要加强自身的信息披露意识和企业社会责任感。

企业内部信息披露规范有利于相关监管部门及时发现监管制度方面和内部控制信息披露规范方面存在的问题，促进其完善监管制度。加强内部控制信息披露管制还有利于投资者利益保护，有利于提高内部控制信息的透明度，进一步降低利益相关者与公司之间的信息不对称程度，有利于利益相关者权益的保护，从而提高资本市场的有效性。

其实从企业角度来看，加强企业内部信息披露规范对其自身而言也是受益颇多的。加强内部控制信息披露的管制不仅能够帮助企业及时发现自身内部控制中存在的问题，促进内部控制体系的不断完善，促进企业提高内部控制和经营管理水平，优化资源配置，同时还有助于管理层减轻受托责任。

小马奔腾创始人遗孀负债 2 亿元

——"马失前蹄"谁之祸？

2018 - 01 - 15

"我就快弹尽粮绝，但必须拼死打下去。"面对媒体，金燕这样说。

3 年前的金燕或许不曾想过，"弹尽粮绝"这四个字会从自己口中说出，以这样残酷的方式。

如今，她与建银文化的天价债务官司已经到了最紧要关头。面对即将来临的二审终审判决，"打官司的钱都是跟同学朋友借的，就这样还差一半"。最近，金燕缓交诉讼费的请求又被驳回。

一

小马奔腾一度被称为影视界的一匹神奇黑马。

作为曾红极一时的影视文化公司，小马奔腾曾制作、投资过《历史的天空》《甜蜜蜜》《我的兄弟叫顺溜》《龙门镖局》《太平轮》《武林外传》《将爱情进行到底》《黄金大劫案》《匆匆那年》等多部脍炙人口的影视作品。

然而，好梦由来最易醒。

2014 年 1 月 2 日，因其创始人李明突然离世，这家民营传媒公司开始陷入混乱，李明遗孀金燕因先夫的对赌协议，被判承担 2 亿元的夫妻共同债务。而小马奔腾的几位股东需以 6.35 亿元回购建银文化所持的 15% 股权。

对赌协议部分内容为：若小马奔腾未能在 2013 年 12 月 31 日之前实现合格上市，则投资方有权在 2013 年 12 月 31 日后的任何时间，在符合当时法律要求的情况下，要求小马奔腾公司、甲方或甲方共同或任一方一次性收购其所持有的公司股权，且不得以任何理由拒绝。

一夜间,金燕从风光无限的老板娘变成了背负 2 亿债务的遗孀。自称遗产只有 100 万的金燕,声嘶力竭地呼喊"我不是李明的附庸,凭什么要求我来偿还他的 2 亿债务?"

而同一时间,为夫还债的,还有从拥有 420 亿家财到刷卡只能刷 2000 元的甘薇。翻看甘薇的微博,曾经的她,生龙活虎,时不时就会晒一下"泰迪姐妹团"的靓照,生日送祝福、转发点赞一个都不少,如今却再没有娱乐圈的大咖好友"走过路过不要错过"的痕迹。

2018 年 1 月 3 日,甘薇发长微博《一位妻子的内心独白》,文中对乐视的债务、贾跃亭回国等问题进行回应。她称,风暴来临,我必须站出来,接受贾跃亭委托,负责国内的债务问题,并代贾跃亭向大家道歉。希望股民、媒体、政府、社会能够给他些时间和空间。如果让金燕来写这封《一位妻子的内心独白》,或许是满满的委屈和怨念。

二

耀眼夺目,却又如流星般迅速陨落。这一切,还要从 2011 年那笔刷新影视行业纪录的投资说起。

小马奔腾"陨落"时间轴:

1994 年　李明创立小马奔腾前身北京雷明顿广告有限公司。

2003 年　核心骨干钟丽芳加盟小马奔腾。

2004 年　小马奔腾出品了第一部电视剧《历史的天空》。

2007 年　小马奔腾获得霸菱亚洲 4000 万美元注资。

2009 年　北京小马奔腾文化传媒股份有限公司成立。

2011 年　北京小马奔腾影院投资有限公司成立。

2011 年 3 月　小马奔腾打破中国影视业纪录的 7.5 亿元融资,估值 30 亿元,领投方为建银文化。同时,小马奔腾与建银文化签署 IPO 对赌协议。

2012 年 3 月　证监会开展自查与核查运动,IPO 事实上暂停,小马奔腾的上市之路受阻。

2012 年 9 月 24 日　小马奔腾管理层们通过个人关系在海外融资了 2000 万美元,向车峰筹资 1500 万美元,共同收购数字王国。

2013年7月　小马奔腾将数字王国转手卖给车峰控制的香港奥亮集团。

2014年1月2日　小马奔腾灵魂人物李明因病去世。

2014年11月3日　小马奔腾宣布,公司董事李莉女士出任公司董事长,公司法定代表人由金燕变更为李莉。

2014年11月18日　建银文化向中国国际经济贸易仲裁委员会提起仲裁。

2014年12月12日　北京市第三中级人民法院裁定,小马奔腾要以6.35亿元回购建银股份。

2016年3月15日　裁定进入执行阶段,小马奔腾面临被拍卖。

2017年9月　法院判定小马奔腾债务为李明、金燕夫妻共同债务,金燕有义务偿还。

2018年1月6日　金燕在微博上表示不服,要向北京高院申请二审。

死者已矣,按照法律的规定,金燕依然要替李明还2亿元"赌"出来的债。不甘心是必然的,为此,她多次通过媒体发声,表达对判决的质疑:"女性本就属于婚姻中的弱势群体,许多企业家的妻子并未参与公司决策和经营,却无端承受了丈夫错误决策的恶果,有冤无处诉。"

在法庭上,她提交了自己独自在国外工作的证明、工资单、社保记录,提交了自己创办的个人独资的素食餐饮和食品公司的证明,证明在很长一段时间内,她与李明是有各自的事业和生活的。然而并没有用。

对着判决不理解的,不止金燕,还有无数的网友。一时间,对于"对赌协议""《婚姻法》司法解释(二)第二十四条"的议论和讨伐之声不绝于耳。

每一个声音都折射出他们的害怕与担忧:金燕的遭遇,会不会在今后的某个时刻以同样的姿态发生在自己身上?

法院的认定究竟是对是错?

三

据《成都商报》的报道,判决归纳的本案争议焦点有二:① 投资款是否用于夫妻共同生活? ② 对赌协议项下的债务是不是李明本人的债务?

网友关注的问题也有两个:① 金燕并未签署对赌协议,是否应当担责? ② 已故股东李明因对赌所形成的债务是否属于夫妻共同债务?

对于夫妻共同债务,从现行的法律规范出发,一审法院的认定并无不当,但因本案债务数额巨大,造成公众对其合理性产生怀疑,这也恰恰反映立法应当源于实践,源于生活。

所以,今天我们关注的问题是:本案中,李明签署的"对赌协议",在其死亡后继承人是否应当承担对赌债务?回答这个问题前需要先明确以下两个问题:李明死亡时是否已负有对赌协议项下的回购义务?李明死亡,对赌协议是否终止?

四

我们先来回答第一个问题:李明死亡时是否已负有对赌协议项下的回购义务?

根据对赌协议中的约定,我们可以确定的是,李明在签订对赌协议后,负有公司上市失败则承担按投资方要求回购股权的责任。截至2013年12月31日,小马奔腾未能上市,自2014年1月1日起,建银投资公司有权要求小马奔腾公司、李氏三兄妹共同或任一方一次性收购其所持有的公司股权。而李明去世于2014年1月2日,故在其去世前,已经确定建银投资有权要求李明承担对赌协议项下的回购义务。

观点一:李明的继承人不负有对赌债务

投资人建银投资公司拥有的实际上是一种选择权,既可以选择继续持有股权,也可以选择在任意时间要求甲方回购股权。在李明去世的2014年1月2日,建银投资公司尚未行使选择权,而继承已经发生,股权已经易主,建银投资的合同相对人已经没有了民事主体资格。若建银投资公司选择继续持有股权,则本案无从发生。只有当建银投资公司作出明确选择并告知原合同相对人李明时,回购义务才能成立。李明去世后,无论从法律上还是事实上看,一个已经死亡的人都不可能再对他人形成新的债务或者权利。

观点二:李明及其继承人不负有回购义务

也有人从《民法总则》第一百一十八条说事,该条第二款规定:"债权是因合同、侵权行为、无因管理、不当得利以及法律的其他规定,权利人请求特定义务人为或者不为一定行为的权利。"其认为我们要把目光锁定在"为或不为一定行为"中的"一定"这个词上。"一定",我们可以解释或者替换为"具体的""确定的""特定的"等词语。因建银投资公司的"两种选择"的不确定性不能满足《民法总则》的"一定"的要求,从而得出在建银投资公司提出回购请求(2014年10月31日提出仲裁申请)前,该对赌债务尚未确定,李明及其继承人因此不负有回购义务。

对此,笔者抱有不同看法。

首先,"对赌协议"的债务在2013年12月31日即已确定。根据《民法总则》债权人有权要求债务人为或不为一定行为,具体到本案中,即建银投资公司有权要求李明及其姐妹回购或不回购股权,回购是本案的"一定"行为,而为或不为的选择权在于建银投资公司,不能因为建银投资公司尚未行使选择权而否认对赌债务的确定性。

其次,因仲裁的不公开性,虽未见仲裁裁决书,但仲裁裁决李明的继承人在继承遗产范围内承担责任,表明仲裁庭也认可李明对建银投资公司所负的对赌债务是确定的。

五

第二个问题:李明死亡,对赌协议是否终止?

其实本案的案情并不复杂:即合同一方主体死亡,合同效力是否归于终止?相对方如何维权?

根据《合同法》第九十一条,有下列情形之一的,合同的权利义务终止:

(一)债务已经按照约定履行;

(二)合同解除;

(三)债务相互抵销;

(四)债务人依法将标的物提存;

(五)债权人免除债务;

(六)债权债务同归于一人;

(七)法律规定或者当事人约定终止的其他情形。

由此可知,当事人一方死亡并不是法定的合同终止的情形。当然,"法不禁止即自由",当事人可在订立合同时约定,合同一方死亡即告终止。

实践中,在当事人没有约定的情况下,应依合同性质区别对待:

一是财产性质的合同。一方当事人死亡的,合同效力并不当然终止,死亡的一方当事人有继承人的话,继承人继承合同的财产权利则应继续履行合同义务,继承人不愿意继承的话,合同终止。

二是具有人身依附性的合同。一方当事人死亡的,合同效力自然终止。因为这类合同的签订,一般都是一方当事人基于对另一方当事人本人具有的经验、能力,甚至是个人品格的信任。(依据《合同法》第七十九条规定,这类合同依合同性质属于不可转让的合同,合同的权利义务应该随着合同主体的死亡而自然终止。)

那么,李明签订的对赌协议是否具有人身依附性?

对赌协议的一方必须是公司的股东,股东资格具有人身属性,但,股权是可以依法转让的,也就是说只要拥有小马奔腾的股东资格,不是李明,也会有王明、赵明来承担对赌的债务。由于无法看到该对赌协议全文,我们只能列出两种猜测:

猜测1:在对赌协议中明确约定李明及其姐妹不得将所持股权或对赌协议项下的权利义务对外转让。

这种情况就是《合同法》第七十九条所规定的"按照当事人约定不得转让",说白了就是投资人要求,承担对赌义务的人必须是李明及其姐妹,不能是任何其他第三方。这时"对赌协议"就具有人身依附性,如对赌协议履行期尚未届满,李明死亡后,其在对赌协议项下的权利义务应当一并终止。

猜测2:对赌协议不限制股权转让,甚至接受由新股东承担对赌义务。

此时,对赌协议便不具有人身依附性,如对赌协议尚未到期,继承李明股权的继承人继续承担对赌协议项下的权利义务。

综上,谢律师的观点是:李明死亡时已负有对赌协议项下回购义务,继承人应当在继承的遗产范围内承担回购股权并支付回购款的义务。

六

"因缘假和,堆积必倒。"这是金燕发在朋友圈的一句话,也可以看作小马奔腾悲剧的一个注脚。曾经光芒万丈的企业家老公突然去世,如今公司惨遭拍卖,自己还要承担上亿对赌债务,金燕的日子并不好过。

《婚姻法》司法解释(二)第二十四条,清清楚楚写道:"债权人就婚姻关系存续期间夫妻一方以个人名义所负债务主张权利的,应按夫妻共同债务处理。

但夫妻一方能够证明债权人与债务人明确约定为个人债务,或者能够证明属于《婚姻法》第十九条第三款规定情形的除外。"

意思就是,即使当时在对赌协议上签字的只有丈夫一个人,但《婚姻法》就是按照共同债务给你判定。正是这个"连带责任",给很多妻子带来了"灭顶之灾"。这不,甘薇被"下周回国"的贾跃亭推到了台前。这不,刘涛4年接25部戏为夫还债。这不,大S刚坐完月子就频繁上各种通告。

还债的女人们,还远远不止这些。那么,有无办法绕开雷区呢?

首先,我们需要搞清一个问题:哪些债务会被认定为夫妻共同债务?

根据《关于人民法院审理离婚时处理财产分割问题的若干具体意见》的规定,夫妻共同债务主要是这些:① 婚前一方借款购置的财产已转化为夫妻共同财产,为购置这些财产所负的债务;② 因日常生活所负的债务;③ 因生产经营活动,经营收入用于家庭生活或配偶分享所负的债务;④ 夫妻一方或者双方治病以及为负有法定义务的人治病所欠的债务;⑤ 因抚养子女所负的债务;⑥ 因赡养负有赡养义务的老人所负的债务;⑦ 其他应当认定为夫妻共同债务的债务。

其次,理智地为自己和家人选好"退路"。

1. 生前赠予

企业家可以通过赠予方式在重要家庭成员(如父母、子女等)之间做好一定的财产配置,这样即便出现债务风险,债权人也无法直接要求父母或子女来偿还债务。所谓鸡蛋不放在一个篮筐里,就是这个道理。

2. 保险安排

企业家可以提前投保大额寿险保单,其身故赔偿金直接归受益人所有。因为该身故赔偿金依法不作为其遗产,也就免去了替被保险人偿还债务之风险。

3. 信托筹划

另外,在进行重大融资行为之前可以提前设立家族信托(境内信托或离岸信托),将一部分资产放入信托,将需要其照顾的父母、配偶和子女等人作为受益人。在此安排下,债权人无法强制执行信托财产。

种种另辟蹊径的方法都是不得已为之,均是治标不治本,好在《婚姻法》司法解释(二)第二十四条的修改完善已被提上日程。

VIE 结构之"搭建"

——想要出海曲线上市？教你做一名合格的"翻墙党"

2018-01-22

融资上市的理想很丰满，但面临的资本市场的现实却很骨感。

国内 IPO 受阻的企业趋之若鹜奔向境外，以求曲线上市。VIE"翻墙"成了绝大部分境外上市企业现实的选择。在这个"翻墙"游击队中，就包括阿里巴巴、百度、腾讯等中国互联网"大佬"们。

一

2018 开年，金融圈被中科招商事件刷屏。在进入主题之前，我们先来回顾下这个金融圈的大事件。

单祥双领导的中科招商曾经是新三板企业的领头羊，在新三板素有"定增之王"之称，在 A 股市场也被冠以"屯壳之王"之称。2017 年 12 月 15 日，中科招商突然被强制摘牌。一代壳王究竟是如何走下神坛的？

中科招商主要从事私募股权投资基金管理业务以及股权投资业务，于 2015 年 2 月 27 日经全国股转公司审核通过，同意在全国股份转让系统挂牌。中科招商登陆新三板后，借助股转系统平台，通过四次定增，进行了高达 108.84 亿元的募资。2015 年的中科招商，可谓是风光无限。

但是，仅隔了短短一年，形势发生了戏剧化的转变。继 2015 年底证监会暂停私募基金管理机构在全国股转系统挂牌和融资后，2016 年 5 月，股转系统发布《关于金融类企业挂牌融资有关事项的通知》，对私募基金管理机构新增 8 个方面的挂牌条件。其中，第 1 条便是：管理费收入与业绩报酬之和须占收入来源的 80% 以上。而中科招商的 2015 年年报显示，中科招商仅有 18.87% 收入来自管理费收入。

经历近一年半的时间,中科招商最终未能躲过强制摘牌大劫。突然被摘牌,不仅让中科招商受到打击,也可能会让股东们"损失惨重"。

对于中科招商来说,被强制摘牌后面临的主要难题是如何收拾"残局"。单祥双给出的答案是:"我们已经着手开始登陆其他资本市场的相关工作。"

不过,能否登陆海外市场具有太多的不确定性。业内人士分析表示,中科招商未来想要上市只可能去纽交所或港交所,然而中科招商目前是大陆的股权结构。若想在海外上市,需重新搭建VIE架构,而中科招商涉及2700多名股东,重建架构并非易事。中科招商此言,或许只是"缓兵之计"。

在有关中科招商的报道中,"VIE"一词被频繁提及,那么,到底什么是VIE结构?重建VIE又难在哪里?

二

随着红筹模式的逐步改进,在传统红筹模式上演变出一种协议控制模式(VIE模式),因新浪首次通过VIE架构的构建,一举突破国内互联网行业海外上市的大门,成功在美国挂牌,所以此种模式又被称为"新浪模式"。

VIE(Variable Interest Entity),即可变利益实体,是指境外注册的上市实体与境内的业务运营实体相分离,境外的上市实体通过协议的方式控制境内的业务实体,境内业务实体就是境外上市实体的VIE。

看到这样一段晦涩难懂的解释,有的读者可能要暴走了:到底是什么鬼?为了更直观地理解VIE,我举个通俗的例子。

甲某是中国公民,在国内创立了一家企业A,眼看业务蒸蒸日上,就想追时髦搞上市。因为一些原因达不到上交所和深交所的要求,于是动起了境外上市的小心思(到中国香港、美国等更容易上市、方便融资和退出的市场去IPO)。但咱们的审批部门也不傻,想出海?我们要"防止国内资产外流"!一纸文件下来,甲某再一次悲剧了。这时,有人给出了一个好办法:在境外成立一家壳公司B,B(或者通过其在国内设立的全资子公司C)与内资的公司A签订一份时长几十年的协议,将A所有债务和权益都转给B,B以此在境外成功上市。

有人可能要说,这VIE结构也太复杂了。怎么说呢,费力是费力点,但终归是出去了,总比出不去的好。

VIE 结构最早诞生于我国的互联网行业，指境外离岸公司不直接收购境内经营实体，而是在境内投资设立一家外商独资企业（WFOE），为境内经营实体企业提供垄断性咨询、管理等服务，境内实体企业将其利润，以"服务费"的方式支付给 WFOE。通过 WFOE 的桥梁作用，达到境内实际运营公司的财务报表可以和境外的离岸公司财务报表合并，符合 VIE 规则中的合并报表条件要求，最终离岸公司实现境外上市的条件。同时，WFOE 与 VIE 实体还通过合同，取得对境内企业全部股权的表决权、抵押权、优先购买权和经营控制权等权利。

想当年，可是有不少明星公司通过 VIE 架构的构建完成了境外上市。

公司名称	交易代码	上市地	交易所	上市时间
新浪	Sina	美国	纳斯达克	2000 年
网易	Nets	美国	纳斯达克	2000 年
搜狐	Sohu	美国	纳斯达克	2000 年
腾讯控股	700	美国	纳斯达克	2004 年
前程无忧	Jobs	美国	纳斯达克	2004 年
百度	Baidu	美国	纳斯达克	2005 年

三

只要有正常的大门可走，我们相信没人愿意去翻墙，更不会有这么多人不约而同、前赴后继而又不顾风度体面地去翻墙。那么 VIE 缘何成为境外上市企业的香馍馍呢？

VIE 架构诞生背景：20 世纪 90 年代，由于境内企业上市审批周期长，审批的程序和条件比较严格，境内资本市场中的相关制度性问题也决定了民营企业很难在境内上市，因此，境内企业开始通过红筹模式远赴境外上市。而 VIE 结构可以看作传统红筹模式的变形。传统红筹结构是中国境内的公司（不包含港澳台）在境外设立离岸公司，然后将境内公司的资产注入或转移至境外公司，实现境外控股公司境外上市融资的目的。

根据《外商投资产业指导目录》，电信业务属于限制类外商投资行业，而《外商投资电信企业管理规定》中，对外商经营电信企业的注册资本与外方投资者资质等均提出较高的要求，对外方投资者出资比例亦有限制，因此，VIE 结构就成为电信企业引入外国投资者所青睐的模式。

2006年9月8日商务部等六部委联合颁布的《关于外国投资者并购境内企业的规定》(以下简称"10号文")生效,核心第11条规定,境内公司、企业或自然人其在境外合法设立或控制的公司名义并购与其有关联关系的境内的公司,应报商务部审批。当事人不得以外商投资企业境内投资或其他方式规避签署要求。具体要求包括:境内企业设立或控制的特殊目的公司以换股形式并购境内企业需经商务部批准;特殊目的公司在境外上市交易,须获得国务院证券监管管理机构的核准;外国投资者以合法拥有的人民币资产作为支付手段,还需要经外汇管理机关批准。

因此,随着"10号文"的实施,传统红筹架构无法操作,民营企业红筹上市之路被关闭。一些企业通过采用VIE结构,利用法律的"灰色地带"绕过"10号文"的监管。因此,VIE结构更具灵活性,被广泛运用于各行业的境外融资中。

四

对于VIE,有三个不容忽视的重要特征,给大家划个重点:

1. 从事限制或禁止外商投资类行业而无法实现直接持股上市公司采用VIE结构的较为普遍,是在某些行业客观存在外资准入限制的现实情况下,为实现境外上市目的而采用的技术手段。

2. VIE结构中投资不以股权的直接变动作为常见形式,而是以外部投资为主。

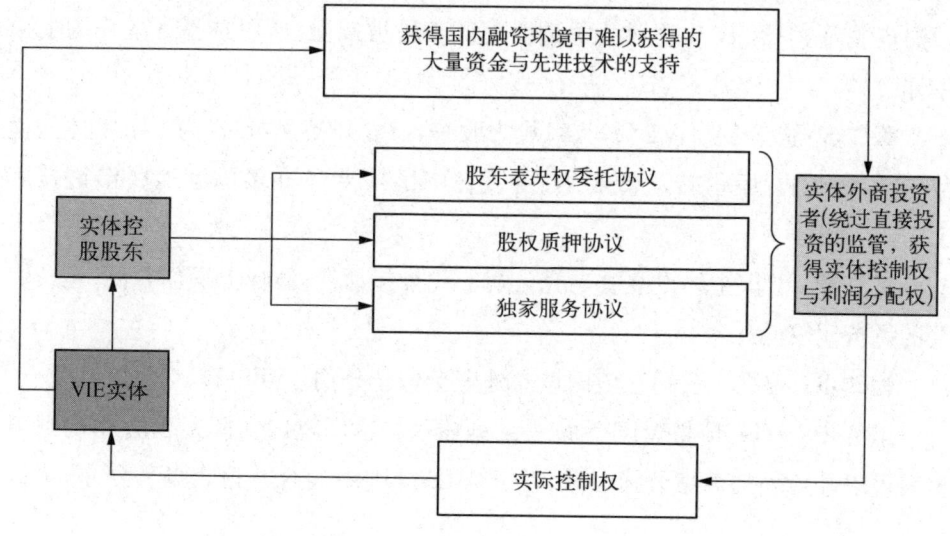

3. VIE 结构的核心就是通过契约实现利益的控制,有别于其他控制模式如股权控制模式,这是 VIE 结构不同于其他模式的本质特征,但是,此特征也是 VIE 结构的风险来源。

说了这么多有关 VIE 的干货,相信大家更关心的话题是:VIE 结构到底如何搭建?请看下面的结构图。

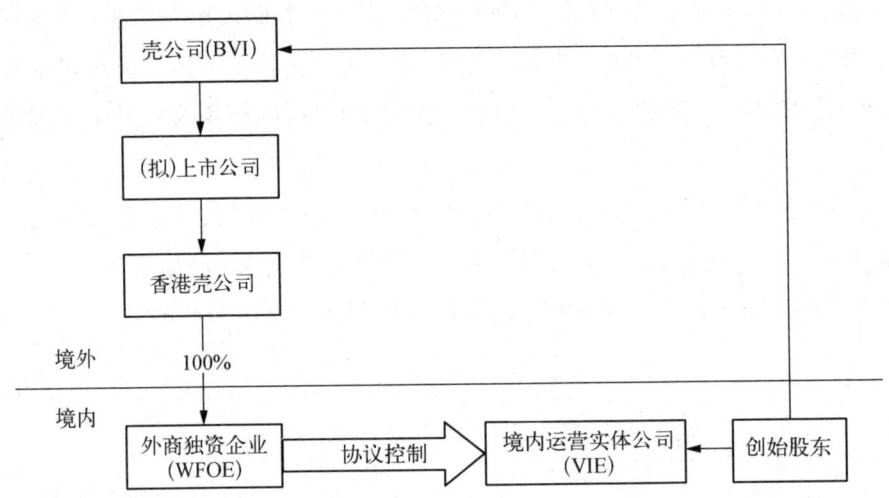

通常来说,有以下五个步骤搭建 VIE 结构:

第一步:国内创始股东设立 BVI 公司。一般而言,BVI 具有以下优势:对公司注册要求简单、成立程序快捷、持续维护成本低廉、保密性高;宽松的外汇管制;无须缴付任何所得税、预提税、资本利得税、资本转移税、继承税、遗产税或财产税等。(因 BVI 注册公司透明度低不易被接受,所以选择开曼作为上市主体。)

第二步:以上述 BVI 公司、风投为股东,设立开曼公司,作为上市主体。优势包括:免税收;股份转让低成本;可以在中国香港和许多国家地区申请挂牌上市。

第三步:上市主体设立香港壳公司。优势包括:具体业务操作方便;运营有关的税费比较低。

第四步:香港壳公司在境内设立外资全资子公司(WFOE)。

第五步:WFOE 与 VIE 签订一系列协议,达到境内实际运营公司的财务报表可以和境外的离案公司合并,符合 VIE 规则中的合并报表条件要求,最终达到离岸公司实现境外上市的条件。

<h2 style="text-align:center">五</h2>

俗话说,风险与机遇并存。

VIE结构自诞生以来,就广受争议。这是因为,在VIE结构下,境外上市主体与境内运营实体通过采用协议控制的模式,规避境外投资机构投资我国禁止性行业及"10号文"的关联并购审查制度,从而达到境外融资之目的,但在境内的适用本身不排除涉嫌规避我国对外资禁止性行业的准入规定,合规性尚无明确定论。此外,在政策风险、控制风险及WOFE和运营公司合约等方面均具有一定的风险。

同时,随着我国证券发行注册制改革的推进,主板、中小板、创业板、新三板等多层次资本市场的完善,拆除VIE结构回归境内上市热潮的兴起,大量采用VIE结构境外上市企业开始筹划回归境内资本市场。

彩票还是镰刀？面对"无本万利"的可转债，请留一份清醒

2018 - 02 - 05

《开年普涨，可转债的春天来了》《可转债破发比例正在减少，大资金称"马上将成金矿"》《可转债赚翻40倍，收益惊人堪称捞金利器》……

翻翻与股市相关的新闻，各种"鼓吹""洗脑"的稿子不断冲击着股民们的眼球。不用市值，无须资金，零成本即可申购，中了就能赚20％。

这说的不是彩票，而是"可转债"。

从2017年下半年开始，很多平台纷纷打出"可转债"是无本万利的宣传口号，一时间，中小投资者参与可转债申购热情空前高涨。毕竟，对众多赚钱不易的"新韭菜"来说，这样的便宜不占白不占啊！

殊不知，镰刀已然在背后悄悄举起。

一、可转债是什么"鬼"？

对于熟悉金融圈、资本市场的朋友而言，可转债当然不需要赘述了，但是应当不乏金融小白和萌新选手，所以我们先来认识这只"鬼"。

可转债全称可转换公司债券，是指可以转换成普通股的证券，它赋予持有者按事先约定在一定时间内将其转换成公司股票的选择权。在转换权行使之前，债券持有者是发行公司的债权人，权利行使之后则成为发行公司的股东。它既包含了普通债券的一些特点，比方说具有面值、利率、期限等一系列要素；同时，也包括了权益特征，在一定条件下它可以转换成基准股票；而且，它还具有基准股票的衍生特征。

可转债的3大特性

1	债权属性	与其他债券一样,可转换债券也有规定的利率和期限,投资者可以选择持有债券到期,收取本息,保证本金的安全。
2	股权属性	由于可转债有转股期内按转股价格将其转换为股票的权利,从而它也有了股票的特性,转换成股票之后,你就从债权人变成了公司的股东,可参与企业的经营决策和红利分配。一旦股票市价超过转股价,还能在上涨中享受高于普通债券的收益。
3	可转换性	这个特性,是可转债最主要的特性。因为这可以看作一种双重选择权。一方面,可自行选择是否转股,并为此承担转债利率较低的机会成本;另一方面,转债发行人拥有是否实施赎回条款的选择权,并为此要支付比没有赎回条款的转债更高的利率。它的存在使投资者和发行人的风险、收益限定在一定的范围以内,并可以利用这一特点对股票进行套期保值,获得更加确定的收益。也因为具有可转换性,可转换债券利率一般低于普通公司债券利率,企业发行可转换债券可以降低筹资成本。

举例来说,一份可转债的面值是100元,期限为5年,每年固定利息1%,到期后由发行方(一般是上市公司)偿还本金,这是其债权属性。同时,该可转债可以按照每股10元的价格转换为相应的股票("正股"),那么一份面值100元的可转债可以换成的股票为:$100 \div 10 = 10$股。也就是说,如果正股价格是12元,那么这份100元面值的可转债换成股票就变成了$12 \times 10 = 120$元,如果正股价格是20元,相应地换成股票后就变成$20 \times 10 = 200$元,这就是其股票属性。

当然,正股价格也可能跌破10元,比如变成8元甚至5元,那岂不是100元可转债变成80元甚至50元了?答案是NO!

可转债具有转换为股票的"权利",但不是"义务"。也就是说当股价下跌低于10元时,你可以选择不换成股票,继续当债券持有,等发行人每年给你发利息并到期偿还本金,只不过每年的利息有些低而已,但本金不会发生亏损。

二、干货来了请收藏

说到可转债,一直是命运多舛、沉浮不定。

从2017年9月开始,可转债实施"信用申购"后就备受市场关注——媒体大吹特吹,投资者纷纷跟进。可惜,这场狂欢还没持续多久,买不了吃亏买不了上当的可转债市场,就在12月份被打回原形:新债破发,旧债低迷,可转债市场的溢价率慢慢收窄。

不过,可转债就犹如一只"打不死的小强",在2018春节即将到来之际,它又火了一把。最近,部分可转债上市首日收益率高达20%以上,其市场活跃度再次大幅提升,此前被可转债上市频频破发"坑苦"的投资者们按捺不住了:这波跟不跟?怎么跟?其实只要把可转债的底摸个门儿清,根本不必如此纠结。

可转债除了具有公司债券的基本要素外,有自己特定的要素或条件:

可转债的基本要素

1	基准股票	基准股票是债券持有人将债券转换成发行公司的股票,发行公司的股票可能有多种形式,如普通股票、优先股,就中国公司而言,还有A股、B股、H股等多种形式。确定了基准股票以后,就可以进一步推算转换价格。
2	票面利率	一般来说,可转换公司债券的票面利率都低于其他不可转换公司债券,因为对投资者而言,可转换公司债券中包括了一个股票期权。票面利率的高低最终还要取决于公司业绩预期增长状况。转换价值预期越高,利率水平相应可以设置更低;反之亦同。
3	转换溢价比率	转换溢价比率用公式表示为:(转股价格－股票时价)/股票时价。可转换公司债券的换股溢价一般在5%至20%幅度之间,具体的溢价比例通常因债券期限、利息和发行地而定。换股溢价越低,即换股价越接近于债券发行时的股价,投资者尽快将可转换公司债券转换为股票的可能性越大。
4	转换价格	转换价格的计算公式为:转换价格＝基准股票价格×(1+转换溢价)。从投资者的角度看,他们希望转换价格定得相对低一些,到时能够转换成较多的普通股票,从而实现较高的投资收益。但是,公司的股东却希望转换价格定得相对高一些,因为价格越低,转换后的股票就越多,从而股权稀释程度越大,对现有股东越不利。
5	转换期	发行公司限定转换期限目的是不希望过早将负债变为资本金,从而过早地稀释原有股东的利益。可转换公司债券由债权转换成股票的转换期的制定通常有两种方式:一种是发行公司制定一个特定的转换期限,只有在该期限内,发行公司才受理可转换公司债券的换股事宜。另一种方式是不限制转换的具体期限,投资者在债券没有到还本付息的期限前可以任意选择转换的时间。
6	赎回条件	赎回是指公司股票价格在一段时间内连续高于转股价格达到某一幅度时,公司按事先约定的价格买回未转股的可转换公司债券。发行公司设定赎回条款是为了避免金融市场利率下降使公司承担较高利率的风险,同时还迫使投资者行使转换权。

7	回售条款	回售指的是发行公司股票价格在一段时期内连续低于转股价格达到一定幅度时或者在一定条件下,债券持有人有权按事先约定的价格将所持债券卖给发行人。发行人设置回售条款的目的是为了降低投资风险以吸引更多的投资者。
8	修正条款	发行公司发行可转债后,可能会对公司进行股权融资、重组或发生并购等重大资本或资产调整行为。这种行为如果引起公司股票价格上升,则有上述"赎回条款"对投资者进行约束;如果引起公司股票价格下跌,现股价难以转股,那就必须对转换价格进行修正。

三、只赚不赔你信吗?

反正我不信。

现在的可转债打新,赚钱的时候,散户也就赚个两三百,但大股东上来就大幅度减持,几千万的银子妥妥入账;破发亏钱的时候,大股东和管理层自己就先放弃认购,让散户和承销商"顶雷"。这种玩法下,大家还怎么"愉快地玩耍"?

为了避坑,以下风险你一定要小心小心再小心:

1. 利率风险。可转换债券的价格与市场利率变换呈反方变动。当利率上升(下降)时,债券的价格便会下跌(上涨)。

2. 违约风险。发行公司没有按照发行合同的约定履行支付本息或转换成股票义务的风险。

3. 发行公司发生合并或分立的风险。公司合并或者分立时,必然会涉及对公司债务的处理,这样就会影响公司债券持有人的利益。

4. 提前赎回的风险。发行人规定赎回权的目的是希望股票的市价高于可转换价格之后不久,迫使可转换债券持有人行使转换权,以防止可转换债券持有人获得巨大的利益。

5. 转换权稀释化的风险。可转债发行后,若发行人以各种方法改变其股份的构成而使股份价值显著下降,则转券债权人即使按照原定的转换条件行使转换权,也难以达到转券发行时的期待利益。

6. 发行公司经营恶化的风险。转换价值是债券持有人选择行使转换权的根据,而转换价值的高低主要取决于公司的经营状况。

要是一个不凑巧，遇上吃相太难看的大股东怎么办？我们是不是只能认栽呢？对此，我的回答是NO！

别忘了，作为可转换债券的持有人，你还有以下两大权利：

1. 对发行公司的知情权。投资者通过什么途径了解发行公司的经营状况，对发行公司的经营状况有多大程度的了解，决定了投资者是否投资可转换公司债券、在投资之后是否以及何时行使转换权。

2. 可转换公司债券持有人的诉权。诉权是债券持有人最具有保障的救济方式，依据行使对象的不同，可以分为对发行公司的诉权、对债券持有人会议决议或者对债券信托人的诉权。

四、接盘侠的故事

跟大家分享一个商人买猴子的故事。

商人到一个山村游玩时，发现村子周围的山上全是猴子。商人就和村子里种地的农民说，我买猴子，100元一只。村民不知是真是假，试着抓猴子，商人果然给了100元。全村的人都去抓猴子，这比种地容易多了。很快商人买了两千多只猴子，山上猴子很少了。这时商人又出价200元一只买猴子，村民见猴价翻番，便纷纷去抓，商人又买了，但猴子已经很难抓到了。商人又出价300元一只买猴子，猴子几乎抓不到了。等到商人出价到500元一只时，山上已经没有猴子了，三千多只猴子都在商人手里了。这天，商人有事回城里，他的助手到村里和农民们说，我把猴子300元一只卖给你们，等商人回来，你们500元一只卖给商人，你们就发财了。村民疯了一般，砸锅卖铁凑够钱，把三千多只猴子全买了回去。而后，助手带着钱走了，商人也再没回来。

可转债向散户开放，到底是分享赚钱的机会，还是为了寻找更多的接盘者？相信看完这篇文章，你心里也有了自己的盘算。

从理论上来说，股东是公司的所有者，股东的利益可以得到公司法的保护，作为公司法定机构的董事会对公司负有诚信的义务。债券持有人是公司的债权人，他们的权利在很大程度上是一个合同的问题，债券持有人的利益只能依靠合同法来保护。因此，除非是十分极端的情形，没有任何法定的机构来保护债券持有人，尤其是无担保债券持有人的利益。事实上，仅仅凭借债券发行合同并不能保护公司债券持有人的利益。

VIE 结构之"拆除"

——"西游"之路不好走,返乡之途多坎坷

2018 - 02 - 18

2000年4月,新浪成为首家采用VIE架构在美上市的互联网中概股。此后,陆续"西游"的中概股们,很多都跟随新浪搭建了VIE架构。

但是正所谓三十年河东三十年河西,当年争相奔赴海外上市的企业,如今已调转风向,开始纷纷"返乡"抱国内市场的大腿。劳心费力搭好VIE架构,为什么说拆就拆呢?毕竟资本市场可不是过家家,不是有钱就能任性。

一

无论是VIE架构的搭建抑或拆除,都绕不开"利益"二字。

相关投资者们之所以舍近求远,宁愿采用VIE这种迂回曲折的方式赴境外上市,主要有以下几大原因:①上市门槛高;②等待时间长;③VIE结构不允许在境内上市;④能获得一定的税收利益。

不过,"西游"的日子并不好过。由于文化差异等因素,海外投资者对中概股缺乏了解,曾经雄心壮志出海谋发展的企业,普遍遇冷,股价长期低迷。再加上2011年支付宝调整VIE结构事件的发生,彻底引发了中概股VIE恐慌。

事实上,在VIE结构下,存在创始人终止VIE协议、公司劳动法律关系、知识产权和商业秘密、投资方与创始人争夺控制权等多方面的法律风险。以上种种,犹如一枚随时引爆的定时炸弹,不免让"西游"的投资者们寝食难安。

再回头看看国内,形势已经大变样了:经济实力的日益增强,资本市场的不断成熟,回归企业的市值大增,无不在激励着众多企业回归国内资本市场。

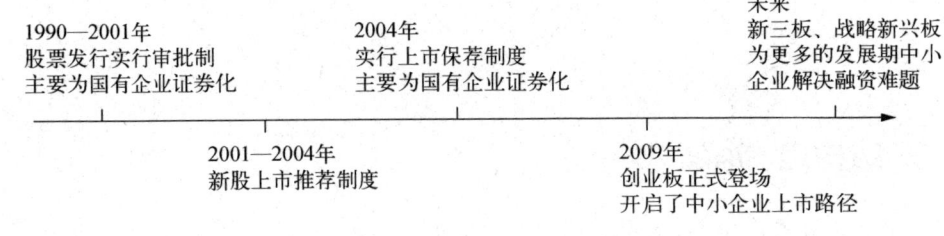

◎ 国内资本市场演变历程

二

结构搭建难,拆除更不易。VIE架构企业回归国内市场前景美好,但道路却历经曲折。当相关企业确定要将VIE架构拆除时,随之而来的是如何逐步落实相关工作。

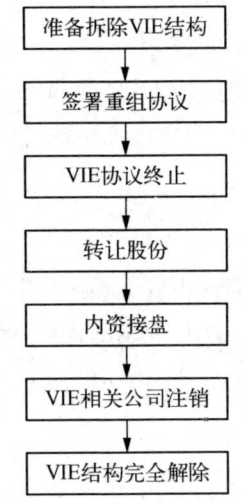

◎ 解除VIE结构的主要步骤

既然回归是为了在国内上市,那么拟挂牌主体的选定就显得尤为重要。根据法律规定对于主营业务是否存在外资限制,选择不同的挂牌主体,VIE模式的红筹回归有两种做法。

(一)做法1:以VIE公司作为挂牌主体(对于主营业务存在产业政策限制的)

1. 假设境外上市公司有充足资金回购境外投资人股份或通过境外借款回

购境外投资人股份,境外投资者退出在境外上市公司的持股。解除 VIE 协议,注销 WFOE 和境外公司,完成拆除。

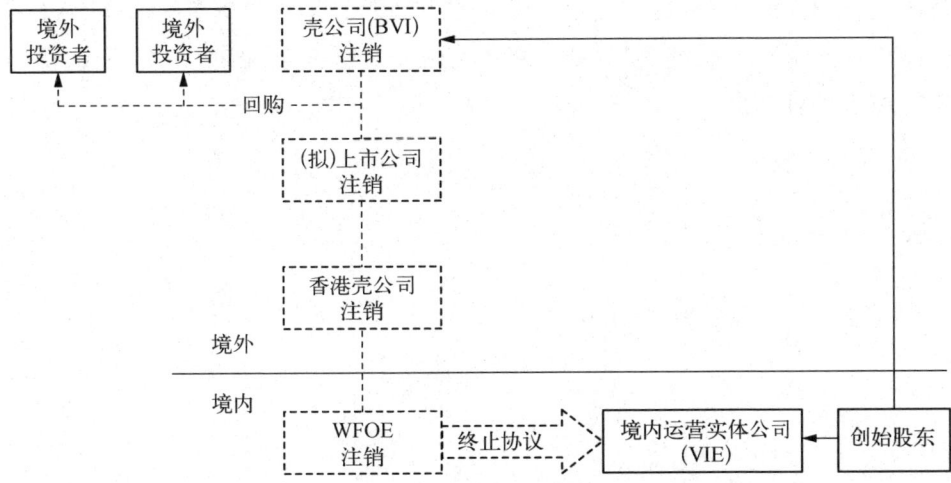

2. 境内投资人投资 VIE 公司后,境内投资者增资 VIE 公司,VIE 收购 WFOE 股权/资产,对价支付给香港壳公司,再分红到境外上市公司。境外上市公司得到资金后,在境外回购原境外投资者的股份,境外投资者退出在境外上市公司的持股,之后解除 VIE 协议,注销 WFOE 和境外公司,完成拆除。

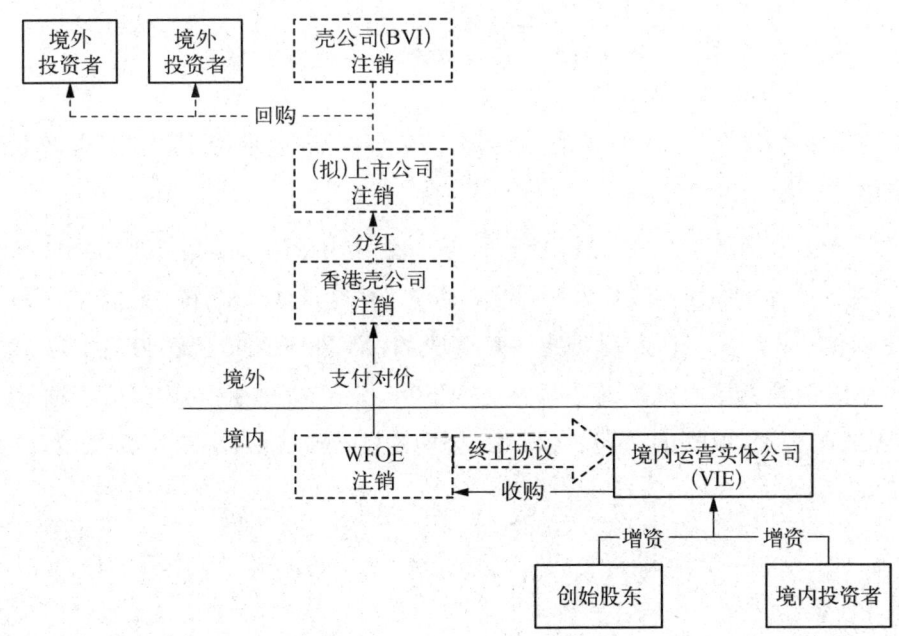

3. 境内投资者直接收购 WFOE，然后增资境内 VIE 公司。境内投资者以公允价收购 WFOE 公司，支付对价给香港壳公司，香港壳公司分红至境外上市公司，境外上市公司在境外回购原境外投资者股份，境外投资者退出在 BVI 壳公司的持股，同时，境内投资者低价增资 VIE 公司。最后，解除 VIE 协议，注销 WFOE 和境外公司。

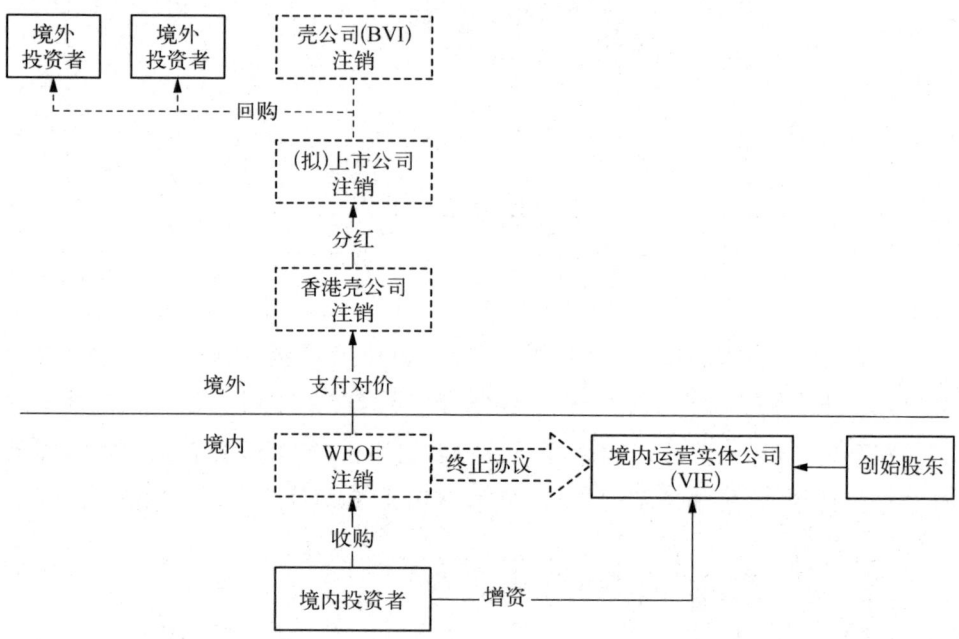

（二）做法 2：以 WFOE 作为挂牌主体（对于主营业务不存在产业政策限制的）

对于主营业务不存在外资限制，而 VIE 公司由于财务指标或上市条件满足不了或者没有找到境内投资者回购境外股东股份，且境外股东又愿意跟着回 A 股上市的，或者境内股东就想用外资持股的，可以 WFOE 公司为境内上市主体。境外股东直接通过香港公司持有 WFOE 公司，境外持股的创始人回境内持 WFOE 公司，WFOE 公司收购 VIE 公司的资产或股份，解除 VIE 协议，注销 VIE 公司。

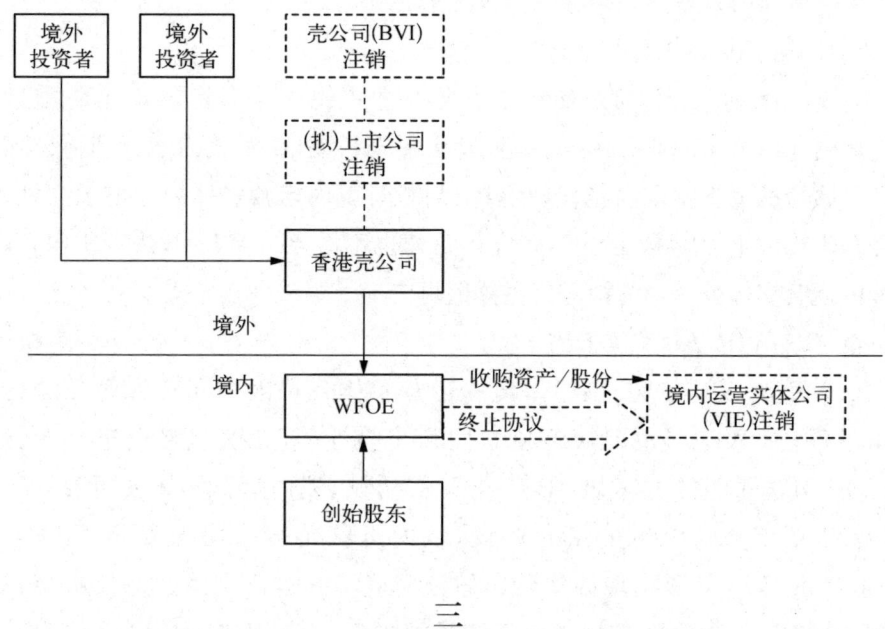

三

在VIE结构中,企业通过VIE协议群的方式将VIE企业经营利润以服务费用等方式转移至境外注册的上市主体,以达到境外上市财务合并报表的要求。这样的结果就是,境内公司一般没有或只有很少利润,这就给拆除VIE结构回归境内资本市场带来一定的难度。

VIE公司因VIE协议转移利润,致使VIE公司难以满足上市条件;而通过协议控制获取利润的WFOE,因其利润是在关联交易的背景下获得的,且并不直接拥有实际经营的各要素,缺乏独立性和完整性,因此,WFOE也难以满足上市要求。这时,就凸显了VIE协议履行情况对回归的影响和回归模式的选择。

情况一:VIE协议未履行(拆除VIE结构转回A股市场绝大多数情形)

如VIE协议因附条件或附期限生效的,条件未成就、期限未届满,致使协议未生效,或VIE协议虽生效,但由于产业政策变化等原因,决策者决定终止协议的。在此情形下,境内运营实体公司无论是控制权还是会计核算规范和内控有效性、独立性等均未受到VIE结构的影响,只需将境内运营实体公司作为拟上市主体就可以了。此种情形,证监会在上市核查中,主要关注VIE协议签署却未履行的具体原因、协议各方是否需要承担违约责任、缔约过失责任或其他法律后果等以及协议各方是否存在争议或潜在纠纷。

情况二：VIE协议部分履行

对于VIE协议得以部分履行的企业，应重点关注VIE协议履行的程度、对境内运营实体公司的业务影响、是否发生在报告期内、对境内运营实体公司利润及税收缴纳的影响。如能合理解释、判断对境内运营实体公司的独立性、业务经营未构成重大影响，境内运营实体公司也不需要与WFOE进行重组，只需将境内运营实体公司作为拟上市主体即可。

情况三：VIE协议完全履行

如VIE协议得以完全履行，境内运营实体公司因利润转移而无法达到上市条件，而WFOE也因缺乏独立性和完整性等，无法直接上市。在这种情况下，可选重组的方案如：① 终止VIE协议，境内运营实体公司独立运营3年后申请上市；② 终止VIE协议，境内运营实体公司与WFOE进行重组，选择由WFOE收购境内运营实体公司或境内运营实体公司收购WFOE（若行业涉及外资限制或禁止的只能选择此种），实现同一控制下的合并后再申请上市。

四

如果说拆VIE是时间问题，那么能否通过证监会审核则是成败的问题。根据现有过会案例，对于VIE结构红筹回归需考察以下三个重点问题。

1. 拆除资金来源

企业私有化、去除VIE红筹架构过程中，所涉及资金来源的合法性是境内监管部门关注的重点之一。

2. 公司股东及管理层变化的问题

国内A股主板上市要求控制人3年内不得变更、管理层在上市前3年不得发生重大变化，因此，在拆除VIE结构回归过程中，企业应尽量保持企业实际控制人不变更及管理层不发生重大变化。

3. 境外投资者资金及股权的处理

境外投资者资金及股权处理通常有两种方式，一种是境外投资者既退出原有VIE结构，又不参与回归A股上市的进程，彻底退出；另一种是对于境内运营实体公司业务在外资准入方面不存在限制或禁止，境外投资者愿意和公司一起回归 A 股上市。

此外,在拆除 VIE 结构、回归 A 股中,证监会还会核查拟上市主体重大重组及主营业务变化、重组过程中涉及的税务、员工期权实施、私有化对赌协议等问题。因此,在回归的过程中,应选择适当的拆除模式,注意各主体操作的合规性,降低运作中的风险。

五

随着国内资本市场的蓬勃发展,VIE 协议控制结构不再是互联网公司上市的"华山一条路"。拆分 VIE 回国上市也已成为一种新常态。需要注意的是,目前并不存在拆除 VIE 架构"放之四海而皆准"的模式,企业仍需结合自身特点,灵活运用拆除方法,以满足自身的需求。

公司控制权争夺战已打响,如何利用公司章程来斗法?

2018 - 03 - 12

在开始这篇文章之前,大家不妨先问问自己三个问题:

Q1:经营企业这么久,你有认真翻看过《公司法》吗?Q2:看了这么多商业大鳄的故事,你知道王石为什么会被踢出局?Q3:怎样保证企业做强做大了之后,治理权不旁落他人?

如果三个问题的答案都是"否",那么恭喜你,来对地方了,你还可以抢救一下。今天,我们就来重点聊聊怎样通过公司章程来保住控制权。

一

我相信伟大的人性治理,而不是虚伪的契约精神。

——前雷士照明控股有限公司总裁吴长江

若问《公司法》中最经典的一句话是什么,非此莫属——公司章程另有规定的除外。这是允许制定者进行个性化设计最为经典的表述,也是公司章程自治的空间所在。

面对这些"空间",很多企业家选择了江湖式的管理,讲人情,讲义气,偏偏就不讲制度。公司章程是公司的"宪法",这个道理人人皆知,具体操作中却随意至极:若为有限公司,公司章程大多依据设立登记时工商行政管理部门提供的模板"填空"而来;若为股份公司,则大多依据证监会发布的《上市公司章程指引》"填空"而来。

大多数人认为,用登记部门提供的章程应该没有问题。真那么简单?有限公司股东、董事与高管高度重合,人治(不带贬义)多于规则之治尚可理解。但股份公司相较有限公司,股权结构一般较为复杂,经营管理实权大多在董事会和高管层面,这种情况下,章程的意义和实际效用就凸显出来了。事实表明,把任意性规范"留白"的做法终究要付出代价。

每个公司都有自己的个性,只有结合公司实际进行个性化定制,才可能使章程成为公司治理的源头活水。所以,请把情义留给江湖,把企业交给制度。

[干货小贴士]

笔者对《公司法》中关于章程自治的条款进行了梳理,明确列举可以自行约定的有十七个方面,具体包括:经营范围;公司法定代表人的规定;转投资和对外担保的限制;股东会定期会议召开的时间和次数;股东会的通知时间;股东表决权的行使;议事方式和表决程序;董事长、副董事长的产生办法;董事会、执行董事和经理的职权;监事会的职工监事比例;股权转让;是否排除股东的继承资格;公司重大资产处置关于重大资产的标准;累计投票;财会报告送交股东的时间;股份公司的盈余分配;聘请会计师事务所。除此之外,如果股东认为有必要,均可以在公司章程中进行约定,只要约定的内容不违背《公司法》的禁止性规定,都是有效的。而且根据《公司法》第11条的规定,章程的内容对公司、股东、董监高均有约束力,因此,公司可根据实际需要在章程中进行约定。

二

当你曾经依靠、信任的央企华润毫无遮掩地公开和你阻击的恶意收购者联手,彻底否认万科管理层时,遮羞布全撕去了。好吧,天要下雨、娘要改嫁。还能说什么?

——万科集团创始人、董事会名誉主席王石

由上文可见,公司章程的个性化空间很大,本文不对上述十七个方面逐一展开论述,接下来将重点探讨股份公司章程中对公司及股东利益影响最大的几个方面,从控制权、授权管理层和控制董事会三个角度阐述章程可自行设定的重要条款及实践操作要点。

(一)控制权

众所周知,股份公司为资合性质,除了创始股东的资本,还有各类机构投资者和广大股民带来的资本,各方角逐之下会出现公司没有控股股东或实际控制人的情形,比如 2015 年底因控制权争夺而成为网红的万科。

即便有实际控制人,股份公司也不像有限公司那么易于绝对控股。事实上,控股并不等于控制权。决定公司控制权的因素有很多:公司法定代表人、董、监、高的构成,董事席位、决议方式、持股比例等等。

"控股"与"控制权"之对比

《公司法》第 216 条(二)	《上市公司收购管理办法》第 84 条
控股股东,是指其出资额占有限责任公司资本总额 50% 以上或者其持有的股份占股份有限公司股本总额 50% 以上的股东; 出资额或者持有股份的比例虽不足 50%,但依其出资额或者持有的股份所享有的表决权已足以对股东会、股东大会的决议产生重大影响的股东。	有下列情形之一的,为拥有上市公司控制权: (一) 投资者为上市公司持股 50% 以上的控股股东; (二) 投资者可以实际支配上市公司股份表决权超过 30%; (三) 投资者通过实际支配上市公司股份表决权能够决定公司董事会半数以上成员选任; (四) 投资者依其可实际支配的上市公司股份表决权足以对公司股东大会的决议产生重大影响; (五) 中国证监会认定的其他情形。

可见,在上市公司的实践中,拥有控制权与控股不是画等号的,甚至差距很大。通过支配表决权、决定董事席位、影响股东大会决议等"其他道路",都可以通往拥有公司控制权之路。

宝万大战回顾:在宝能争夺万科控制权的大戏中,凶猛的宝能系大举买入万科股票,合计持股开始逼近 30%。持股 30% 并非法定意义上的控股红线,为何看客们均言,取得万科 30% 股份就能获得控制权?而除了增持,是否有其他途径取得万科控制权?答案在万科的公司章程中。

《万科企业股份有限公司章程 A+H》(2014 年 6 月)第五十七条规定:前条所称控股股东是具备以下条件之一的人:① 该人单独或者与他人一致行动时,可以选出半数以上的董事;② 该人单独或者与他人一致行动时,可以行使公司百分之三十以上(含百分之三十)的表决权或者可以控制公司的百分之三十以上(含百分之三十)表决权的行使;③ 该人单独或者与他人一致行动时,持有公司发行在外百分之三十以上(含百分之三十)的股份;④ 该人单独或者与他人一致行动时,以其他方式在事实上控制公司。这个条款,名为控股股东认定,实为公司控制权条款。如业内人士早已指出的,事实上除了增持,宝能还可通过改选董事会进而夺取万科控制权,只不过在万科实行累积投票制的情况下,改选结果有很大博弈空间,结果并不明朗。

万科公司章程哪三个致命漏洞导致宝能收购万科危机? 精… 新浪博客
2015年12月24日 - 一、公司创始人没有一篇否决权。这是万科公司章程的第一个漏洞,公司创始人王石先生没有为自己保留公司的控制权。根据《万科公司章程》第十五条和第四…
blog.sina.com.cn/s/blo... ▼ - 百度快照

从"万科股权攻防战"看应如何制订公司章程
2015年12月21日 - B"万科股权攻防战"给制订公司章程带来的启示(以有限责任公司为例) 上述案例反映出公司章程能在公司"危难之际"发挥出巨大效用,由于新进股东并未参…
www.360doc.com/content... ▼ ∀1 - 百度快照

◎ 万科案例让人们意识到公司章程的重要性

结论:公司控制权由三条敏感神经所牵连——持股、董事、表决权。这是在章程设计中应予以关注的重点条款。

（二）授权管理层

> 与黄光裕并无很深矛盾,主要是在公司控制权上有分歧,带领公司健康稳定发展的责任让我没有退路。
>
> ——原国美电器集团董事会主席陈晓

学界通说认为,大股东与管理层之间的关系为委托代理。其中,突出问题为大股东与管理层的控制权之争,实践中不乏经典案例,如2010年国美大战。在企业所有权与经营权分离的情况下,经营者可能通过内部人控制、在职消费、短期套利等行为实现自身利益最大化,进而损害公司及股东利益。此外,管理层可运用一系列策略组合摆脱股东控制,如右图。

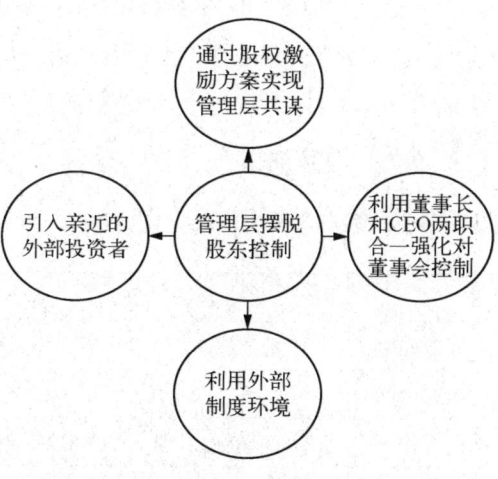

◎ 管理层摆脱股东控制的策略组合

据此,对管理层恰如其分的授

权是博弈的核心,表现在章程中,主要是个性化定制关于经理职权的条款。对于股东(大)会和董事会,法律规定的十项职权系法定职权,公司章程仅能在此之外进行其他事项的职权安排,比如对外投资、对外担保、聘用或解聘会计师事务所;但对于经理,法律规定的八项职权是指引性的,并非强制性规范,完全可依据公司情况进行个性化定制。对比法规所使用的如下表述,蕴含的是完全不同的自治空间:

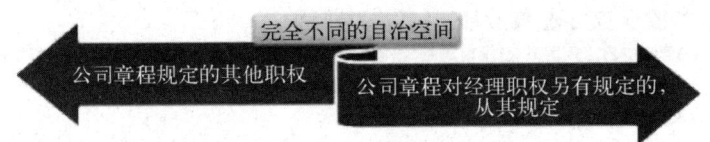

◎《公司法》不同表述之对比

具体到实践中,经理的职权除了《公司法》指引的八项,公司可以参照拟定之外,还可以授权一些具体经营管理及执行层面的工作。比如保利地产公司章程对经理职权,个性化地规定了"提交董事会公司年度预决算方案预案、经营计划预案和项目的前期论证,并认真组织实施董事会决议""拟定公司职工的工资、福利、奖惩,决定公司职工的聘用和解聘""提请董事会聘任或者解聘公司技术总监"以及"提议召开董事会临时会议"等几项内容。

结论:虽然股东与管理层的博弈落到实践上会呈现复杂的情况,但在章程这个层面,始终要考虑如何用契约规则和制度安排替代信任纽带或道德约束,这是第一道防线,也是个性化定制的意义所在。

(三)控制董事会

不同股权结构下的公司治理生态有所不同,如下表:

	股权集中	相对集中	股权分散
股权控制	完全控制	相对控制	难以控制
股权分布	一股独大	相互制衡	分散分布
治理模式	大股东单独治理	大股东与管理层混合治理	董事会治理
董事会结构	大股东主导	大股东与管理层共同控制	管理层和独立董事控制
管理层任命	大股东意志	多重博弈	董事会聘任

股权集中不必多言,有大股东君临天下的控制感。下文重点分析相对控股和股权分散两种情形。

1. 在相对控股的情况下

一般大股东可以通过董事会的规模、董事的委派或提名规则及董事会的独立性实现对董事会的控制。

(1) 规模

《公司法》规定,股份公司董事会成员为5至19人,通常董事会的整体管理能力随着董事数量的增加而提高,但因增加人数而造成的协调和组织成本可能会超过所带来的收益。在公司章程中,可以就董事会席位设置一个确定数。如保利地产公司章程规定,董事会由9名董事组成,其中独立董事3名;设董事长1人,不设副董事长。也可以设置一个浮动区间。如广州友谊公司章程规定,董事会至少由7名董事组成,设董事长1人,副董事长1人。公司法对董事长、副董事长的产生无规定,故应注意在公司章程中明确董事长、副董事长的产生办法,切不可表述为"董事长、副董事长的产生按法律规定执行"。现实中,副董事长职位可能成为摆设,也可能通过制度设计使2—3名副董事长对董事长形成有效制约,还有可能由副董事长联合其他董事架空董事长。

(2) 委派和提名

根据《公司法》关于股东(大)会职权的规定,股东会有权选举和更换非由职工代表担任的董事并决定其报酬。据此,大股东可以通过选举或委派股东代表董事控制董事会。标准条款是,董事候选人名单以提案的方式提请股东大会表决。但章程可以个性化制定提名的方式和程序,比如将前述标准条款细化为:董事候选人推荐名单由单独或合并持有公司股份10%的股东或3名以上董事、监事联名提出,提交董事会审查。经董事会决议通过的人员列入董事候选人名单,以提案的方式提请股东大会表决。此处股份比例可以根据公司现行股权结构对应调整,站在大股东的立场,调整的方向是确保其在相对控股的情况下仍然将董事推荐权握在手中;站在中小股东的立场,是确保几位联合能与大股东抗衡,提出代表己方利益的董事候选名单。立场不同,做法不一。

(3) 独立性

外部董事(独立董事)的存在有助于公司绩效的提高,并减轻股东与管理层之间的利益冲突,进而维护公司利益。建议公司根据自身情况在章程中设置适当比例的独立董事席位,并在章程中明确规定应经独立董事发表明确意见的事项,比如制定利润分配方案或调整分红政策。

2. 在股权分散的情况下

在分散的股权结构下,创始人团队(包括管理层持股或员工持股)、外部投资者和公众股东,各派系存在较大的博弈空间。此时,章程在董事席位争夺战上发挥功能的至少有两个条款,分期分级董事会条款和累计投票制度。

(1) 分期分级董事会条款

也称为"交错选举董事会条款",实质为对董事改选人数进行限制。其典型做法是,在公司章程中规定,董事会分成若干组,每一组有不同的任期,以使每年都有一组的董事任期届满,每年也只有任期届满的董事被改选。这样,新的投资者或收购方即使控制了目标公司多数股份,也只能在等待较长时间后,才能完全控制董事会。这段等待的黄金时间,给公司处于守势的一方争取了时间。从这个角度,该条款不仅有董事会控制之效,也有防止恶意收购之功。毕竟,取得控制性股份只是完成了收购的第一步,要真正实现对公司运营管理的控制,必须通过改组进而控制董事会才能实现。现行《公司法》允许董事任期由公司章程规定,但每届不超过3年。言下之意为,其一,在3年期限内,董事任期可由公司自行决定;其二,并不要求所有董事任期相同。据此,公司完全可以根据实际在章程中设置分期分级董事会条款。需要说明的是,该条款也有反制的方法,即持股10%以上的股东请求召开临时股东大会,先修改章程中关于此条款的规定,其后再改选董事。对此,应对措施为,就此条款专门设置绝对多数股东(如3/4)同意才可修改。以此举例重点在于说明,每一个条款设定都不是一劳永逸的,将面临各种反制措施和变数,如何结合其他条款通盘考虑、灵活应对才是上策。而应对的空间,大多在公司自治领域。

此处又不得不提万科,其公司章程规定:"董事在任期届满前,股东大会不得无故解除其职务。但股东大会在遵守有关法律、行政法规规定的前提下,可以以普通决议的方式将任何任期未满的董事罢免,但此类免任不影响该董事依据任何合约提出的索偿要求。"此条款为收购方取得控制性股份后改组董事会提供了制度条件,致使董事会面临被恶意改组的法律风险。实践中,为了保证分期分级董事会条款的实施,公司章程可以同时规定董事在任职期间不得被无故解任,这个条款,是上市公司必备的章程指引,非上市股份公司可以借鉴。

(2) 累计投票制

实质为限制大股东对董事选举的绝对控制,是指股东大会选举董事或者监事时,每一股份拥有与应选董事或者监事人数相同的表决权,股东拥有的表决权可以集中使用。通过投票数累积计算,扩大了股东的表决权数量,一定程度上保障小股东的话语权,而这些表决权光累积还不够,能够集中投向一个候选人是其火力之所在。比如:在70%和30%的股权比例下,若应选董事为3人,则持股30%的小股东可保推1人,而在直线投票制下,3个席位将是大股东的"一言堂"。

三

各种制度就像不同的武器装备,用法不一,火力不同。有的利于创始股东保持话语权,避免恶意收购或恶意改组;有的利于小股东维护基本权益,避免在资本多数决的股份公司被大股东无情碾压。在法规允许的自治领域内,区别使用不同的制度工具进行条款安排,是章程个性化的整体方法路径。

对于股份公司而言,公司控制权的掌握、董事会的控制、管理层的授权等重大事宜,均与公司章程条款的个性化安排息息相关。既是公司治理(尤其是规则之治)的核心内容,更是现代公司在面对控制权争夺时,一场明规则的较量。

钱宝之殇

2018-03-19

对于广大南京的人民群众来说,"钱宝"这个词绝不陌生,它曾经是南京首届马拉松比赛的赞助商,大街小巷、电视屏幕时常出现它的LOGO。2017年底,张小雷自首、钱宝网崩盘的消息一出,给无数投资人带了一股巨大的冲击波。一夜间,哀号遍野。投600万本金滚到1.4亿的神话已不复存在,更多的人,则成了非法集资骗局中最后一棒接盘侠。

关于钱宝网的前世今生、是是非非,坊间已经有很多扒底的报道,在这里就不赘述了。借着3·15的热度,笔者也想给大家打一打投资理财中的"假"。

一、这么会忽悠,奥斯卡欠你一座小金人

可以购物,看广告,做分销,一系列生活所需都可以在平台得到满足,像淘宝一样。普通用户注册实名绑卡成功后,即可得15元现金,还有1000元体验金。还可以通过在平台看广告做分销赚钱,甚至每天签到也能赚钱。花多少返多少!花得越多,返还越多!充值30万成为钻石会员,完成消费后每天返1万元现金!还有额外45%的分红。这次马云也慌了,消费相当于存钱,消费能致富!

以上这些话,是不是听起来格外熟悉?都说:投资套路深,谁把谁当真。

听到这些话,说实话,不动心那是不可能的。但冷静后想一想:一个在商业逻辑上都站不住脚的项目,真的没有猫腻吗?

然而,一念嗔心起,百万障门开。在高利率和金钱的欲望面前,人们的常识

崩盘。他们在赌博,明知道结局,但无法清醒地脱离,在贪婪的欲望下一点点地沉沦……沉沦……直至在下陷的沼泽之中窒息。

在这场钱宝事件引发的众生相中,不少投资者法律常识的缺失让人心痛,不知道所参与投资的合法性、不知道最合理的救济方式,甚至不知道基本的法律规定和政策方向,在谣言的混淆中随波逐流,放弃了维护自身权益的机会,着实可惜。

投资理财有风险,而面对自己无法掌握的风险,不妨在投资前就向身边的律师求助,从法律角度进行风险评估。要不然说好的高额回报就会像那句歌词一样:"全都是泡沫"。

二、非法集资自测指南,现在知道还不晚

但是市面上各种投资项目五花八门,怎么判定自己参与的到底是普通的理财还是非法集资呢?

国务院法制办 2017 年 8 月 24 日发布的《处置非法集资条例(征求意见稿)》中将非法集资定义为"未经依法许可或者违反国家有关规定,向不特定对象或者超过规定人数的特定对象筹集资金,并承诺还本付息或者给付回报的行为"。《最高人民法院关于审理非法集资刑事案件具体应用法律若干问题的解释》《最高人民法院、最高人民检察院、公安部关于办理非法集资刑事案件适用法律若干问题的意见》对于非法集资犯罪的构成、侦查、认定、审判、后期处置有一系列的明确规定。非法集资犯罪活动将以非法吸收公众存款罪,集资诈骗罪,擅自发行股票、公司、企业债券罪和非法经营罪等四种罪名论处。

笔者给大家整理了一套自测指南,供大家做一个基本判断。

(一)初阶版

如果你所参与的投资理财,同时具备以下几个要素,你需要小心了。

1. 未经有关部门依法批准或者借用合法经营的形式吸收资金;
2. 通过媒体、推介会、传单、手机短信等途径向社会公开宣传;
3. 承诺在一定期限内以货币、实物、股权等方式还本付息或者给付回报;
4. 向社会公众即社会不特定对象吸收资金。

（二）进阶版

但现在很多投资理财并非采取上述简单直接的集资方式，而往往穿上华丽的外衣迷惑大众的眼睛。以下几种形式乍一看与非法集资无关，但其本质仍属于非法集资，在进行以下的投资时仍需要擦亮双眼。

1. 不具有房产销售的真实内容或者不以房产销售为主要目的，以返本销售、售后包租、约定回购、销售房产份额等方式非法吸收资金；

2. 以转让林权并代为管护等方式非法吸收资金；

3. 以代种植（养殖）、租种植（养殖）、联合种植（养殖）等方式非法吸收资金；

4. 不具有销售商品、提供服务的真实内容或者不以销售商品、提供服务为主要目的，以商品回购、寄存代售等方式非法吸收资金；

5. 不具有发行股票、债券的真实内容，以虚假转让股权、发售虚构债券等方式非法吸收资金；

6. 不具有募集基金的真实内容，以假借境外基金、发售虚构基金等方式非法吸收资金；

7. 不具有销售保险的真实内容，以假冒保险公司、伪造保险单据等方式非法吸收资金；

8. 以投资入股的方式非法吸收资金；

9. 以委托理财的方式非法吸收资金；

10. 利用民间"会""社"等组织非法吸收资金。

三、大厦倾塌，投入钱宝的钱还能拿回来吗？

说了这么多，让我们再把目光聚集到钱宝身上。距离 2017 年 12 月 26 日张小雷因涉嫌违法犯罪向公安机关自首已经过去一段时间了，不少钱宝网的用户还处在恐慌、无措、迷茫的状态中。

下面律师就来帮大家捋一捋广大投资人最为关心的"退赔"问题。

（一）该不该报案？

谣言：报案会上黑名单，会被银行禁止贷款，不能坐飞机、火车……

辟谣：虽然"平安南京"在第一时间就吁请各地钱宝网用户到本人户籍地或实际居住地公安机关经侦部门或派出所报案，登记填写真实信息，主动配合公安机关开展调查取证工作。但随着谣言四起,众多投资者对于是否报案不置可否。对此,我只想说一句,稍有法律常识的人都知道,这种情况不会发生。真正希望无人报案的,怕只是已经获利撤资的参与人,不想回吐资金。

(二)会不会退钱?

谣言:没有见过哪个盘会退钱,E租宝退钱了吗?大家别异想天开了,查封的资金、资产都是会上缴的。

辟谣:《最高人民法院、最高人民检察院、公安部关于办理非法集资刑事案件适用法律若干问题的意见》规定了:"查封、扣押、冻结的涉案财物,一般应在诉讼终结后,返还集资参与人。涉案财物不足全部返还的,按照集资参与人的集资额比例返还。"因此,就目前情况而言,钱宝网的投资者仍有机会按比例拿回钱,但前提是实现了追赃挽损。

(三)能退哪些钱?

2014年3月25日实施的《最高人民法院、最高人民检察院、公安部关于办理非法集资刑事案件适用法律若干问题的意见》第五项规定:"关于涉案财物的追缴和处置问题,向社会公众非法吸收的资金属于违法所得。以吸收的资金向集资参与人支付的利息、分红等回报,以及向帮助吸收资金人员支付的代理费、好处费、返点费、佣金、提成等费用,应当依法追缴。集资参与人本金尚未归还的,所支付的回报可予折抵本金。"

四、话题延伸:想要生财有道真的那么难?

看了以上内容,有的投资者不禁感叹,投资风险这么大,一不小心就倾家荡产。难道老百姓的钱只能放在银行拿死利息吗?其实,基金是个不错的选择。基金在中国早已不是什么新名词,我们熟悉的余额宝实际上对接的是天弘基金旗下的增利宝货币基金。

(一)根据基金投资对象的不同,分为股票基金、债券基金、混合型基金和货币基金

股票基金:从长期来看,收益可观,但风险也比债券基金、货币基金要高。

债券基金:适于不愿过多冒险的稳健型投资者,其价格也受到市场利率、汇率、债券本身等因素影响,其波动程度比股票基金低。

货币基金:具有投资成本低、流动性强、风险小等特点,相对收益也较为有限。

投资者可根据自身的风险承受能力和资金状况,选择适合自己的基金类型。

(二)根据基金发行方式的不同,分为私募基金和公募基金

公募基金:面向非特定对象公开募集,非特定对象指的是对用户的身份及身家没过多限制,门槛相对较低是公募基金的一个特点,普罗大众稍有闲钱都可以参与,正如前述的余额宝。

私募基金:是指以非公开方式向特定投资者募集资金并以证券为投资对象的证券投资基金。

有学者认为:"公募行业与私募行业的基金都有着不同程度的业绩分化,但从统计到的行业平均业绩来看,公募基金只有在大牛市中会跑赢私募基金,而私募基金在震荡市与熊市中表现更加突出。"而近些年来私募基金的蓬勃发展和监管的日益完善,对广大投资者来说是利好消息。当然,私募基金设置了用户门槛,不是所有人都可参与,只有合格的投资者才有机会参与投资。因此,对于比较有经济实力的投资者而言,私募基金是个不错的选择。

上市公司隐瞒实控人遭问责,"群龙无首"背后的那些事儿

2018-03-26

[一则新闻]

2017年12月28日,上交所向中毅达下发一份涉及三方责任人的处分决定,就其自2016年4月以来"隐匿式"易主、年报错误频出等违规行为给予纪律处分,中毅达原实际控制人何晓阳、深圳乾源及其第一大股东李莹等受让方均被公开谴责,时任公司董事被通报批评。这是监管机构发现上市公司控制权被不当利用后及时出手的最新监管案例。

[一组数据]

2017年12月28日,据统计,仅上交所2017年发出的监管问询函中就有30余份涉及实际控制人和大股东控制权转让披露存疑、通过非法手段侵占上市公司利益等不当行为,对控股股东、实际控制人违规实施纪律处罚达17单,合计处理控股股东、实际控制人22人次。

最近几年,不少上市公司发出公告,称"自XX年X月X日起,公司的控制权关系变更为'无实际控制人'",还有公司干脆玩起了"犹抱琵琶半遮面"的戏码,公司实际控制人身份始终成谜。

面对这种情况,不少人感到疑惑:一个"群龙无首"的公司还值得信任吗?到底什么是上市公司的实际控制人?难道"无实际控制人"对上市公司没影响吗?

事实上,在IPO过程中,监管部门对于无实际控制人公司要求有合理的解释,但并未将其作为硬约束。下面我们就来具体聊聊"实际控制人"背后的那些事儿。

一、是大股东，却不一定是老大

有些大佬，不知道出于什么目的，就喜欢当一个"隐士高人"，明明公司啥决策都是他做，表面上却说跟自己半毛钱关系都没有。可惜啊，关于"实际控制人"的界定，可不是你说没有就没有的。

法定代表人、公司股东、公司实际控制人这三个称谓常出现在各种地方，可大多数人并未真正了解它们的意思，甚至简单粗暴地把公司大股东和实际控制人画上等号。事实上，在不同的语境下，对实际控制人的界定也不一样。

（一）《公司法》对实际控制人的界定

《公司法》中的控股股东与实际控制人是不同的概念。

[实际控制人]

是指虽不是公司的股东，但通过投资关系、协议或者其他安排，能够实际支配公司行为的人。——《公司法》第二百一十七条第三款

[控股股东]

是指其出资额占有限责任公司资本总额50%以上或者其持有的股份占股份有限公司股本总额50%以上的股东；出资额或者持有股份的比例虽然不足50%，但依其出资额或者持有的股份所享有的表决权已足以对股东会、股东大会的决议产生重大影响的股东。——《公司法》第二百一十七条第二款

（二）证监会对实际控制人的认定

根据《〈首次公开发行股票并上市管理办法〉第十二条"实际控制人没有发生变更"的理解和适用——证券期货法律适用意见第1号》，证监会将公司控制权界定为："能够对股东大会的决议产生重大影响或者能够实际支配公司行为的权力，其渊源是对公司的直接或者间接的股权投资关系。"即直接或间接持有股权，均可被界定为实际控制人。在实践中，证监会有将控股股东和实际控制人界定为同一人的案例。

同时，关于"上市公司控制权"的解释，中国证监会《上市公司收购管理办法》第八十四条规定，有下列情形之一的，为拥有上市公司控制权：

① 投资者为上市公司持股50%以上的控股股东；② 投资者可以实际支配上市公司股份表决权超过30%；③ 投资者通过实际支配上市公司股份表决权

能够决定公司董事会半数以上成员选任;④ 投资者依其可实际支配的上市公司股份表决权足以对公司股东大会的决议产生重大影响;⑤ 中国证监会认定的其他情形。

2016年9月8日修订的《上市公司重大资产重组管理办法》第十三条增加了一款对上市公司"控制权"的实质认定条件:"上市公司股权分散,董事、高级管理人员可以支配公司重大的财务和经营决策的,视为具有上市公司控制权。"

（三）沪深交易所对实际控制人的界定

沪深交易所对实际控制人的界定并不一致。上交所的《股票上市规则》仍与《公司法》保持一致,将实际控制人界定为不是公司股东的人。但深交所的《股票上市规则》则将实际控制人界定为"指通过投资关系、协议或者其他安排,能够支配、实际支配公司行为的自然人、法人或者其他组织"。

二、什么是共同实际控制人?

还有些大佬,拿着手头20%的股份到处洗白:那个谁谁谁的股份都比我多,我怎么可能是公司的实际控制人? 嗯,你的股份确实不多,但还有你老婆、你儿子、你大舅、你二舅呢? 这里就涉及了"共同实际控制人"的概念。

共同实际控制人的存在主要集中在股东股权比例较为分散,且没有一方持股到50%以上的情形。共同实际控制人的类型通常包括:由家庭成员关系认定为共同实际控制人（比如夫妻、父子等）,基于一致行动协议而产生的共同实际控制人,以及基于事实的一致行动而产生的共同实际控制人。

判断能否认定为共同实际控制人需要考虑多方在报告期内是否形成一致行动关系,以及在挂牌后能否确保在一定期间内仍保持一致行动关系。一致行动关系的认定标准主要涉及以下因素:各方都能够通过直接或者间接持有的公司股份、表决权,且总和始终保持在50%以上;各方在处理须经公司董事会、股东大会批准的重大事项时能采取一致行动,通常可以在"一致行动协议"中约定若出现无法达成一致意见时的处理途径。

公司治理结构健全、运行良好,多人共同拥有公司控制权的情况不影响发行人的规范运作,并且除了"一致行动协议"外,公司股东未签订任何可能影响公司控制权稳定性的协议,亦不存在可能影响公司控制权稳定性的安排。

三、实际控制人并不一定是"人"

这句话听起来有点瘆人,其实我举几个例子大家就懂了:

方正科技的实际控制人是北京大学;

交大昂立的实际控制人为上海交通大学;

机器人的实际控制人是中科院沈阳自动化研究所。

根据现有招股说明书及上市公司年报等公开资料及研究资料,较为特殊的实际控制人类型主要包括:国有资产监管机关、大学、研究院所、职工持股会、集体所有制企业、村民委员会以及外资。

四、无实际控制人=群龙无首?

笔者经常会听到朋友这样的问题:"无实际控制人的公司股票能不能买?""一个公司无实际控制人,是不是意味着它的管理比较乱?"面对这些问题,我想说,无实际控制人≠群龙无首,看了下面的解释你就明白了。

(一)无实际控制人的认定

发行人及保荐机构、律师一般从股权结构分散、董事会构成分散、各股东之间有无一致行动协议等角度予以论证公司有无实际控制人。参照前述规定,若公司同时出现下列情形,可以得出公司"不存在拥有公司控制权的人或者公司控制权的归属难以判断"即"无实际控制人"的结论。

股权结构分散,不存在持股 50% 以上的控股股东;无能够支配上市公司股份表决权超过 30% 的投资人;单个股东无法控制股东大会;单个董事无法控制董事会;股东间无一致行动协议或其他投资关系;单个董事、高级管理人员无法支配公司重大财务和经营决策。

据统计,截至 2017 年 11 月,A 股上市公司中共有 156 家无实际控制人,集中在以银行为首的金融业及科技公司,如华夏银行、招商银行、南京银行、中国平安、金风科技、天源迪科、硅宝科技、沃森生物等。以华夏银行为例,公司 2017 年三季报显示,截至 2017 年 9 月 30 日,公司第一大股东为首钢总公司,持股占总股本的比例为 20.28%;第二大股东为中国人民财产保险股份有限公司,持股占总股本的比例为 19.99%;第三大股东为国网英大国际控股集团有限公司,持股占总股本的比例为 18.24%。

（二）无实际控制人情形下控制权未变更的认定

《首次公开发行股票并上市管理办法》第十二条要求拟 IPO（不含创业板 IPO）公司的实际控制人在最近三年内没有发生变更。《首次公开发行股票并在创业板上市管理暂行办法》第十三条要求拟在创业板 IPO 的公司的实际控制人在最近两年内没有发生变更。

根据《证券期货法律适用意见第 1 号》，拟 IPO 公司不存在拥有公司控制权的人或者公司控制权的归属难以判断的，如果符合以下情形，可视为公司控制权没有发生变更：1. 发行人的股权及控制结构、经营管理层和主营业务在首发前 3 年内没有发生重大变化；2. 发行人的股权及控制结构不影响公司治理有效性；3. 发行人及其保荐人和律师能够提供证据充分证明。

（三）造成无实际控制权的原因及其影响

造成上市公司无实际控制人的因素多样，其中解除一致行动关系、原实际控制人直接或间接减持、定增稀释股权、重组、换届选举导致管理层变更以及 IPO 前股权分散等原因，是导致无实际控制人的常见原因。

那么，有无实际控制人对上市公司有何影响？对上市公司而言，在 A 股 IPO 审核上，股权结构不是硬性指标，但若股权结构过于分散、无实际控制人，则易引起发审委对公司控制权是否稳定以及未来发展前景的担忧。

对于一些企业制度健全完善、管理规范的公司而言，公司无实际控制人对经营的影响不大。这类公司已经建立了市场化导向的公司治理和决策机制，股权结构相对稳定，只要公司股东大会、董事会、监事会和经营管理层运作规范，内控制度健全且运行良好，无实际控制人反而能够提升公司经营决策的合理性，减少个人因素对公司发展的影响。

但是，如果上市公司内部管理混乱，公司业绩下滑，在公司没有实际控制人的情况下，往往导致公司管理层无法统一意见，或是公司管理权被资本所窥视而导致股权之争，并进一步影响到公司经营。比如曾被视为公司治理典范的万科，同样上演了酣畅淋漓的控制权争夺战。

有无实际控制人本质上是事实认定问题，而非对上市公司进行价值判断。随着 A 股市场各式易主案例的增多，监管机构开始关注针对上市公司实际控制人的信息披露，对控股股东、实际控制人的违规行为予以打击，对上市公司控股股东、实际控制人的监管将成为证监会监管工作的重点之一。

速度与激情

——VIE 结构拆除实例之神速"百姓网"

2018 - 04 - 03

2015 年,互联网界发生了一件大事,58 同城和赶集网终于携手走到了一起。这对于百姓网来说,也是个大的改变——曾经分类信息网站的千年老三,终于摇身一变,"荣升"为二把手了。

俗话说,万象更新。千年老三升了职,总要做点什么庆祝一下。于是,百姓网创始人王建硕大笔一挥:拆除 VIE,退市回国!虽然百姓网在业务上做得并不那么尽如人意,但在"VIE 拆除"上,却完成了一项史无前例的壮举。短短 25 天的拆解速度一度轰动行业,要知道,之前同样的拆解案例大都需要两三年的时间,最少也要半年。

今天笔者就来扒一扒这个"史上最强拆 VIE 案例",毕竟"前事之师"无论是对企业在 VIE 结构中的决策,还是实务操作,都具有不可替代的参考价值。

一

火车跑得快,全靠车头带。百姓网创始人王建硕在拆 VIE 中表现出的决心和果敢,可以说是起了决定性作用:"我们拆 VIE 最大的经验是:不要纠结。这么大的 deal,各种各样的决定少说有几十个,而每一个决定可能都牵扯到巨大的金额,这个时候要想清楚你要的是什么。我们最想要的是速度,所以一切为速度让道。"

那神一般的速度到底是如何做到的呢?在拆除 VIE 架构前,百姓网的股权结构是这样的:

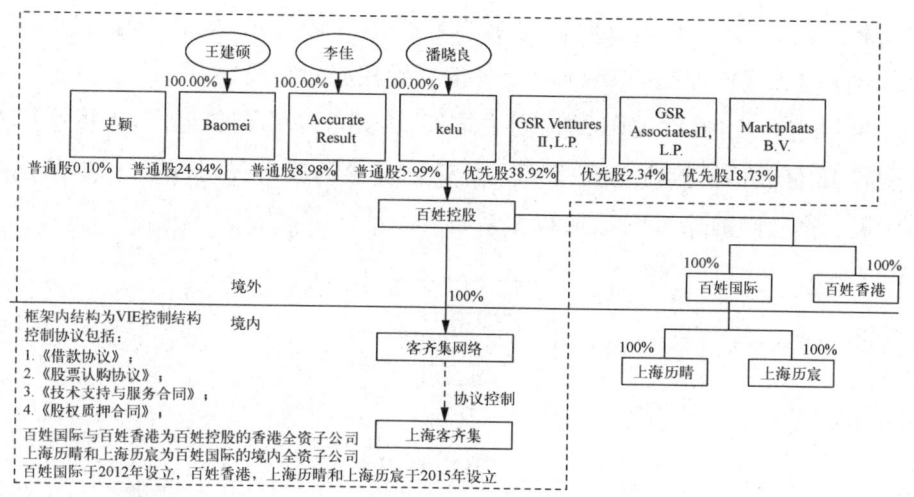

（一）解析

2008年2月，百姓网董事长王建硕的兄弟王建昭在开曼群岛设立百姓控股公司。随后，上海客齐集的股权结构被"近似映射"到这家开曼公司（王建硕62.5%、李佳22.5%、潘晓良15%）。同时，客齐集国际将客齐集网络（WOFE）转让给百姓控股（转让价为430.7万美元）。以上步骤完成后，王建硕通过VIE架构承接了对上海客齐集的实际控制权。其后，经过A轮融资、债转股、增发和股权转让，百姓网最终搭建了上图所示VIE架构。

（二）25天拆分VIE全程回顾

▶ 2015年6月1日，百姓控股董事会、股东会通过决议，同意百姓控股回购百姓控股股东手中的股票。PS：但这其中并未包括王建硕控制的Baomei。这意味着百姓控股成为王建硕控制的Baomei的独资公司。

▶ 2015年6月26日，百姓网的境内实体公司上海客齐集融资23亿元（融后估值42亿元）。

▶ 同日，客齐集网络、王建硕、李佳、潘晓良、上海客齐集以及百姓控股共同签署《终止协议书》，终止VIE控制协议。

▶ 经过6月26日的运作，上海客齐集成为自由身，同时赢得巨额融资。

▶ 2015年6月30日，刚刚拿到巨额融资的上海客齐集，以2.9亿美元的价格，向百姓控股收购客齐集网络100%的股权。当然，上海客齐集实际付出的价格不止2.9亿美元，它还要额外缴纳2900万美元企业所得税。

▶ 经过6月30日的收购,百姓控股获得2.9亿美元,拿着这笔钱,百姓控股回购了除王建硕控制的Baomei之外的百姓控股股东股票。

▶ 到这一步,拆除VIE结构彻底结束,美元股东拿到钱退出,人民币股东以投后42亿元估值接盘,接下来只需要整体变更为股份公司,便可以申请挂牌新三板。百姓网拆除VIE后股权关系如下:

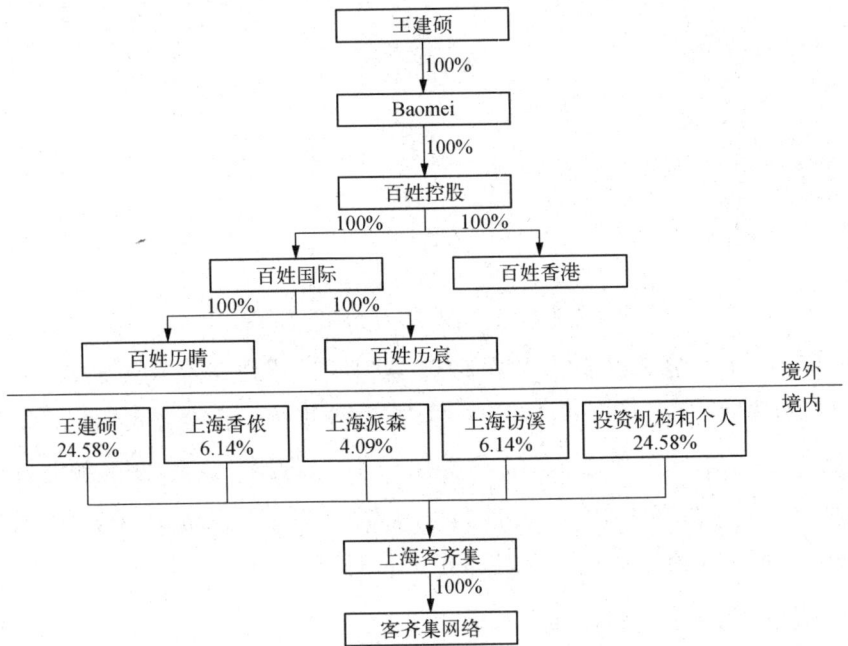

2015年10月30日,百姓网正式向全国中小企业股份转让系统递交公开转让说明书,此时百姓网的股权结构如下图:

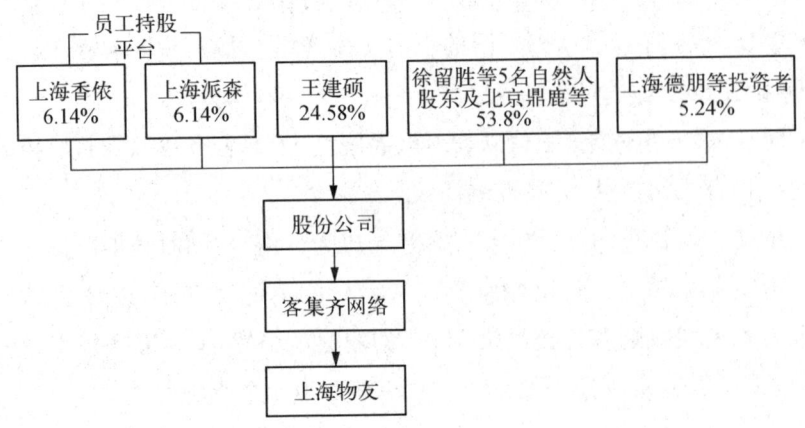

二

VIE 架构拆除前,百姓网有 82 位公司员工持有百姓控股期权。如今 VIE 拆除了,这 82 名员工手中的股权又怎么处理呢?根据百姓网披露的相关内容,对员工期权,根据已离职、继续任职及选择放弃行使期权的三种情况做相关补偿:

情况	人数	补偿主案
已经离职员工	30	百姓控股与他们签订回购协议,离职员工选择自动放弃期权,获得了相应对价现金补偿。
继续任职员工	37	选择放弃行使百姓控股期权后,获得了持股平台上海香侬或上海派森的出资份额,间接持有上海客齐集股份。
	15	选择放弃行使百姓控股期权,部分权益换取了对价现金补偿,部分权益换取了上海香侬或上海派森的出资份额,间接持有上海客齐集股份。

三

拆除 VIE 结构最重要也是最难的一点就是寻找合适的境内股东在国内接盘,使得境外企业拥有足够的资金回购境外上市主体投资者的股权,使其自愿退出。

百姓网 25 天拆除 VIE 无疑是占据了天时、地利、人和。

当时,A 股市场处于顶峰时期,而国内市场上具有优质互联网资产的属于稀缺资源,百姓网具有互联网概念,又准备挂牌新三板,所以用了很短的时间融到了足够的资产为自己赎身。

另外,百姓网的运营情况不理想,持续亏损,再加上 2015 年 4 月份,58 同城和赶集网合并,结束了十年的市场拉锯战,合并后的市场份额达到 80% 以上,基本上结束了分类信息行业的征战。

在此种投资环境下,境外投资者也希望能够退出,而此时境内投资者迫切地接盘,让已经入局多年的境外股东不仅可以顺利解套,而且还有客观的收益,可谓是合作共赢。

四

百姓网虽然强力拆除了 VIE 结构,但是在转登三板过程中,VIE 结构搭建与解除的合规性;境外投资者入股、股权转让的合规性;股权回购交易的定价依据;股权代持情况;协议控制的具体内容及执行情况;拆除后境外主体及相关资产的处置情况以及相关税务和外汇的处置等问题依然是股转公司核查的重点内容。

百姓网 VIE 的拆除及挂牌三板是合作共赢的结果,不仅让境外投资者获得高额收益,顺利解套,而且也让境内投资机构成功取得了互联网企业资产。当然,最为成功的还是王建硕,拆之前持有 12.33% 的股份,拆之后直接和间接持股比例达到 30.88%,提升 18 个点,而王建硕自己却没有花一分钱。所以,拆除是门手艺,拆对才有收益!

夫妻公司的夫妻劫

——当公司法 Duang 上婚姻法

2018-04-09

在中国,"夫妻店"恐怕是最常见也最特殊的一种家族企业了。在各种亲属关系中,有谁能比得上夫妻之间的信任与亲密无间呢?

然而,成也"夫妻店",败也"夫妻店"。

夫妻合伙创业是一场豪赌,爱情是赌本。情感稳固时,固然能为两人的共同事业添柴加薪;爱弛恩绝后,多年苦心经营的商业帝国大厦免不了受到波及,分崩离析。

一、虞姬别霸王

说起霸王,除了历史人物项羽,大家最熟悉的就是靠防脱发红遍大江南北,又"Duang"出特效的霸王洗发水。

有成龙的光环加持,霸王洗发水当年可谓红遍了大江南北。好景不长,"二恶烷事件"的爆发(2010 年 7 月,香港《壹周刊》发布了一篇名为《霸王致癌》的调查报道,称霸王洗发水中含有美国列为致癌物质的二恶烷),对霸王洗发水造成了致命的打击。

历时 6 年,霸王诉壹周刊诽谤案胜诉。然而,本已渡过"一劫"的霸王集团再起波澜,这次,是夫妻劫。2017 年的 12 月 27 日,霸王洗发水创办人万玉华召开记者会,宣布与丈夫陈启源关系破裂,已申请离婚,她控诉丈夫把她当作赚钱机器和生孩子的奴隶,并悄悄地把她的财产"全部冒名转掉"。对此,陈启源回应媒体称"莫名其妙"。

据万玉华讲述,由于陈启源传统、保守的性格,两人早几年已经出现矛盾。

2015年她决定辞任首席执行官,并将职位让予两人大儿子陈正鹤,目的就是为了缓和夫妻关系。然而,陈启源于其辞职当日当众掌掴她。之后,她离婚不成反遭经济封锁。万玉华还透露,2016年9月22日,有人伪造她的董事辞职信,将她排除于控股公司管理层外。同时,2017年1月24日,控股公司增发19657万股新股予另一间公司,令其在控股公司的股权稀释至24.71%,而对此万玉华却毫不知情。

事发后,霸王集团股价暴跌30.88%,随后临时停牌。

昔日的霸王教母,被排除在霸王之外,实在令人唏嘘。更令人遗憾的是,如今的霸王在经历了长达6年的亏损后,才刚刚实现盈利,此事一出,很可能对霸王造成二次打击,想要恢复元气,不知又要熬几个6年。

其实,类似"霸王别姬"这样因夫妻反目引发股权纠纷、公司震荡的案例不在少数,看似美好的"夫妻店",实则蕴含着无数风险与危机。

二、四问"夫妻店"

夫妻公司,是指以夫妻共同财产出资设立,股东仅为夫妻二人或控股股东为夫妻二人的公司。很多民营企业创立之初都是与枕边人共同奋斗,而使得公司发展、壮大起来的。

Q1:夫妻公司到底有何独特之处?

1. 与众不同①之股东身份

现实生活中,夫妻公司绝大多数以有限责任公司的方式设立。与一般的有限责任公司相比,夫妻公司的股东之间除了是合作者,还是夫妻关系,故而使夫妻公司既要受到《公司法》的约束,同时还涉及《婚姻法》的规定。

2. 与众不同②之财产划分

由于股东之间是夫妻关系,夫妻公司的财产涉及《婚姻法》的共同财产问题,不能单纯以工商登记的股权比例来划分。

3. 与众不同③之治理结构

夫妻公司的治理结构相对简单,股东成员为夫妻关系,所以较容易达成一致意见或者只有形式上的表决程序或结果,公司事务的执行也相对简单快捷。

Q2:夫妻公司是一人有限公司吗?

一人公司,是指公司的出资全部属于单一股东的公司。合资公司是指公司的全部股份或出资是属于两个或两个以上股东的公司。

关于夫妻公司的性质,司法实践中尚有争议——是否为一人公司？是否应参照适用一人公司的规定？

认为应当视同一人公司的理由有：

1. 夫妻二人未作出分割夫妻共同财产的约定,二人以共同财产投资设立有限责任公司并将股权分别登记在各自名下,仅是为了满足有限责任公司的设立要求,不构成对夫妻共同财产的分割约定,登记在各自名下的股权由夫妻二人共同所有。夫妻共同财产制决定了夫妻公司实质为一人公司。

2. 夫妻公司的公司财产实际属于一个所有权主体,夫妻二人是这个所有权的集合整体,与一个自然人投资设立的公司一样,应视为一人公司。

> **律师观点**
>
> 将夫妻公司认定为一人公司,就很容易追究夫妻对公司债务的连带清偿责任,以达到保护债权人的目的。只要法院认定夫妻公司为一人公司,夫妻二人一般很难证明公司财产独立于其夫妻的家庭共同财产,因为实践中,夫妻公司无法完全隔离公司账户和私人账户,极容易造成公司财产和家庭财产的混同。既然夫妻不能证明公司财产的独立性,那么法院就可以通过否认其公司的人格,进而判令夫妻股东对债权人承担连带清偿责任。这就是设立夫妻公司要面对的债务法律风险。

否认夫妻公司是一人公司的案例,基本都是在新《公司法》出台,允许设立一人公司后,认为一人有限责任公司是指只有一个自然人股东或者一个法人股东的有限责任公司,将夫妻二人视为一人不符合公司法的规定。

Q3：夫妻二人"分道扬镳"怎么办？

在离婚案件中对"夫妻公司"如何处理,审判实践中存在三种不同观点：

观点①：应当否定"夫妻公司"的法人人格,将其资产作为夫妻共同财产进行分割。

观点②：夫妻可以共同出资设立有限责任公司,对于双方在公司中的投资比例,可视为夫妻双方对财产的约定,离婚案件中不应将其笼统认定为夫妻共同财产,而应按照工商登记中确定的比例进行分割。

观点③:《公司法》对股东并无身份上的限制,夫妻共同投资设立有限责任公司不违反法律规定,因此,在离婚案件中否定"夫妻公司"法人人格没有法律依据。

对此问题,最高人民法院民一庭编的审判指导性著述中同意前述第三种观点,并认为,工商登记中载明的夫妻投资比例并不能绝对等同于夫妻之间的财产约定,如果有证据证明工商登记所载明的事项只是设立公司时形式上的需要,则应按夫妻双方真实的意思表示去处理。

在离婚案件中处理有关"夫妻公司"问题时,既要以《婚姻法》为依据,又要兼顾《公司法》中的规定。在婚姻存续期间,无论是用一方婚前的个人财产还是用夫妻共同财产投资设立"夫妻公司",公司经营所产生的收益均应属于夫妻共同财产。

Q4:离婚后企业财产怎么分?

对"夫妻公司"由一方经营管理的,离婚时对企业财产的分割有以下三种方式:

①转让股权:夫妻协商同意,可以把有限公司财产进行评估,夫妻一方将自己的股权转让给第三人,取得相应的财产价值,这样就由第三人和夫妻另一方共同经营。股权转让后,经工商部门审核后将受让人记载于公司股东名册上。

②折价补偿:夫妻一方退回股权给另一方,另一方按公司评估财产的一半补偿给一方。由于此时实际股东仅为一人,必须到工商部门办理变更登记。

③实物分割:夫妻双方均同意解散公司,对公司进行清算,有盈余财产对半分割。

夫妻本是同林鸟,大难临头各自飞。因为夫妻财产的共同共有特性,一旦夫妻关系无法存续,也将危及公司的存亡。夫妻公司是创业容易守业难,所以设立公司时应当尽量避免夫妻同为公司股东。

所有的历史剧,都是当代剧。那些发生在别人身上的喜与忧、乐与愁,未必不会发生在我们身上。夫妻公司有着自身固有的优势,但也的确存在诸多弊端。别让多年的感情最终演变成了利益之争。

中美贸易大战，人人都是预测帝，先把这 5 个法律背景搞懂了再说吧！

2018-04-16

中美贸易战激战正酣，那叫一个刀光剑影、剑拔弩张。这不，隔壁战斗民族先躺枪了，可怜我普京大帝。

一、美国大棒 VS 中国功夫

川普早在竞选阶段，就已经对中国蠢蠢欲动了，酝酿已久的大战烽烟渐燃：

2017 年 4 月：选举时就喊着要把制造业跟就业带回美国的川普，指示商务部调查中国和其他国家进口到美国的钢铁，是否会对国家安全造成威胁。

2017 年 8 月：川普再度提出明确针对中国的调查，要求研究中国不公平的贸易行为，特别聚焦在中国窃取美国智慧财产权的问题。

2018 年 1 月：美国宣布对进口的太阳能板课征 30% 的关税，其中大部分来自中国，洗衣机的税率则从 20% 起跳，连带墨西哥跟韩国也遭殃。

2018 年 2 月：宣布对进口于中国的铸铁污水管道配件征收 109.95% 的反倾销关税；对中国铝箔产品厂商征收 48.64% 至 106.09% 的反倾销税，以及 17.14% 至 80.97% 的反补贴税。

2018 年 8—9 月：8 月 1 日特朗普拟将对华 2000 亿美元商品加征关税税率从 10% 上调至 25%；9 月 24 日，国务院新闻办公室发表《关于中美经贸摩擦的事实与中方立场》白皮书。

中美贸易战持续升级，秉承"来而不往非礼也"的优良传统，中国强势作出反击，中美你来我往，激战回合见下图：

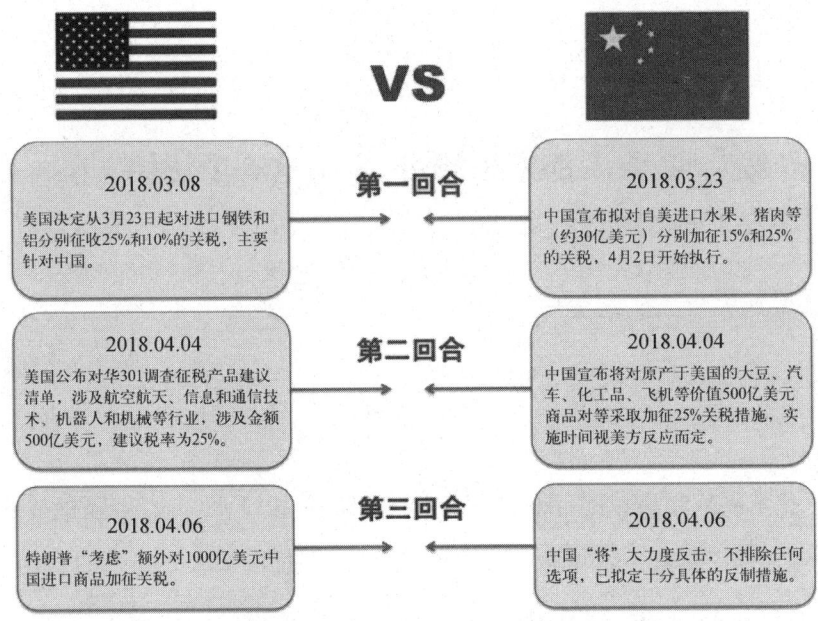

二、川普凭啥这么横？

要了解事情的来龙去脉，我们来看看美国对中国发动贸易战的法律基础解析。

对钢铁和铝产品加征关税的措施是根据 2017 年 4 月发起的"232 调查"结论而采取的；针对中国"经济侵略"行为的措施则是根据 2017 年 8 月发起的"301 调查"结论而采取的。虽然两项举措看似都是美国为维护贸易利益而采取的措施，但二者的法律基础不同，适用范围也不同。

在法律基础方面："232 调查"是美国商务部基于《1962 年贸易扩展法》第 232 条的授权，对特定进口商品进行的全面调查，以确定该进口商品对美国国家安全是否产生影响；"301 调查"则是由美国贸易代表基于《1974 年贸易法》第 301 条的授权，对某一特定国家"不公平"的贸易做法进行调查。根据美国法律的授权，美国总统有权基于两项调查的结果采取特定措施。

在适用范围方面，美国总统基于 232 调查做出的对钢铁和铝产品的征税决定不仅适用于中国，还将适用于其他第三国（除非该国得到豁免）；而美国总统基于 301 调查采取的措施仅针对中国适用。

三、"301调查"到底是什么?

301调查是指基于美国《1974年贸易法》301条款下的调查,旨在调查其他各国在技术转让、知识产权、创新方面的行为、政策、实践是否不正当或具有歧视性,从而限制了美国商业或对其造成负担。

这部贸易法是1974年出台的,当时并没有世界贸易组织,只能通过双边方式来解决国与国之间的贸易摩擦或争端。301条款针对的就是贸易中一些不公平、不合理、有歧视性的法律、政策或者做法,美国可以利用这个条款发起调查,迫使贸易伙伴国家与其进行谈判。随着多边组织的兴起,这一条款经历了《1979年贸易协定法》《1984年贸易与关税法》《1988年综合贸易与竞争法》等,体系逐步完善,《1988年综合贸易与竞争法》更是将授权由总统转移至美国贸易代表。1995年自从有了世界贸易组织,多数国家都承诺用多边解决机制来处理成员国之前的纠纷和贸易摩擦,美国也很少用这一调查,所以这一次美国启动这一调查,被认为是不太寻常,也不太符合当前国际贸易纠纷的解决机制,也引起了全球的关注。

历史上曾对中国动用五次301条款,从结果看,最终双方均达成妥协,并未演化成全面贸易战。301条款更多是美国获取谈判优势的手段。

时间	历时	美国政府发起缘由	结果
1991.04—1992.01	9个月	中国专利法缺陷,美国作品著作权、商标秘密和商标权保护法的缺乏。	中美签订协议,中国对改进知识产权法律作出承诺。
1991.10—1992.10	12个月	美国商品进入中国市场遇到不公平的壁垒问题。	中美达成协议,中国承诺未来5年里对美国商品取消进口壁垒。
1994.06—1995.02	8个月	要求中国完善知识产权保护,对美国知识产权产品开放。	中美达成第二个知识产权保护协议。
1996.04—1996.06	2个月	中国知识产权保护不力。	中美达成第三个知识产权保护协议。
2010.10—2010.12	2个月	中国对清洁能源存在补贴行为。	中国同意修改政策中涉嫌禁止性补贴的内容。

让美国略显尴尬的现实是,历次301调查期间,中国对美贸易增速反而更高。

四、中美贸易战将波及哪些领域?

眼看着贸易战的形势越来越紧张,美国农场主们都快急哭了。作为美国大豆的第一大出口市场,一旦中国祭出"大豆核武器",其大豆出口业务将受到严重影响。

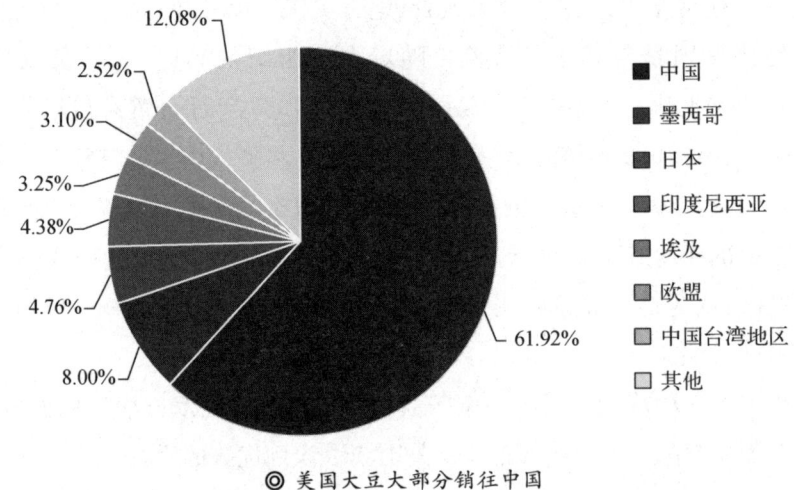

◎ 美国大豆大部分销往中国

为此,美国农民打广告劝特朗普"回头是岸",而且特意投放在特朗普喜欢看的电视频道黄金时段。

这只是本次贸易大战的一个缩影,中美贸易战将波及的领域远不止于此。

(一)贸易领域首当其冲

特朗普政府短期目标的重中之重就是大幅减少美中贸易逆差,这意味着贸易领域仍将是其首要战场。在美国贸易代表办公室已经发布的《2017年中国履行WTO承诺报告》《2018年贸易政策议程》《2018年国家贸易评估报告》中,对于中国,美国关注的几大领域分别是产业政策、知识产权、服务业、数字贸易壁垒、农业、透明度和法律框架,这些报告还详细阐述了每个领域中美国认为需解决的问题。

（二）投资领域难逃波澜

美国将中国定位于"战略竞争对手"，担心美国在高新技术领域丧失对华领先优势，在301调查报告里指责中国政府对涉及大规模技术转让的投资兼并进行指导和帮助，并决定让美国财政部对中资企业赴美收购技术企业实施更加严格的审查。这表明投资领域也将成为"战场"。两党议员联合发起的《2017年外国投资风险评估现代化法案》在2018年成为法律的可能性极大，该法案将扩大外国投资委员会（CFIUS）的审核范围，纳入接近军事基地的不动产投资、少数股权投资、股权变动等，并将严格审核将美国公司的技术和知识产权注入合资企业等非直接投资情形，而且对特定国家将从严审查。该法案还首次涵盖对外交易，拟将CFIUS的管辖权扩大，将美国"核心科技"公司向非美国公司对外转让知识产权、专有技术等情形包括在内。

（三）金融领域或有影响

美国财政部4月份即将出台《美国主要贸易伙伴外汇政策》报告，尽管报告将中国确定为汇率操纵国的可能性极小，但中国仍将被列入观察国名单。在此情形下，中国主动让人民币贬值，双方发生"汇率战"的可能性较小。值得注意的是，不排除朝核问题和伊朗核问题持续发酵，美国对华相关企业发起次级制裁，特别是金融制裁，战火烧至金融领域。

五、中国企业已哭晕在厕所？

中美贸易战虽然还仅限于"口头仗"，但已经有不少企业和资本家坐不住了，类似《科技产业成中美贸易战核心战场，中资车企遭痛击》《中美贸易战殃及高科技企业，马云：再打，那100万个就业岗位作废！》《中美贸易战是否会影响中国锂电企业全球化进击之路？》的新闻报道层出不穷。那么，"贸易战"对中国企业会产生哪些影响呢？

美国掀起对华贸易战的核心目的只有一个：维护美国在研究和技术方面的领先地位，遏制中国产业从劳动密集型向资本技术密集型转型升级，延缓中国制造业在全球价值链中从下游向中上游的移动。

此次美国加收关税的商品涉及多个行业，具体影响还需要等详细的加收关税具体清单来决定。其中，根据白宫新闻稿，美国将会对航空航天、信息通信技术、机械产品等加收25%关税。这些内容可能会对中国的高新技术产业产生更大的影响。

官方数据显示,2017年中国对美国的出口约在4300亿美元,中国对美国的进口约1600亿美元,分别占中国全部出口和进口的19%及8%,美国是中国仅次于欧盟的贸易伙伴。中国对美国的出口产品主要是机械设备仪器(根据分类主要是家电、电子等类别,占出口总量48%)以及杂项制品(12%)、纺织品(10%)、金属制品(7%),故前述行业涉及的出口企业将遭遇出口下滑。

此外,在对进口商品征收关税之外,美国政府还表示会对中国企业在美国的投资进行限制,美国此举给中国企业带来的压力,是"投资+贸易"的双重压力。

六、WTO拿美国没办法?

川普还有啥不敢做的,WTO对他没有约束力,一个不高兴了就退群停缴管理费,WTO作为群主拿他也没辙。

——来自某网友

事实上,这样的说法是不对的,无论在经济上的表面结果如何,从法律规则上来说,特朗普代表的美国从一开始就已经输了。

(一)破坏世贸规则终将受到规则的惩罚

众所周知,世界贸易组织是当代最重要的国际经济组织之一,有"经济联合国"之称,美国与中国都是世贸组织的成员国,有义务维护多边贸易规则的稳定和权威,按照世贸组织的规则,任何国家的行动都必须在世贸组织的法律框架下实行,美国发起232和301调查是单边贸易保护主义做法,单方采取相关贸易限制措施损害正常国际贸易秩序和多边贸易体制,严重危害了世贸组织的声誉,已遭到多个世贸组织成员的反对。

(二)经济利益的冲突只能通过法律规则来调和

当今世界秩序利益是多元的,世贸组织就是世界各个国家相互妥协的产物,每个国家都有自己的利益所在,如果都像美国一样只站在自己的角度,从自己利益出发,动辄对他国实施制裁,世界将充满敌意与对抗,无法进行利益交换,互通有无。经济交往不可避免地会产生利益的冲突,但矛盾的解决不能是一方将自己的意志强加给另一方,制裁不能解决问题,强权也不能解决问题,唯有在充分沟通协商的基础上,通过法律的形式将各自的利益进行表达与固化,然后按照规则确定的权利义务从事活动,才能使各方获得最大利益。

七、结语

在"贸易战"的大背景下,我们建议可能受到影响的中国企业增加与行业协会、商会、政府的沟通以寻求支持,及时咨询专业律师了解美国最新的立法动态和政策风向,积极参与我国相关措施的征求意见。只有尽早规划、调整投资项目和出口决策,才能最大程度避免损失和风险。

最后我还是想说一句,就如同中国外交部发言人华春莹公开回应的那样:"中方不想跟任何人打贸易战,但如果有人非逼迫我们打,我们一不会怕,二不会躲。"

24天叩响A股大门，独角兽"特权"了解一下？

2018-04-24

说到上市，不少企业都是一把辛酸泪。

冲击五六次屡战屡败的不在少数，耗时七八年折戟沙场的大有人在。反正一提到IPO，就能听到企业家们来自灵魂深处的哀号：怎么就那么难？！

但这么困难的事儿，对于独角兽们来说，so easy！比如仅用24天就"搞定"了IPO的宁德时代。独角兽们凭什么战斗力这么强？

一、宁德时代，超级独角兽养成记

2018年4月资本市场最耀眼的"明星"，无疑是头戴"动力电池老大"和"独角兽"两大概念光环的宁德时代。从3月12日进行预披露更新到4月4日过会，宁德时代仅用了24天，刷新了富士康和药明康德的记录（富士康从预披露到过会用时36天、药明康德从预披露更新到过会用时50天）。宁德时代的过会，也是自富士康、药明康德后，第三家通过IPO快速通道成功过会的企业。

根据宁德时代的预披露招股书，此次宁德时代将登陆深交所创业板，发行不超过2.17亿股，占发行后总股本比例不低于10%，其计划募集资金人民币131.2亿元，其中68%的资金将用于湖西锂离子动力电池生产基地，32%的资金用于动力及储能电池研发。

宁德时代成立于2011年，是一家主营动力电池系统、储能系统和锂电池材料的公司，其中动力电池为其最主要的收入来源。对于外界来说，这个名字是陌生的。作为中国突然崛起的一家新能源动力电池企业，低调到几乎无人知晓，成立仅6年，即跻身全球第一，这速度堪比火箭。

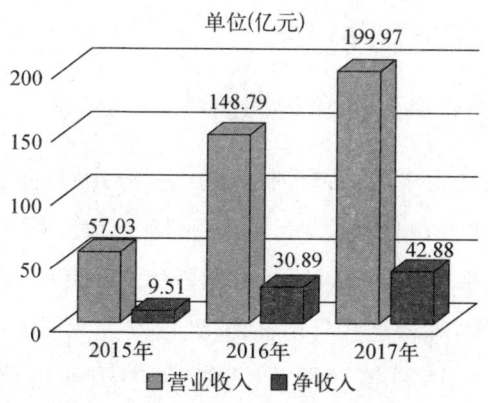

◎ 2015—2017 年宁德时代经营情况

按体量算,2016 年宁德时代落后于松下、比亚迪的 7.2 GWh、7.1 GWh 出货量,位居全球动力电池企业第 3 名,但 2017 年宁德时代的出货量已经超越前两者,成为全球第一。

2017 年全球动力电池企业销量排行榜

排名	企业	国家	销量(GWh)
1	宁德时代	中国	12
2	松下电器	日本	10
3	比亚迪	中国	7.2
4	沃特玛	中国	5.5
5	LG 化学	韩国	4.5
6	国轩高科	中国	3.2
7	三星 SDI	韩国	2.8
8	北京国龙	中国	1.9
9	比克	中国	1.6
10	孚能科技	中国	1.3

目前宁德时代在国内市场的主要乘用车客户包含吉利、上汽、北汽、福汽、东风、长安、宝马、蔚来等,主要客车用户包含宇通、福汽、湖南中车等,并且已经进入宝马、大众等国际一流整车企业的供应体系。

2018 年 6 月 11 日,宁德时代正式登陆创业板,48 小时内连续两次涨停,总市值达 786 亿元,成为创业板第二大市值公司。

二、神秘生物,掀开独角兽的面纱

独角兽,为神话传说中的一种神秘生物,它稀有而且高贵。

如今我们所说的独角兽概念,起源于 2013 年,美国著名 Cowboy Venture 投资人 Aileen Lee 将 Facebook、Uber 等私募和公开市场的估值超过 10 亿美元的创业公司做出分类,并将这些公司称为"独角兽"。

2018 年 3 月 23 日,科技部发布《2017 年中国独角兽企业发展报告》和《2017 年中关村独角兽企业发展报告》。2017 年入选榜单的中国独角兽企业共有 164 家,较 2016 年增加 33 家,总估值超过 6200 亿美元。

科技部遴选 2017 年中国独角兽企业依据的基本标准有:在中国境内注册;成立时间不超过 10 年;获得 PE 投资的非上市企业;估值超过(含)10 亿美元;其中估值超过 100 亿美元的成为超级独角兽。

2017 年 164 家中国独角兽企业中,超级独角兽共有 12 家:

排名	企业名称	企业估值范围(亿人民币)	行业
1	蚂蚁金服	4000+	互联网金融
2	滴滴出行	3000+	汽车交通
3	小米	2000+	硬件
3	新美大	2000+	互联网服务
5	今日头条	1000+	文化娱乐
5	宁德时代	1000+	汽车交通
5	陆金所	1000+	互联网金融
8	大疆	800+	机器人
9	口碑	500+	互联网服务
9	菜鸟网络	500+	物流服务
9	京东金融	500+	互联网金融
9	饿了么	500+	互联网服务

三、即报即审，独角兽 IPO 不用排队？

富士康光速上市后，一直有传言生物科技、云计算、人工智能及高端制造四个行业中，如果有"独角兽"企业，符合相关规定者，可以实行即报即审，不用排队。

3 月 30 日，国务院办公厅转发证监会《关于开展创新企业境内发行股票或存托凭证试点若干意见的通知》，对创新企业境内发行股票或存托凭证明确指示。

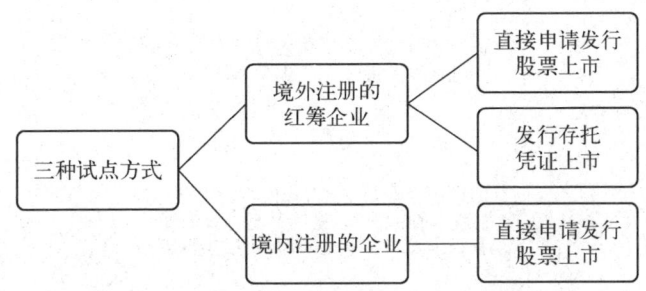

试点涉及七大行业：互联网、大数据、云计算、人工智能、软件和集成电路、高端装备制造、生物医药等高新技术产业和战略性新兴产业。

试点企业要求为：已在境外上市的大型红筹企业，市值不低于 2000 亿元人民币；尚未在境外上市的创新企业（包括红筹企业和境内注册企业），最近一年营业收入不低于 30 亿元人民币且估值不低于 200 亿元人民币，或者营业收入快速增长，拥有自主研发、国际领先技术，在同行业竞争中处于相对优势地位。

意见放宽了发行条件，同股不同权与 VIE 结构都将不会成为阻力。

（1）股权结构、公司治理、运行规范等事项可适用境外注册地公司法等法律法规规定，但关于投资者权益保护的安排总体上应不低于境内法律要求。

（2）存在投票权差异、协议控制架构或类似特殊安排的，应于首次公开发行时，在招股说明书等公开发行文件显要位置充分、详细披露相关情况特别是风险、公司治理等信息，以及依法落实保护投资者合法权益规定的各项措施。

意见的实施必将吸引已经海外上市的独角兽企业回归 A 股，也能有效防止新生代独角兽的出走。

四、重生的 CDR，又一个独角兽特权？

早在 1997 年，亚洲金融危机后，大量在香港上市的红筹股谋求回归 A 股，中国移动等公司曾提出 CDR 方式，但最终被监管部门否定。

- **21世纪初**
  证监会就开始盘算着用这种方式把海外上市的"中字头"企业接回来，但并未成型。

- **2008年**
  提出国际版，尝试用这样的方式让300多家红筹企业回归，但并未继续推出。

- **2018年**
  新经济企业很多是VIE架构，也普遍存在AB股的安排，有的甚至一直未能盈利，但发行CDR均可绕开这些障碍。

与独角兽概念一样，CDR 同样是个舶来品，它的兄弟是来自美国的 ADR。

先说说什么是 DR，即 Depository Receipts，存托凭证，是指在一国流通的代表外国公司有价证券的可转让凭证。按其发行或交易地点之不同，被冠以不同的名称，比如美国的（American）存托凭证就叫 ADR，欧洲的（European）叫 EDR，中国的（Chinese）自然就叫 CDR 咯。

由于我国法律对股票发行的要求，许多独角兽企业无法在国内实现上市。当年独角兽企业出走的原因主要包括市值、盈利要求高，排队时间长，禁止 VIE 结构和 AB 股等。

从前，中概股回归必须经历漫漫长路，从私有化退市到拆除 VIE，最后排队上市或买壳上市，而今试点意见为想要回归的企业提供了新方式。

CDR 的优势包括：企业能够有效躲避 VIE 架构、AB 股的障碍；投资者可以获得新的投资产品和渠道，直接投资境外优质企业；境内市场可以吸引更多的境外企业；保留境外上市的企业主体和股权稳定性。

然而，CDR 也存在着不可避免的法律问题。

1. CDR 的法律地位

试点意见提出,试点红筹企业在境内发行以股票为基础证券的存托凭证,应当符合证券法关于股票发行的基本条件,并符合试点意见的要求。因此,CDR 属于证券。

2. CDR 的信托法律风险

在存托凭证发行过程中,投资者与存托机构之间的基础法律关系在国际上一般都明确为信托关系,以最大限度保护投资者利益。信托财产独立于其他财产,受到破产隔离、债权追索保护,是信托优势所在,也是投资者利益保护的重要机制。目前试点意见原则性要求试点企业发行存托凭证的,应当确保存托凭证持有人实际享有的权益与境外基础股票持有人的权益相当,由存托人代表境内投资者对境外基础股票发行人行使权利;同时,存托人和托管人应为存托凭证基础财产单独立户,将存托凭证基础财产与其自有财产有效隔离、分别管理、分别记账,不得将存托凭证基础财产归入其自有财产,不得违背受托义务侵占存托凭证基础财产。考虑到 CDR 的持有人并未直接持有基础证券,需要由存托人持有并代为行使相关权益,存在类似于信托的法律风险。另外,目前我国并没有法律明确 CDR 的相关权益为信托财产,所以是否能明确受到破产隔离、债权追索保护仍是未知数。

3. CDR 的投资者权益保护

投资者通过购买 CDR,与境外红筹公司构成实质股权投资关系,为其实际股东。在投资者权益保护方面,试点意见允许试点红筹企业在公司治理及规范运作方面适用境外注册地公司法的特别规定,但前提是关于投资者权益保护的安排总体上应不低于境内法律要求;同时要求试点企业不得有任何损害境内投资者合法权益的特殊安排和行为。投资者合法权益受到损害时,试点企业应确保境内投资者获得与境外投资者相当的赔偿。

五、结语

CDR 首次落地,除试点意见外,法律上几乎一片空白,实际操作过程还将面临诸多难题。目前摆在立法机构、监管机构面前的首要问题就是如何借鉴国外的经验,结合中国的实际建立专门的监管法规制度,保护投资者权益。

是去是留？"三类股东"这道难题到底怎么解？

2018-05-08

随着越来越多新三板挂牌公司开始谋求IPO，三类股东的问题开始越发凸显。清还是不清？含有三类股东的拟IPO企业陷入了进退两难的局面：不清？IPO那关不好过；清？请神容易送神难！

其实，从三类股东的角度来看，也是格外委屈：陪跑企业这么多年，眼看千年的媳妇熬成婆，却不能享受应有的回报。你说冤不冤？

转机来了——2018年3月13日，带有三类股东上会的新三板公司文灿股份成功过会。这是自三类股东问题曝出近两年时间后，也是新三板公司IPO历史上，首家直接带着三类股东过会的公司。紧接着，4月17日，同样携带三类股东的芯能科技也成功过会。

文灿股份和芯能科技的突围成功，瞬间成为资本市场热议事件，让不少含有三类股东的新三板公司看到了希望。正如九泰基金郑立昌说的那样："望穿秋水，终于等来春天。"

一、三类股东的前世今生

Q1：三类股东究竟是什么？

"三类股东"这一概念最早见于2016年初《21世纪经济报道》的深度报道，其中明确表示"拟申报IPO的企业股东中有契约型私募基金、资产管理计划和信托计划的，根据证监会要求，这三类股东持有的拟上市公司股票必须在申报前清理"，"三类股东"由此得名。

2014年新三板扩容之后,在2015年和2016年迎来爆发式增长,期间三类股东开始频繁出现在新三板股东名单中,成为其中重要投资力量。但随着新三板市场低迷、流动性偏紧,大量新三板公司寻求转板之路,此时作为新三板重要投资者的三类股东受到关注。之后三类股东问题也一再受到监管和市场人士关注,只是在很长的一段时间内政策一直未明确。

Q2:三类股东为何不受待见?

三类股东问题之所以成为困扰新三板和IPO市场发展的一大难题,主要在于许多资本通过"三类股东"的形式在挂牌期间进驻了这些企业,容易令拟上市企业实际股东人数超出《证券法》规定的股东200人上限。

更为重要的是,三类股东对应的出资人和资金来源很难穿透核查,背后往往有许多股东。特别是在多个金融产品层层嵌套的情形下,极易滋生股份代持、关联方隐秘持股、规避限售、短线交易,可能影响公司股权结构的稳定性,甚至引发一系列利益输送等问题。

此外,三类股东实质是以契约为载体的金融产品,早前在工商登记时不被视为民事主体,也无法开立证券账户。作为拟IPO公司的股东,存在确权、登记方面的困难。

Q3:三类股东问题何时休?

上市无望,不少新三板公司为了转板各显神通,清理三类股东以自救。

1. 科顺防水:上会前清理干净

2015年10月,科顺股份挂牌新三板。截至2017年6月30日,其股东人数登顶393人,但在其后来披露的IPO招股说明书中,股东人数变成了383人。这减少的10名股东,即是三类股东完成清理。但清理的过程充满了艰辛,远不是几个数字能概括的。在清退协商过程中,由于双方未能就退出事项达成一致,为保证公司顺利上市,科顺防水以三类股东损害公司股东利益为由诉至顺德法院,才完成了这场相爱相杀的清理。

2. 博拉网络:摘牌后进行清理

因为IPO排队企业无法在挂牌情况下进行股权过户,所以有的新三板公司选择摘牌清理三类股东。博拉网络、明德生物就选择先从新三板摘牌清理三类股东。两家公司均在排队一年多后,主动选择从新三板摘牌,并在摘牌后迅速宣布将原有的三类股东持股进行转让。两家公司也在不久后上会,不过遗憾的是,它们分别在 2017 年 12 月和 2018 年 1 月被证监会发审委否决。

3. 奥飞数据:提前清理顺利过会

另外,还有公司选择提前清理。奥飞数据就选择了在排队前清理了三类股东,2016 年 8—10 月,奥飞数据通过股转系统发生了 11 次股权转让,由契约型私募股权基金将股份转让给相同结构的合伙企业或直接转让予自然人。2016 年 12 月公司 IPO 获证监会受理,2017 年 12 月奥飞数据顺利过会。

> 由于三类股东在新三板公司转板时的重要性,以至于其清退甚至成为部分人员的发财手段,一些在二级市场买入股权的三类股东在回购股票时索取高额回报。但,三类股东对新三板市场发展作出巨大贡献,不应该成为 IPO 的障碍。

二、三类股东不再成为 IPO 障碍?

2018 年 1 月 12 日,证监会在例行新闻发布会上明确了对三类股东在 IPO 审核中的口径:符合监管政策可不清理。具体来看,主要包括四个方面:

一是要求公司控股股东、实际控制人、第一大股东不得为三类股东;

二是为确保三类股东依法设立并规范运作,要求将其纳入金融监管部门有效监管;

三是要求存在高杠杆结构化产品和层层嵌套的投资主体的发行人提出符合监管要求的整改计划,并对三类股东做穿透式披露,同时要求中介机构对发行人及其利益相关人是否直接或间接在三类股东中持有权益进行核查;

四是为确保能够符合现行锁定期和减持规则,要求三类股东对其存续期作出合理安排。

政策出台后,一大波带着三类股东的新三板企业都跃跃欲试,文灿股份作为第一个尝鲜的公司,其案例意义要远大于象征意义。文灿股份在核查中的一些做法和标准将会逐渐形成操作规范,这也意味着后续企业不再是摸着石头过河,这将大大提高三类股东企业处理问题的效率。下面我们就跟着文灿股份学学如何搞定三类股东。

1. 文灿股份的三类股东占比不高

招股说明书显示,2015年9月和2016年2月,文灿股份分别通过定向增发和协议转让,引入了共10家三类股东,包括6个资管计划和4家契约型私募,合计持股比例为3.63%,符合证监会关于公司控股股东、实际控制人、第一大股东不得为三类股东的要求。其中九泰基金持股比例最高。近年来涉足新三板领域的公募基金不在少数,仅九泰基金一家,在其已投的约80个新三板项目中,有30余家企业处于上市辅导或IPO申报过程中。

2. 已纳入金融监管部门有效监管

文灿股份的三类股东产品包括4个契约型新三板基金和6个券商资产管理计划,不存在信托计划,均已在基金业协会备案,即已纳入金融监管部门有效监管。

3. 穿透核查

文灿股份的招股说明书未作穿透式披露,但实际已经完成。此前根据监管层的要求,在核查时证明产品LP身份的时候需要律师出具很多文件并且让投资者签名承诺,这在核查的过程中几乎是一项不可能完成的任务。而文灿股份的突破在于并没有生搬硬套这样的核查流程,而是采用了综合认定的方式解决了对LP身份的认定,这样大大提高了核查效率。

具体操作流程是:在核查过程中,三类股东产品的管理人对核查工作尽力配合、协调沟通。一个200人的资管产品大概需要两三个月左右完成核查。发行人、中介机构,以及渠道方和投资产品背后的投资人之间,无缝衔接、密切配合,克服了很多阻力。

寻找投资人这个环节也很顺利,因为文灿股份的私募及资管产品在募集之初保存了出资人的档案信息。具体细节为:管理人把出资人名单打印出来一一与之联系,表明最近公司要做一个调查,随即给投资人寄送调查表,核实出资人和文灿股份有无关联关系。(调查表包括个人既往工作履历和各种亲属信息等诸多项内容,通过投资人的生活和工作环境去证明其跟企业没有交集。)

产品的管理人向下游的渠道方、投资者收集完承诺函和调查表后,把资料交给上游的券商、律师,用作后续的核实、底稿备份。基本原则就是按照证监会的要求,层层穿透,避免利益输送。

> 要明确的是,目前不是所有的三类股东都可以满足证监会的审核要求。2015年有部分产品就存在两层以上的嵌套。这种情况下基本只能清理,而且难度很大。停牌期间没法交易,非交易过户的几种情形也很难满足。因此,存在嵌套的产品要在向证监会申报前清理,有些企业也会选择摘牌去清理。

4. 考虑到了产品期限

除了穿透核查,还要考虑产品存续期限,有很多产品的存续期是不符合监管要求的。比如产品存续期两年,项目上市需要锁定1年,假如产品没有延续到后面这1年,时间上就不能覆盖。投资文灿股份的产品大多成立于2015年,大部分在2017年做了展期,有的展期两年、有的三年,最终都能够覆盖锁定期。实际上涉及产品展期,工作量会很大,包括展期合同的拟定以及与托管行、投资者的沟通等。

三、向标准看齐,简单明了易穿透

通过上述案例和解读我们可以看出,三类股东的本质是契约关系,因为可能存在层层嵌套和高杠杆,以及股东身份不透明、无法穿透、确权困难、股权不稳定等问题,这些与IPO发行人需满足的"股权清晰,控股股东和受控股股东、实际控制人支配的股东持有的发行人股份不存在重大权属纠纷"的条件相违背。

可以确定的是,对于三类股东的监管政策会越来越明确,通过一个又一个成功过会的案例去引导排队企业,规范三类股东。但是,审核标准是很难放松的,政策明确的另一层意思是必须合法合规,没有模糊地带。政策越明确,越需要规范的运作,即要求反而更高。建议新三板公司今后在引进三类股东时参考文灿股份的标准——"简单明了易穿透",从源头上对产品进行规范,避免利益输送,规避后期难以穿透的风险。

一分钟读懂"三＋H"新模式(附实操手册)

2018－05－21

一、新闻速览一分钟

2018年4月21日,香港交易及结算所有限公司(以下简称"港交所")和全国中小企业股份转让系统有限责任公司(以下简称"全国股转公司")在北京举行合作谅解备忘录签约仪式,"新三板＋H股"(以下简称"三＋H")新模式正式落地,意味着新三板挂牌公司可以在新三板、港交所两地同时挂牌上市。

到底什么叫"三＋H",今天就给大家唠唠这个话题。

谢菊萍律师:简单概括一下,股转公司与港交所在京签署合作备忘录,鼓励优质公司两地挂牌上市。"三"指新三板挂牌公司,"H"指香港(Hong Kong),这就是"三＋H"的名称由来。

网友:啥是两地挂牌?

谢菊萍律师:这就是说,以后新三板挂牌企业赴港交所上市将不用摘牌,而是采用增量发行股份的方式,同时保留新三板挂牌企业和H股上市企业的"身份",享有两地市场的交易、定价及融资服务。

网友:这么诱人,那我也去试试!

谢菊萍律师:这个……从目前政策及香港市场的一些特点看,"新三板＋H股"门槛不低,符合条件的新三板公司并不多。

网友:既然门槛那么高,为什么还能受到一大波新三板企业的追捧?

谢菊萍律师:虽然要求比较严格,但对于目前交投清淡、少人问津的新三板市场,无疑是一个大利好。为了方便大家理解,我们先来了解下新三板市场的相关背景知识。

(一)新三板市场发展回顾

作为多层次资本市场的重要部分,过去五年间,制度的重塑、市场的适应、投资者的构成,让新三板成为中小微企业融资发展的主要市场。截至2017年末,挂牌公司数量与总市值分别为11630家和4.94万亿元,分别是市场初建时的33倍和90倍。新三板目前已成为全球上市(挂牌)企业数量最多的证券交易场所。

自2018年起,新三板市场开始加速洗牌。截至4月27日,4月份摘牌企业数量达到198家,创下新三板单月摘牌公司数量的新高。而2018年前3个月摘牌的企业数量分别为109家、64家、126家,前4个月累计的摘牌数量占到去年全年709家摘牌企业的七成。从目前情况看,新三板挂牌企业总数逐渐达到动态平衡状态。

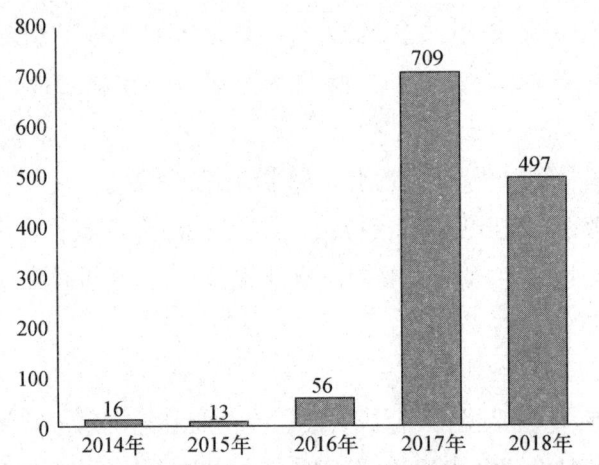

◎ 新三板企业各年摘牌数量(2018年数据截至4月27日)

(二)企业新三板摘牌原因

[内因]

从新三板企业自身原因看,在所有摘牌公司当中,头部公司因IPO或并购而摘牌,底部公司因不符合新三板规范被淘汰,中间公司苦于挂牌成本和收益不匹配也只好选择摘牌。中间公司选择摘牌的原因主要是难以得到资本市场的融资支持,而信披义务、监管要求却增加了很大负担,其本质是企业的权利和义务不匹配,投资者结构与监管方式不匹配。

据统计,2018年以来的497个摘牌案例中,4家因转板而摘牌、18家因被上市公司并购而摘牌、三凯股份1家因未能按照规定时间披露2016年年报被强制摘牌,还有95%的新三板企业摘牌出于战略和成本考虑。

[外因]

从外部原因看,企业从新三板摘牌,一方面是因为政府的补贴政策及新三板宽松的挂牌条件造成新三板市场极速扩容,一些质地一般、本不该挂牌的企业挂牌了,如今因维持成本较高、融资困难而选择退出;另一方面是由于一些公司治理不规范的新三板企业频频曝出各种奇葩事件,对市场形象造成负面影响,出现劣币驱逐良币现象,加速了优质企业的离开。

谢菊萍律师:由于新三板糟糕的流动性以及市场参与度难以满足公司的融资需求,不少成功登陆新三板后的企业大多以此为一个跳板,希望在之后能够成功登陆A股。但截至目前,仅有67家公司经过IPO成功登陆A股市场,对于市场容量为11485家的新三板来说,转板率仅仅只有0.58%,所以转板H股的政策对于整个市场来说有巨大的提振作用。

网友:明白了。那你上面所说的H股就是港股咯?

谢菊萍律师:港股是指在香港联合交易所上市的所有股票。H股指在香港交易所上市的中国(此处不含香港、澳门和台湾地区)境外上市外资股,因香港英文名称HongKong首字母而得名H股,是港股的一种。基于上述逻辑,我们可以这样认为,"三+H"指在境内注册的公司同时在新三板市场挂牌交易和在港交所发行H股的行为,或先在新三板市场挂牌交易,再在港交所发行H股的行为。

网友:那我是不是可以这样理解,H股不仅是中国内地企业展示自身实力的窗口,也是推动我国企业和资本市场走向国际的重要途径?

谢菊萍律师:Bingo!

(三) "三+H"的法律本质

从法律框架上来讲,这本质上跟A+H模式类似,A股有A股的发行流程,H股有H股的发行流程,现在只是"新三板+H股"而已。也就是说,挂牌新三板的公司,通过向国际部申请,然后去港交所挂牌,且全国股转公司对挂牌公司申请到港交所发行股票和上市不设前置审查程序及特别条件。

网友:那想要在香港上市到底需要哪些条件呢?

谢菊萍律师:香港资本市场分为主板市场和创业板市场。主板市场面对规模较大、较为成熟的企业,对上市企业的要求较为严格;创业板市场主要面对规模较小,但是具有较大增长潜力的公司,对上市企业的要求较为宽松。港交所现行上市规则包括满足客观要求及测试要求,我仅就香港主板上市的基本要求做简略分析。

二、实操手册

(一)客观要求

1. 拟发行主体要求

拟上市公司必须在中国内地或香港地区、开曼群岛、百慕大群岛等港交所认可的司法地区成立;预期最低市值≥5亿港元。

2. 营运记录要求

必须有三个财政年度的营业记录(如符合市值/收入测试,可短于3年);在基本相同的管理层下管理运作;最近1年须在基本相同的拥有权及控制权下运作。

3. 管理层要求及股东承诺

管理层要求:必须有3名独立非执行董事,必须设立审核委员会。

股东承诺:上市文件披露至上市后首6个月内不会出售其在公司的权益。

管理层承诺:在上市后12个月内,不出售其在公司的权益,以免导致其不再是公司的控股股东,维持最少30%的公司权益。

4. 最低公众持股量

上市时最低公众持股量≥1.25亿港元;上市时公众持有的股份数量占发行人已发行股本总额的25%以上;公众股东≥300人,且持股量最高的三名公众股东持有股数不得超过上市时公众持股数量的50%;如果上市时的市值超过100亿港元,港交所可能会将公众持股量降到15%至25%之间。

5. 其他要求

控股股东或董事可进行与公司有竞争的业务,但必须全面披露;不可以选择纯以配售形式上市;公开认购部分须全部包销;公司上市后首6个月内不能发行新股。

（二）测试要求

申请上主板的企业需符合下列三个测试要求之一:

(1) 盈利测试:3年税后盈利≥5000万港元,及首2年税后盈利≥3000万港元,及近1年税后盈利≥2000万港元;

(2) 市值/收入测试:市值≥40亿港元,及最近1年收入≥5亿港元;

(3) 市值/收入测试/现金流量测试:市值≥20亿港元,及最近1年收入≥5亿港元,及前3年累计现金流入≥1亿港元。

（三）视为不适合上市的情况

视为不适合上市的情况包括:过度依赖大股东或某一个供应商/客户;违规;董事或大股东过往令人严重质疑其诚信的行为;架构不符合港交所合约安排的政策;缺乏重要牌照;财务表现倒退;不具备可持续的业务模式。

谢菊萍律师:我们需要注意的是,"新三板＋H股"推动刚开始只能是试点。事实上,此次推出"新三板＋H股"主要是针对生物医药行业的公司,主要是之前港交所相关制度性措施针对的企业。

网友:这个我知道。5月4日成大生物(831550.OC)发布了赴港上市的董事会公告,已经成为首家申请发行H股的新三板公司。听说不少同类型的生物医疗企业都在观望。

谢菊萍律师:没错。类似成大生物的生物医药企业在新三板市场还有很多,例如君实生物、仁会生物等。不过,新三板的生物医药企业想要去香港上市也不是一件简单的事情,尤其是还没有收益或盈利的企业。除了要证明具备至少有一只已通过概念阶段的核心产品、上市前最少12个月一直从事核心产品的研发等7个特点以外,还要满足一系列额外上市规定及股东保障措施,例如市值至少15亿港元、上市前最少两个会计年度一直从事现有业务等。因此,新三板公司想要赴港上市,需要聘请专业团队做好辅导。

三、展望

"三+H"两地挂牌对留住部分准备从新三板摘牌而去港股上市的优质企业,防止新三板优质公司流失无疑是一大利好,同时在一定程度上可以使新三板市场与港股市场接轨,促进内地企业与国际接轨。

在当前A股审核趋严而香港政策较为明朗的环境下,国内注册的公司可以先谋求在新三板挂牌,然后筹划H股上市,当然究竟适不适合所有公司,得试过才知道。企业在寻求自身发展的同时,应结合自身发展特点及具体诉求,选择适合自己的资本市场。

面对金融界新晋网红"三+H",企业和市场你们准备好了吗?

2018-05-21

说到 A 股市场,真叫一个"风萧萧兮易水寒"啊!

自 2017 年 10 月 17 日中国证监会第十七届发行审核委员会首次发审会召开至今,上市审核越来越严,通过率一降再降。对新三板企业来说,到处是"被否决的心酸"和"撤材料的不甘"。

反观香港市场,过会量和过会率犹如芝麻开花——节节攀升。2018 年 4 月份正式落地的"三+H"新模式更让所有新三板企业看到了希望的曙光。赴港上市不但不用摘牌,还能享有两地市场的交易、定价及融资服务,这波操作实在是"666"!

那么,这波热点到底怎么蹭?你需要先搞懂下面四个问题。

一、被吹成神的"三+H"到底好在哪?

在"三+H"的玩法未落实之前,新三板挂牌公司凌志环保就曾试图两地挂牌。2015 年 7 月,凌志环保公告称拟发行 H 股并在香港联交所挂牌上市,但最终这一计划被搁置。公司方面公告称由于当时全国中小企业股转系统挂牌公司发行 H 股尚无先例,同时考虑到当时境内外经济形势及发行市场环境的差异,以及公司战略发展规划和现有股东全体利益等因素,决定暂缓发行 H 股。

现在,新三板+H 股两地挂牌推进时间表明确后,企业不再是只能做"单选题",而是"海阔天空任鸟飞"。

优点一:

新三板挂牌企业不用再先从新三板摘牌,才能去 H 股上市,而是可以直接在港股上市,预期会使目前新三板摘牌潮有所减缓。更多的新经济企业(即不满足 A 股上市要求的,甚至没有利润的特殊新经济行业的企业),可以不必从新三板摘牌搭建 VIE 架构再去港股,简化了很多流程。

优点二:

某些代表新经济的企业,例如新三板的生物医药研发公司,这类公司因为暂时没有利润,不符合 A 股上市要求,同时新三板流动性问题也制约它们的发展。但是,国际上又非常认可该类企业,那么,选择去港交所上市,可以提升估值、改善流动性、体现这类企业的真实价值。

优点三:

新三板企业挂牌后,可以同时在新三板和港股进行交易。这样,就可以带来价格的对比和流动性的对比。如果香港市场认可该企业,那么价格就可以提高,流动性就可以改善。同时在新三板,也就会给该企业带来估值提升,流动性改善。

优点四:

鉴于申请发行 H 股的挂牌公司应当参照《企业会计准则解释第 2 号》关于同时发行 A 股与 H 股的上市公司运用会计政策及会计估计的相关规定,因此两地挂牌公司的信息披露质量将会得到较大的提升,未来去 H 股的新三板公司应该会受到投资者的追捧(当然,前提是企业不造假,真实成长)。在《备忘录》的框架下,股转系统相当于新设了一个国际层出来,未来国际层的信息披露质量和公司治理水平对标国际市场,可以释放的政策红利非常值得期待。

优点五:

同时在香港上市的新三板企业可受到海内外资金关注,有助于国际品牌推广。在香港市场,内地资金、海外资金都能参与。内地资金可以通过互联互通机制南下参与,而海外资金本身就可以进出香港。这是企业在香港上市最大的优势。其次,同时在港上市,企业品牌影响力可以辐射更广的区域。此外,在港上市进程相对更可控,正常从递交 A1 表之后半年左右就可上市,上市时间以及进度均可控。

二、"三+H"是新三板市场的解药吗?

新三板市场的持续低迷,已经是不争的事实。于是,越来越多的企业选择了"战略性撤退"。

此次推出新三板＋H股试点，最直接的影响是防止新三板优质公司流失，同时加强新三板市场与其他资本市场联系，此项政策或将更加明确新三板的定位，同时两地开放或将引导新三板市场实现估值重构。

答案一：

目前，新三板市场主要的问题在于流动性较差，整体换手率持续低于1％。股权的高度集中限制了新三板市场流动性从交易端改善的可能性，新三板＋H股能改善部分公司流动性不足的问题，同时对国际资金认可的优质公司更为有利。

答案二：

对新三板市场来说《备忘录》的签署有助于股转系统借此学习境外发达资本市场的先进理念和成功经验，提升全国股转系统的国际化水平，增强市场服务实体经济的能力，优化市场价格发现功能，提升估值效率。

答案三：

对于长久以来新三板割裂的市场定位而言，如果新三板＋H股能够推出，在一定程度上意味着新三板市场将真正可以同其他市场进行接轨，市场的独立性将会逐步提升。而且笔者认为此次股转系统与港交所的合作是双向的，这也意味着符合新三板挂牌条件的港股公司也可以来新三板挂牌，未来或吸引一些质地优良的港股公司挂牌新三板。这有利于促进新三板市场的发展。

> **律师解读**
>
> 两地挂牌政策给新三板市场带来的挑战也是巨大的，比如两地监管协作、监管部门如何提升监管"新三板＋H股"公司的能力？主办券商对两地挂牌公司的督导是否还是终身责任？主办券商与H股保荐券商的责任如何划分？等等。

三、"三＋H"的新三板投资者该如何退出？

业内人士认为，内地企业发行H股，其境内股东所持部分股份尚未实现全流通。根据《香港联合交易所上市规则》，内地企业在港上市有两种途径：一是红筹股模式，即内地企业在境外设立离岸公司，在香港上市。二是H股模式，即内地企业拿出总股本中的一部分在港交所发行、流通。这一部分股份被称为外资股,相对应的内资股则不能流通。H 股可在港交所流通、交易,而内资股只能在内地的法人或自然人、合格境外机构投资者或战略投资者之间转让。

华图教育近期召开的临时股东大会,讨论的议题之一即为"关于公司符合 H 股全流通条件并申请 H 股全流通试点的议案"。这显示出华图教育赴港上市除了募资外,也有安排原有股东退出的尝试。

2017 年年底,证监会表示,参与 H 股"全流通"试点需满足外商投资准入等四项基本条件:① 符合外商投资准入、国有资产管理、国家安全及产业政策等有关法律规定和政策要求;② 所属行业符合创新、协调、绿色、开放、共享的发展理念,符合国家产业政策发展方向,契合服务实体经济和支持"一带一路"建设等,且具有一定代表性的优质企业;③ 存量股份的股权结构相对简单,且存量股份市值不低于 10 亿港元;④ 公司治理规范,企业内部决策程序依法合规,具备可操作性,能够充分保障股东知情权、参与权和表决权。

从证监会相关表述来看,目前的 H 股全流通政策试点预计会在符合前述四大要求的行业大型代表性企业中开展,且后续推广进度不确定。只有 H 股全流通推广至一般满足香港上市条件的新三板挂牌企业后,新三板原始股东通过港股市场退出才具备普遍的可操作性。

四、在港上市的整体成本你 hold 得住吗?

在商言商,既然是"做买卖",就要看划不划得来。对于在港上市的整体成本,主要需考虑上市成本、合规成本和政策成本。整体看,各项成本均高于新三板市场,所以,到底该不该赴港上市,一定要捋清楚。

难点一:

上市承销成本约占募资金额的 3.5%—4%左右。不过,在港上市的一大难点是发行,在机构配售和零售方面一旦销售不足额,则发行失败。建议与销售能力较强的券商及中介机构合作。

难点二:

相比新三板市场,港交所在信息披露及公司治理等方面要求更严格,企业需要随时与交易所、机构投资者保持顺畅沟通。违规违法的惩戒措施更加严厉。按照现行证券法,在内地市场出现证券欺诈或其他严重违反证券法律、法规、规章的行为,将导致相关责任人市场禁入、罚款;而在港股市场,出现严重的违规行为将会被责令退市、冻结资金、赔偿投资者损失。

难点三：

在港上市以后,后续若想回归A股市场,其中的政策与时间成本需要企业谨慎考虑。(此前,中国恒大、中国忠旺、威高股份等多家H股公司试图通过分拆业务并以重组方式回归A股,但目前还没有成功案例。)

港股回归A股受所属行业、IPO政策等多重因素影响,预期尚不明朗,企业应谨慎看待。

五、结语

任何事情都有两面性,振奋人心的消息背后也有很多不得不面对的问题,这也能引导企业回归理性,抓紧发展企业自身而非热衷于资本市场运作。

所以在面对着H股的诱惑时,一定要认清企业自身内在质地和资本规划,了解H股的上市规范及要求,考虑在港上市的整体成本,积极学习但谨慎对待,先在新三板练好基本功,找准自己的定位,再谋求更高更广的资本舞台。

"门口的野蛮人"来了,靠"金色降落伞"能安全着陆吗?

2018 - 05 - 28

如果说资本市场是一个群雄逐鹿的战场的话,那并购与反并购的战役应该是最激烈的部分。

都说打江山容易守江山难。有限公司想着如何做好业务快速走上资本市场,好不容易上市了,却又要担心那些虎视眈眈的并购资本。

随着"门口的野蛮人"的不断敲门,为了抵挡恶意收购,在法律实践中上市公司往往会采取不少反收购措施,如"白衣骑士""驱鲨剂""毒丸防御""金色降落伞"等。

那么,一旦"战争"打响,这些西方舶来品在中国到底好不好用?怎么用?今天我们就从"金色降落伞"开始聊起。

一、什么是"金色降落伞"?

"金色降落伞"(Golden Parachute)指的是按照聘用合同中公司控制权变动条款对高层管理人员进行补偿的规定,最早产生在美国。"金色"意指补偿丰厚,"降落伞"意指高管可规避公司控制权变动带来的冲击而实现平稳过渡。

通俗来理解,野蛮人收购标的公司后,往往会对原有高管团队动刀。金色降落伞计划就是当标的公司被并购后,如果发生高管更换和裁员等情况,野蛮人将为标的公司高管支付巨额的解聘费用。

"金色降落伞"计划会加大收购成本或增加标的公司现金流支出从而使得

野蛮人敲门前会三思。(如果想加大野蛮人的痛感,还可以增加分别对应中层和基层员工的灰色降落伞和锡降落伞。)

二、一夜爆火的"金色降落伞"

一群野蛮人已在万科不知不觉间守候多时,万科董事长竟浑然不觉。

——王石

回溯"金色降落伞"的爆发使用,就不得不提到"宝万事件"。随着A股市场化程度的提升、资本的活跃,控制权之争频繁发生,万科股权之争就是近年来最具标志性的事件。

这场争夺战直接暴露了万科在面对恶意并购时反并购防御的缺陷,以及我国股权分置完成后,上市公司收购监管规则限制了反收购活动展开的问题。

也正是基于这一事件的警示,A股的众多公司纷纷采取行动,先下手为强。隆平高科、世联行、中国宝安、海印股份、兰州黄河、友好集团、雅化集团等多家上市公司修改公司章程,增加"金色降落伞"等反并购条款,预防控制权旁落。

【案例公司:中国宝安】

2016年6月29日,中国宝安公布关于修改公司章程的公告,拟在公司章程中添加防止恶意收购的"金色降落伞"条款:"当公司被并购接管,在公司董事、监事、总裁和其他高级管理人员任期未届满前如确需终止或解除职务,必须得到本人的认可,且公司须一次性支付相当于其年薪及福利待遇总和十倍以上的经济补偿。上述董事、监事、总裁和其他高级管理人员已与公司签订劳动合同的,在被解除劳动合同时,公司还应按照《劳动合同法》,另外支付经济补偿金或赔偿金。"

【案例公司：雅化集团】

2016年7月16日雅化集团披露的公告显示，修订后的公司章程第十三条规定："在发生公司被恶意收购的情况下，任何董事、监事、总裁或其他高级管理人员在不存在违法犯罪行为、或不存在不具备所任职务的资格及能力、或不存在违反公司章程规定等情形下于任期未届满前被终止或解除职务的，公司应按该名董事、监事、总裁或其他高级管理人员在公司任职年限内税前薪酬总额的十倍给付一次性赔偿金。上述董事、监事、总裁或其他高级管理人员已与公司签订劳动合同的，在被解除劳动合同时，公司还应按照《中华人民共和国劳动合同法》另外支付经济补偿金或赔偿金。"

这样的做法，能在一定程度上避免收购方成为大股东后滥用控制性权利，随意罢免公司董事、监事和管理层人员，导致上市公司经营不稳，进而损害上市公司及中小股东的合法权益。

三、"金色降落伞"不是"万金油"

（一）并非随意使用，小心用力过猛

对于"金色降落伞"条款的适用，证监会曾通过发布会表示，要求公司通过信息披露，充分、有针对性地解释相关条款设置的合法性、正当性和必要性。由此可见，"金色降落伞"条款在中国想要做到无缝植入，无疑还是"路漫漫其修远兮"。

以中国宝安和雅化集团被证监会问询为例：

TO：中国宝安

要求公司说明该次修改是否存在限制股东权利、损害股东基本权益的情形。

TO：雅化集团

要求详细说明一次性赔偿金支付标准的合理性、"其他高级管理人员"的具体范围和人数、该条款是否涉嫌利益输送、是否违反董事忠实义务，并测算支付赔偿金对公司经营业绩的影响、充分提示相关风险。

(二）并非无缝植入，小心水土不服

"金色降落伞"条款归根结底还是属于舶来品，它能够适应中国的水土吗？

虽然"法无禁止即自由"，但土生土长的外国产物，在中国的法律体系及法制环境下，必然需要规范，防止其滥用。它在符合中国的国情和法律体系的前提下，具有相当大的研究和实践空间，其适用不仅要在公司法、证券法的框架中进行，还要满足劳动法体系的法律规范要求。

《公司法》《上市公司治理准则》《上市公司章程指引（2016年修订）》《劳动合同法》等相关法律及规范对董监高的聘任、解除及补偿等内容都进行了规定和制约。

美国允许任意解除劳动关系，而中国法律并不允许任意解除。因此"金色降落伞"条款在中国显然不能生搬硬套，只有充分理解，灵活运用，才能让"金色降落伞"条款得到更多上市公司的合理有效利用。

四、"金色降落伞"应该怎么用？

（一）灵活设置补偿方式

上面说到，"金色降落伞"条款在某种程度上不仅是针对恶意收购的事前防卫战略，它会增加收购公司的成本，意图让收购方大出血，从而使其放弃收购，而且可以吸引和留住优秀的职业经理人。所以，"金色降落伞"是对人的积极因素的更好利用与调动，有利于企业和市场的长远发展。

但是如何设置补偿条款是个重点。要清楚地区分和理解"金色降落伞"条款的报酬和《劳动合同法》项下规定的因解除劳动合同而需要支付的法定补偿金或赔偿金是两个概念，原则上不互相冲突，也不必然互相取代。根据劳动关系和合同关系的不同法律性质，补偿或赔偿的发生时间和条件也不同，需要清楚设定和区分。关于补偿形式可以不再局限于一次性的现金补偿，股权、股票期权、退休金等都可以作为约定的方式，给予股权或者期权某种程度上有助于促使高管在离职后不做出损害公司利益的行为，同时可以减少一次性现金补贴的税务压力。

（二）不能肥了高管坑了股东

"金色降落伞"策略提高了收购方的收购成本，能够在一定程度上对其形成阻碍。但用之不当则会成为管理层牟利的工具,增加管理层、职业经理人的道德风险,在面临企业被收购的情形下,盲目决策、恶意出卖公司利益以达到谋取私利的目的。

其中很大的一个敏感点在于补偿的金额,金额太大可能被认定为与被收购公司董事、监事、高级管理人员的义务相违背,被认为损害公司及股东利益,因此金额的合理性也将是监管机构监察的重点,不能肥了高管坑了股东。

故补偿金额的设定必须根据公司实际表现,如公司税后净利润规模情况,高管本身的年薪水平、工作年限的长短,以及是否在法定的劳动关系解除的补偿金或赔偿金之外另行支付等情况综合考量。

五、结语

法律允许公司自治决定高管薪酬,在合同和章程中约定提前解除合同的补偿。但适用的前提应是不违反法律禁止性规定,不损害公司和股东利益或是限制其他股东权利。对于"金色降落伞"这个舶来品,无论在条款上如何设计,都要在现行法律法规框架下进行,我们仍然还有很多研究和探索的空间。

港交所"同股不同权"的重启之路

——五年前马云播种,今天雷军摘桃

2018 - 06 - 04

许商业以敦厚,许科技以温暖,许大众以幸福,我们的征途是星辰大海,现在才刚刚走出了第一步,我们已经改变了几亿人的生活,未来我们将成为全球几十亿人生活中的一部分。

——雷军

无论你是不是"米粉",对雷军的互联网情怀"感不感冒",抢夺了多个"第一次"的小米又双叒叕上头条了。以"迅雷不及掩耳盗铃儿响叮当仁不让之势",成立 8 年的小米最终还是开启了上市之路。

也许你还记得雷军在 2015 年说过的那句:"小米五年内不会考虑上市。"这才过了三年,剧情就反转得让人措手不及,果然大佬们"翻脸"比翻书还快。也许正应了那句:对于企业来说,最大的确定性可能就是它的不确定性。

一、 我们的征途是星辰大海:小米或打响"同股不同权"第一枪

2018 年小米筹备上市,与港交所的上市新规密切相关。

4 月 24 日:港交所召开新闻发布会,公布新兴及创新产业公司上市制度咨询总结。

4 月 30 日:正式接受同股不同权的新兴及创新行业公司、未有盈收的生物科技公司上市。

5 月 3 日:小米在港交所提交 IPO 招股书,正式向港交所主板进军。

五年前,港交所与马云"分手"。此后,港股一直沉浸在失去阿里巴巴的懊丧中不能自拔,"没落""边缘化"这样的字眼频繁出现在报端。不仅痛失一只千

亿级的新股,梦碎 IPO 榜首,同时也影响了大批互联网科技型企业的去路。

痛定思痛后,港交所终于作出革新,港交所行政总裁李小加表示:"经过四年的不懈努力,港交所终于推出新的上市制度,迎来了香港资本市场激动人心的新时代。"同时,能否抓住小米这样的独角兽,可能决定了港交所是否能丢掉香港"全球估值最低市场"的帽子。

港交所酝酿多时的上市新规,一朝发力,吸引了众多独角兽企业。生效 3 天后,小米便成了第一个吃螃蟹的公司,打响港股"同股不同权"的第一枪。

电子商务研究中心网络零售部助理分析师方格在接受《美国侨报》记者采访时表示:"小米筹备上市已有一段时间,小米之所以选择香港的主要原因是,在'同股不同权'的模式下,其 CEO 雷军可以在掌握少数股权的情况下依旧牢牢控制公司,一定程度上保证了管理层的权利。"

由此可以看出,小米没像阿里巴巴一样走上纳斯达克道路的重要原因之一,就是港交所重新启动"同股不同权"机制。因此,也有媒体将此称为"五年前马云播种,今天雷军摘桃"。

二、"雷布斯"稳坐大佬交椅:持股 31.41%,表决权超过 50%

小米提交的招股书显示,小米的股权结构中,雷军持有 31.4124%的股份、林斌持有 13.3286%、黎万强持 3.2375%、黄江吉持 3.2375%,洪锋持 3.2207%、许达来持 2.9312%、刘德持 1.5494%、周光平持 1.4317%、王川持 1.1149%、晨兴集团持股 17.1931%,其他投资者持有 21.3430%。

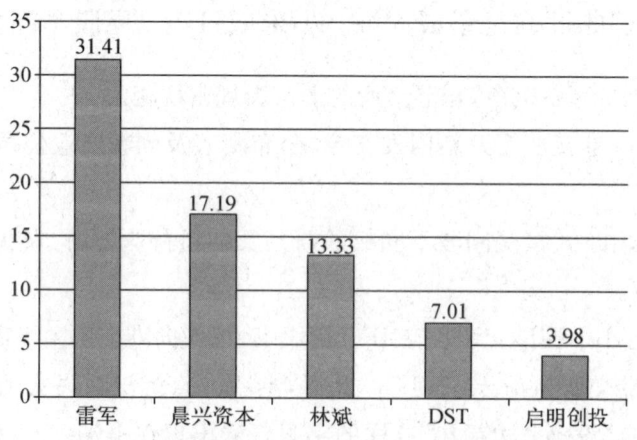

◎ 小米前五大股东持股比例(%,不含期权池)

如果不计入员工持股计划期权池,前五大股东持股超总股本七成。

这些股份中,小米创始人、董事长兼 CEO 雷军和小米联合创始人、总裁林斌是"同股不同权"的受益者。两人拥有的股票为具备"高投票权"的 A 类股票。相比 B 类普通股,投票权最高可达一股 10 票。

通过双重股权架构,目前雷军仅持有约 A 类股 4.29 万股,B 类股 2.28 万股。由此,雷军的表决权比例超过 50%,可以完全掌控小米。

何为"同股不同权"? 公司股权有两种权利:一是分红权,属于股权中的经济性权利;二是投票权,实质上是股东对公司经营决策的控制权。在同股同权的情况下,股东拥有的这两种权利的份额比例相等。但在同股不同权的时候,股东对分红权和投票权的份额配置将不成比例。在剖析"同股不同权"的本质特征前,我们需要对"同股"和"不同权"进行明确界定。

[同股]

所谓同股,指的是同样的公司"普通股",而非广义上的同一家公司的所有股票。假如将同股误认为广义上的所有股票,那么,普通股与优先股也成了当然的"同股不同权"了。事实上,即使在禁止同股不同权的法域(如当下的新加坡),也并不禁止公司发行优先股,并且允许优先股发行上市。因此,本文讨论的"同股不同权"不包含普通股和优先股的"不同权"。

[不同权]

同股不同权(或双重股权结构、AB 股结构)中的"不同权",即采用"同股不同权"的公司股票分为高投票权、低投票权的两种股票,高投票权的股票每股有 2 票至 10 票的投票权,称为 A 类股,一股一票甚至没有投票权的称为 B 类股。高投票权股一般由创始人团队持有,这种结构主要是为了确保公司创始人在融资过程中,不丧失对公司的控制权。

由此可见,"同股不同权"的本质特征是,清算顺位相同、股息权利相仿的股东,对公司经营的决策权却不相同。换言之,拥有高比例表决权的股东,能以更少的股权比例影响公司决策。

三、港交所迎 25 年来最具争议改革:错失阿里,这次要"抱紧雷军大腿"?

"同股同权"一度被视作香港金融界的核心价值观。正因为此,港交所将阿里巴巴拱手让给纽交所。

2013年的时候,阿里曾经想过到香港上市,然而阿里巴巴的"合伙人制度"实行的是"同股不同权",这一点触犯了香港市场"同股同权"的底线。被港交所拒绝后,2014年阿里在纽交所上市,以融资额250亿美元的规模成为有史以来最大的IPO。时至今日,阿里巴巴的市值已经接近4500亿美元,相当于3.5万亿港币,2.8万亿人民币。阿里每一次市值增加,香港交易所的心就痛一次。

如今,港交所痛定思痛"敞开怀抱",此次改革被业内誉为香港市场近二十多年来最重大的一次上市改革。

Q1:港交所为何坚持"同股同权"?

事实上,在70年代,英资企业为掌握公司控制权,曾发行投票权与原来股票(即甲股)相同,但面值不同的股票(即乙股)。港交所在本次上市制度改革前也存在唯一一只AB股,那就是太古股份有限公司,至今仍沿用AB股结构,但是AB股结构其后被质疑不公平。1989年12月港交所修例订明除特殊情况外,不再考虑公司双重股权结构。现时,太古股份有限公司的B股为硕果仅存的B股股份。

港交所之所以坚决反对"同股不同权",这和香港的法律有很大关系。香港缺乏集体诉讼的机制,私人针对香港上市公司的法律行为牵扯高额的金钱、人力代价。香港证监会认为,实行同股同权做法可以控制大股东的管制行为,如果放开同股不同权制度,创始人团队可以用很少的股份就控制整个公司,有可能发生侵害其他股东利益的行为。

Q2:为何又重启"同股不同权"制度?

据《中国基金报》报道,港交所曾经披露,金融和地产上市公司合计占香港市场总市值的44%,而过去十年在香港上市的新经济行业公司仅占香港总市值的3%,纳斯达克该比例达到60%,纽约交易所达到47%,伦敦交易所达到16%。

美国允许"同股不同权"的公司上市,正因如此,很多公司在香港碰壁之后,转去美国上市。除了阿里巴巴之外,新浪、微博、网易、百度、搜狐等大科技公司都赴美上市。

为了吸引全球独角兽公司,避免纳斯达克一枝独秀,港交所重启了"同股不

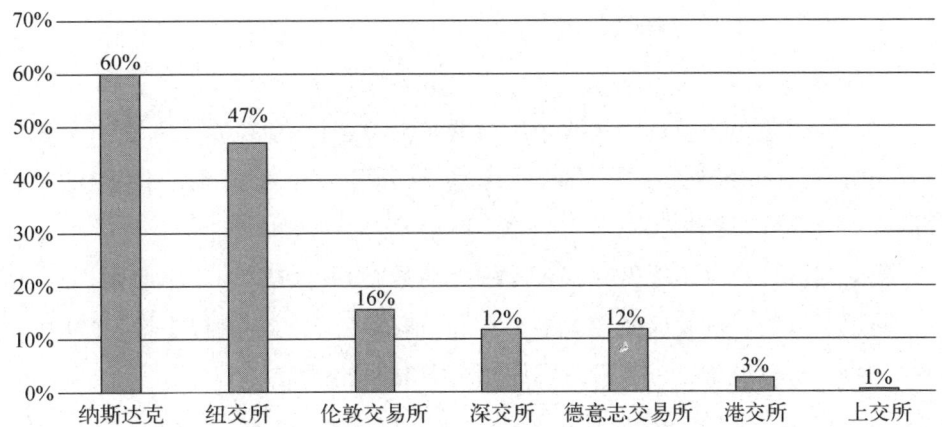

同权"。于港交所而言,实行此新规很好地适应了新经济公司的特点,扫清在争取一些炙手可热的互联网、科技类公司 IPO 时的一大障碍,有利于为港交所接纳多元化的公司结构,有利于拓宽香港资本市场上市渠道及完善香港上市机制,增强了香港证券市场在国际上的竞争力。

知识点:对于"同股不同权"公司的监管问题,港交所表示,已提出了一系列措施,包括上市后不得提高不同投票权比例;同股同权股东必须占 10%;重大事宜必须按"一股一票"的基准投票表决;加强披露;加强企业管治等。

四、延伸阅读:我国非上市公司"同股不同权"的法律基础?

(一)有限责任公司

1. 投票权

我国《公司法》第 42 条规定:"股东会会议由股东按照出资比例行使表决权;但是,公司章程另有规定的除外。"

2. 分红权

《公司法》第 34 条规定:"股东按照实缴的出资比例分取红利;公司新增资本时,股东有权优先按照实缴的出资比例认缴出资。但是,全体股东约定不按照出资比例分取红利或者不按照出资比例优先认缴出资的除外。"

可见,《公司法》对有限公司的投票权和分红权的相关规定,充分体现了有限责任公司人合性和股东意思自治的原则,除了"同股同权"法定意义下的常态外,都是"约定优于法定"的制度设计。

（二）非上市股份有限公司

1. 投票权

《公司法》第103条规定："股东出席股东大会会议，所持每一股份有一表决权。"同时，第126条规定："股份的发行，实行公平、公正的原则，同种类的每一股份应当具有同等权利。"

我国《公司法》对于股份有限公司施行的是"同股同权"的基本原则，并不认可不同投票权的双重股权架构。如果在股份有限公司的表决权中设定"同股不同权"的约定，将因与《公司法》基本原则相抵触而导致无效。

2. 分红权

《公司法》第166条规定："公司弥补亏损和提取公积金后所余税后利润，有限责任公司依照本法第三十四条的规定分配；股份有限公司按照股东持有的股份比例分配，但股份有限公司章程规定不按持股比例分配的除外。"

对比有限责任公司和股份有限公司的分红权的规定，股息分配的标准要把握"平等原则"，但是，《公司法》同时对分红做出了"约定优于法定"的自治性规定。但在投票权方面，股份有限责任公司不同于有限责任公司，必须严格遵守"同股同权"的基本原则。

五、结语

"同股不同权"的这种结构安排，一方面能够确保创始人团队通过持有更高投票权的股票，对股东大会的决策产生决定性的影响，确保对公司的控制权；但另一方面，它也是一把"双刃剑"，违背了现代公司的股东治理结构，不利于小股东或弱势股东利益的保障，易于引发公司管理中"一人武断"的情形。所以，就制度本身而言，没有对错之分，每种制度都有其存在的道理，在某种程度上讲，正是人们的不断质疑、修正、创新，市场才会更加完善，才能在更大程度上保护投资者的利益。

家族信托之"风控篇"

——让豪门谈钱不伤感情

2018－06－12

资本市场变幻莫测、风云诡谲,豪门世家该如何让财富"自动驾驶"?

家族信托在海外作为一种财富传承和保护的重要工具,已经有数百年的发展历史。那么家族信托究竟是如何保护我们的财富的?在具体操作中有哪些需要注意的呢?

一、家族信托:一双隐形的上帝之手

家族财富传承一直是个世界性的难题,也是富豪们永远关心的话题。在中国,改革开放30年造就了一大批富豪家族。不过,这群中国首批民营创业企业家,现在都面临着一个难题:"儿女们开始步入社会了,家族企业和财富如何传承下去?"

洛克菲勒曾说,成功的关键是"名下不拥有任何财产,但却控制一切"。这双控制的手,就是"家族信托"。

家族信托是一种信托机构受个人或家族的委托,代为管理、处置家庭财产的财产管理方式,以实现富人的财富规划及传承目标,最早出现在度过长达25年经济繁荣期后的美国。

家族信托,即资产的所有权与收益权相分离,委托人一旦把资产委托给信托公司打理,该资产的所有权就不再归他本人,但相应的收益依然根据他的意愿收取和分配。委托人如果离婚分家产、意外死亡或被人追债,这笔钱都将独立存在,不受影响。

家族信托能够更好地帮助高净值人群规划"财富传承",也逐渐被中国富豪认可。

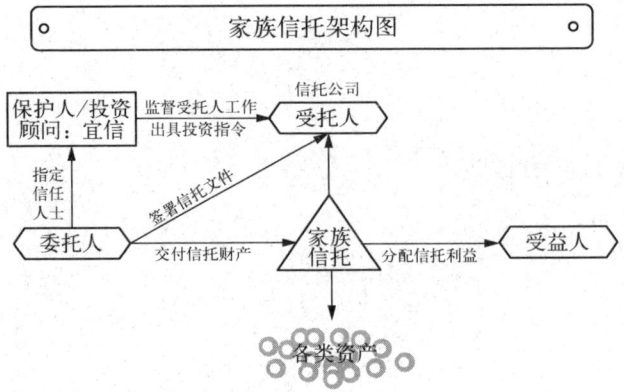

二、注意！这些家族信托无效！

纵然信托具有"防火墙"之功能，但也同样面临着被认定为无效或被撤销的情形，以及各种影响着信托财产安全的道德、市场、政策等风险。

根据《信托法》第十一条规定，有下列情形之一的，信托无效。

（一）信托目的违反法律、行政法规或者损害社会公共利益

所谓信托目的，是指委托人通过设立信托达到的目的，是信托行为最终要实现的具体内容。在信托关系存续过程中，受托人管理家族信托财产，处理信托事务，也必须依照信托目的行使。同时，信托目的明确了受托人的权利义务，是衡量受托人是否忠实、谨慎、诚实地尽受托人义务的依据和标准。但是该信托目的应该是合法的，如果家族信托目的违反了法律、行政法规或损害了社会公众利益，这种信托关系将会因目的不合法而无效。

（二）信托财产不能确定

《信托法》第七条规定："设立信托，必须有确定的信托财产，并且该信托财产必须是委托人合法所有的财产。"信托财产是信托的核心，设立信托必须要有明确的信托财产，且与受托人固有的财产相区别，如果信托财产不明确，受益人、受托人的利益都无法得到保证。

（三）委托人以非法财产或者本法规定不得设立信托的财产设立信托

无论是资金类家族信托、股权家族信托、动产或不动产家族信托抑或是保险金家族信托，信托财产必须符合《信托法》第十四条之规定，法律、行政法规禁

止流通的财产,不得作为信托财产。法律、行政法规限制流通的财产,依法经有关主管部门批准后,可以作为信托财产。信托财产必须具有可转让性、确定性、物上替代性、独立性、有限性、风险隔离性、单向性等特征。

《人民的名义》热播带火了"信托基金",关于高小琴在中国香港设立的两亿港币信托基金是否有效、是否受法律保护的文章在网上铺天盖地。本文仅依据电视剧中简单的剧情介绍来看,如高小琴使用非法财产建立信托,那么信托设立无效,法律不予保护,且非法财产及所得应予没收。

(四)专以诉讼或者讨债为目的设立信托

禁止诉讼信托、讨债信托是关于信托目的的禁止性规定,不过,如果信托目的不是诉讼或者讨债,而相关当事人为了实现信托目的进行的诉讼或者讨债行为,是不受影响的。

(五)受益人或者受益人范围不能确定

信托合同是信托行为中常见的一种文件,在家族信托设立中,应详细约定家族信托中的全部事项,特别是受益人或受益人的范围,如果没有载明,那么该家族信托将会因信托目的无法实现而归于无效。

(六)法律、行政法规规定的其他情形

三、可撤销的家族信托

如上文所说,家族信托不可能被随意地用来作为财产所有人规避债务的工具。因为,如果委托人可以随时设立一个信托(把资产装进去),之后又可以随时解除该信托,那么这个工具就可以被滥用,这对于债权人来说就会造成不公平。

所以,家族信托不可以随便撤销,可撤销的家族信托主要有两种:一种是委托人自行申请撤销,另一种是债权人申请撤销。第一种撤销应根据设立时签署的信托合同相关规定由委托人行使,这里主要说下第二种撤销的情形。

《信托法》第十二条规定:"委托人设立信托损害其债权人利益的,债权人有权申请人民法院撤销该信托。人民法院依照前款规定撤销信托的,不影响善意受益人已经取得的信托利益。本条第一款规定的申请权,自债权人知道或者应当知道撤销原因之日起一年内不行使的,归于消灭。"

（一）关于欺诈性信托

在设立家族信托时，委托人需要转移信托财产的所有权。对于信托财产权的归属，一般认为家族信托财产将物权中原有的受益权分离出来，占有、使用、处分权归受托人，受益人具有收益权，正如此，家族信托具有财富管理和风险隔离功能。但是，这也让通过家族信托此功能恶意逃避债务损害他人利益者有机可乘。

所谓欺诈性信托，是指债务人明知损害债权人的利益而设立的信托，由此设立的信托构成债权人行使撤销权的对象。

《信托法》明确规定禁止债务人利用信托从事损害债权人利益的活动。根据这一规定，委托人设立信托，其客观后果导致债权人难以实现其债权，损害债权人的利益的，该债权人有权申请人民法院撤销该信托。债权人行使撤销权只依委托人的行为后果，受托人是否存在恶意不是行使撤销权的要件，因为受托人不处于享受信托利益的地位，撤销权行使的后果一般对受托人不造成影响。

（二）善意受益人不受撤销权的影响

在信托关系中，由于存在不知情的受益人，特别是在他益信托中，受益人不参与信托的设立行为，而且许多民事信托中，受益人是无民事行为能力人或限制民事行为能力人，因此，在赋予债权人撤销权的同时，还要考虑受益人的利益。

从各国信托法的规范来看，为了平衡债权人和善意受益人的利益，都规定债权人行使撤销权时，不影响善意受益人已经取得的信托利益。但是，如果受益人是委托人自己，或受益人明知委托人设立信托的目的是逃避债务，即存在恶意，则行使撤销权的后果约束受益人。

（三）撤销权的消灭时效

为了稳定法律关系，避免法律关系经常处于变动之中，对当事人的权利时效作出规定是必要的。因此，对于委托人的债权人来说，应当注意撤销权的消灭时效，在法律规定的时效内行使自己的权利，以维护自身的合法权益。

可撤销的家族信托被撤销后的法律后果归于无效，受托人和受益人需要返还信托财产。

四、家族信托风险及控制

有收益就有风险,就家族信托来说,也同样存在信托投资遭受损失的可能性,而家族信托作为家族财产传承的重要方式,最大限度地降低风险关系到家族财产能否长久传承。

(一)风险来源

1. 受托人道德风险

受托人的道德风险指的是信托受托人蓄意违规违法或与受托人的利益主体串通,谋取自身利益而给受益人带来损失的可能性。

受托人在家族信托关系中担任重要角色,受托人接受委托人的信托,是直接对信托财产进行支配、处分的主体,信托财产的增减与安全,信托收益的多少,都与其有着直接关系,受托人一旦违反相关规定或职业道德而对信托财产造成损失,可能是受托人本人难以承担和挽回的。

受托人主要道德风险有:① 将信托财产挪为他用;② 利用信托财产谋取不正当的利益;③ 违背信托目的或信托文件的规定处分信托财产;④ 与相关利害关系人进行内部交易或将不同委托人的信托财产之间进行相互交易等。

2. 市场风险

市场风险是必然存在的,也是所有经营者都无法完全避免的。在家族信托中,主要的市场风险有:利率风险、汇率风险、通货膨胀风险、金融证券和金融衍生品价格波动所带来的风险。

3. 政策风险

政策风险具有很大的不确定性,这种风险很难预知也很难规避。自1979年中国信托业复业以来,国家政策对信托业有过多次的整顿:1988年将清理整顿金融信托机构作为控制货币、稳定金融的措施,1993年切断银行与信托公司的资金关系,1998年实现信托业、银行业、证券业分业经营管理,2007年对信托业实施分类监督等。每一次国家政策的变化都会给家族信托带来影响。

4. 操作风险

操作风险属于伪风险,原则上可以通过完善相关的管理、监控制度进行防范,但是,由于受托人公司内部制度的不完善、受托人本身对于管理信托财产的经验和能力不足、决策失误等,使得信托市场"乱象丛生"。

5. 信用风险

指的是家族信托相对人因各种原因不履行或不完全履行与委托人所签署的合同义务,导致委托人遭受损失,从而影响到信托财产的风险。

(二)风险控制

对于以稳定和长远理财为目标的家族信托而言,风险控制是不可缺少的重要部分,也是实现信托目的的前提条件之一。

1. 增强委托人风险意识和风险观念

如何选取信托公司、签订怎样的信托合同是关系着信托财产承受多大风险的关键一步,而上述这些都是由在家族信托关系中有着特殊地位的委托人来完成。在信托关系成立后,委托人的监督者角色也使其担负着监控风险的责任。因此,增加委托人的风险意识和风险观念,是家族信托风险控制的第一步。

2. 受托人应及时进行信息披露

就现如今的信托而言,受托人的强制性规定多是以事后惩罚的方式来实现的。委托人或其他监督主体,行使监督权大部分都依赖于受托方的信息披露。因此,受托人应依据有关法律法规、信托文件的规定,告知委托人或其他监督主体信托设立的情况、信托财产管理和运用的方式、信托财产的状况、收费及费用支出情况以及其他与信托财产运用有关的情况,便于受托人自查及监督主体的有效监督,从而降低风险。

中国有句俗语说"富不过三代",然而,海外传承百年的庞大家族数不胜数。那么,你是更愿意家族昙花一现,还是百年兴旺呢?

全球征税时代来临,富豪的钱财将裸奔?

2018 - 06 - 19

> 这世界上没有什么事儿是一定的,除了死亡和税收。
>
> ——本杰明·富兰克林

或许为了避税,你曾隐瞒自己的海外收入,这样中国税务局就无法核查你的海外收入。但是,随着共同申报准则(Common Reporting System,简称CRS)在全球各国的推进,只要你是中国居民(包括长期居住在中国的外国人),你在海外的收入对于中国税务局就是透明的!近在眼前的例子有:2018年1月,东莞市税务局就108名境外人员的收入补扣缴个税高达3608万元。

还记得当年CRS刚出台时,大家一片哗然,很多抱有侥幸心理的人认为只是吓唬人。结果呢?你不理CRS,但CRS会来找你!那么,这个让高净值人群感到"没有安全感"的CRS到底是啥?

事情是这样的:2010年美国通过了海外账户税收遵从法案(FATCA),要求全世界的金融机构把美国税务居民的信息无条件地向美国税务局申报。

其他国家一看,这招不错啊,就由经合组织提出了全球范围的CRS,即共同税务汇报系统。也就是说全球各国联合起来打击逃税,让所有参与国的金融机构将他国的税务人在本国的账户信息自动汇报回他的税务所属地。

举个简单的例子,假如中英CRS配对成功,政策正式实施以后,有个中国老板曾经在英国存了一大笔钱,那么无论钱是何时存的,只要还在账户中,中国税务总局便会收到来自英国的存款信息金额披露。

CRS一经提出,各国纷纷响应,竟是前所未有的"万众一心"。如今CRS协议已经覆盖超过一百个国家和地区,其中包括中国富豪们最喜欢的地方:开曼、百慕大、瑞士、中国香港、新加坡、澳洲等。避税天堂已经成为过去。

俗话说,不打无准备的仗。CRS这番来势汹汹,以下8个问题有必要先了解一下:

Q1:税收居民如何界定?

税收居民是指由于与某一特定国家(居住国或具有一国国籍)的人身依附关系而被认定在该主权国负有无限纳税义务的自然人或法人。每个国家对于自己国家的税收居民都有严格的界定。一般来说,长期定居在某个国家的人士往往被视作该国的税收居民。

如中国公民李先生在加拿大定居,但他在香港渣打银行开有个人账户,他需要向银行提供其税收所属地的有关信息,若银行识别李先生为加拿大的税收居民,则其账户信息将最终汇报给加拿大的税务机关。

Q2:海外哪些金融资产属于搜集并申报的范围?

YES:证券、合伙权益、大宗商品、掉期、保险合同、年金合同或者上述资产的权益,前述权益包括期货、远期合约或者期权。

NO:实物商品或者不动产非债直接权益(比如房产、珠宝首饰、字画古董、飞机游艇……)

Q3:CRS覆盖哪些类型海外机构的账户?

话不多说,请看下表:

存款机构	• 各种接受存款的银行或类似机构
托管机构	• 近三个会计年度总收入的20%以上来源于为客户持有金融资产的机构
投资机构	• 近三个会计年度总收入的50%以上来源于为客户投资、运作金融资产的机构 • 近三个会计年度总收入的50%以上来源于投资、再投资或者买卖金融资产,且由金融机构进行管理并作出投资决策的机构 • 以投资、再投资或者买卖金融资产为目的而设立的投资机构
特定保险机构	• 开展有现金价值的保险或者年金业务的机构

Q4：FACTA 与 CRS 的区别？

值得注意的是，与美国 FATCA 的双边信息交换机制不同，CRS 属于全球性的信息交换，为了防止个人通过在非 CRS 国设立投资机构而不合理避税，CRS 特别增加了一类消极非金融机构（Passive NFE），即位于非 CRS 国的投资机构。作为非金融机构，消极非金融机构本身没有任何 CRS 下的合规义务，无须识别金融账户并搜集和申报金融账户信息。但是如果消极非金融机构持有另外一家金融机构的金融账户时，该金融机构不仅需要识别该消极非金融机构的税收居民身份，同时需要"穿透"该消极非金融机构，识别出其实际控制人的信息。

例如，中国居民 A 是 B 公司的实际控制人，B 公司是一家注册在博茨瓦纳（非 CRS 国）的投资公司。B 公司的唯一资产是在奥地利（CRS 参与国）某银行存有的现金 1000 万欧元。奥地利银行作为一家金融机构，在识别其金融账户持有人 B 公司时，会要求 B 公司提供其 CRS 下的合规身份。由于 B 公司的资产只有现金，通常在 CRS 下会被分类成消极非金融机构，奥地利银行会要求 B 公司提供其实际控制人 A 的信息。理论上，A 的金融账户信息就会于 2018 年 9 月进行信息交换时被传达给其税务所属地中国税务局。

Q5：哪些信息属于 CRS 交换的范围？

账户的基本信息：账户持有人的姓名/名称、账号、出生地、出生日期、现居地址、税收居民国（地区）、居民国（地区）纳税人识别号。（机构账户持有人属于消极非金融机构的，还应当报送实际控制人的基本信息。）

账户的余额或者净值（包括具有现金价值的保险合同或者年金合同的现金价值或者退保价值）：存款账户，收到或者计入该账户的利息总额（自然年度内）；托管账户，收到或者计入该账户的利息总额、股息总额以及其他因被托管资产而收到或者计入该账户的收入总额（自然年度内）；其他账户，收到或者计入该账户的收入总额，包括赎回款项的总额（自然年度内）。

此外海外保单也属于交换的范围。对于纳入 CRS 的国家（地区），例如比较常见的香港保险在申报范围内。当然海外家族信托下的公司户口也无法避免，金融机构将根据信托架构内设公司的税收居住地和信托受益人的税收居住地分别进行信息汇报。

Q6：中国税收居民设立的海外公司的银行户口也将受影响吗?

CRS 有"穿透"这一法宝。如中国居民李先生设立了自然人独资 BVI 公司,该公司在瑞士一家银行拥有银行账户。瑞士银行将把这个账户分别处理:

法人层面:银行需要将公司法人户口的税收所属地识别为 BVI,相关信息最终将传至 BVI 税务机关。

自然人层面:公司的实际控制人为中国税收居民李先生,他的个人信息及账户信息也将通过瑞士税务机关最终交换至中国税务机关。

Q7：移民能否规避 CRS?

谢律师很肯定地告诉你:不能哦。无论持有哪国护照,一年中绝大多数时间生活在中国的自然人,都被视为中国税收居民。

Q8：高净值人士应如何应对?

合理避税三大法宝

① 合理配置资产

虽然保险、托管机构纳入CRS金融机构,但可以用好金融机构与非金融机构,利用信托、基金、保险、托管机构、房地产合理配置资产。

② 合理利用家庭成员

转移资产、金融账户至不必被全球征税的家庭成员名下,父母、配偶、子女都可能合理避税。

③ 移居到低税国家居住和/或拥有一个低税国家的国籍

移民不能够绕过CRS的相关规定,但移民并移居并重才是上上策。在FATCA实施后,为了躲避高额的全球征税,美国富豪也开始移民了,每年放弃美国国籍/绿卡的人数不断上升。其中就包括Facebook前联合创始人爱德华多·萨维林和量子基金联合创始人吉姆·罗杰斯。2012年,爱德华多·萨维林在公司上市前果断放弃美国籍,并在新加坡居住。有些国家规定须在该国居住超过一定时间,一般为半年,这样可选择居住在两个国家。

CRS 在各国的落地预示着全球征税将进入一个全新的时代。作为高净值人士,应时刻关注中国税务机关对于个人反避税的实施进程,设计合法合理的筹划方案。纵然 CRS 来势汹汹,又有何惧!

股权激励这么火,上市国企却只能戴着镣铐跳舞?

2018 - 06 - 26

国企在很多人的眼中,就是"保守""传统"的"最佳代言人"。

就拿"股权激励"来说,资本市场上玩得那叫一个轰轰烈烈,可国有控股企业却一直"敬而远之"。说到这个,国企人也是一把辛酸泪:上市了又怎么样?股权激励跟我们有半毛钱关系啊!

其实,这还真不能怪人家上市国企"胆子小""太抠门"。事实上,有关国企股权激励的探索,自改革开放初期至今,就一直没停止过。然而知易行难,基于国企背景的特殊性,股权激励不得不戴着镣铐跳舞。

一、漫漫长征路:爬坡过坎滚石上山

改革开放之初,国企改革便被提上议程,而探索国有企业经营者的激励约束机制、激发国企的活力成为国企改革的主要议题之一。

从1987年底国有大中型企业普遍实行承包制,到1994年前后开始提出对国有企业经营者实行年薪制,再到1996年股权激励的雏形"期股制"的出现,对国企经营者激励约束机制的探索从未中断。

1999年,党的十五届四中全会通过的《中共中央关于国有企业改革和发展若干重大问题的决定》提出积极探索资本、技术等生产要素参与收入分配的办法,国有股权激励再进一步。

2000年,由于《公司法》和《证券法》没有进行相应的修订,加之国企改革遇到困难,股权激励作为一种更激进的改革措施被搁置下来。国企股权激励迅猛发展的势头在一段时期内进入政策空白期。

直到 2005 年股权分置改革启动,国企股权激励终于又迎来难得的契机。为增强上市公司进行股权分置改革的意愿,监管层搬出了"胡萝卜加大棒"的政策,"大棒"指的是不股改则不准再融资,"胡萝卜"便是股权激励。

2005 年 12 月 31 日,《上市公司股权激励管理办法(试行)》出台;2006 年 1 月 1 日,与之配套的修订后的《公司法》和《证券法》也正式实施;随后,《国有控股上市公司(境外)实施股权激励试行办法》(8 号文)和《国有控股上市公司(境内)实施股权激励试行办法》(175 号文)先后出台。

但是,国有上市公司股权激励在 2006 年的"春天"是如此短暂。截至 2017 年底,在 3000 余家上市公司中,国有企业的占比达到 29.16%。但是在 2017 年公布股权激励预案的上市公司中,国有企业仅占 7%。国有上市公司中,发布股权激励预案的公司比例明显偏低。

二、未来新征程:箭在弦上蓄势待发

股权激励作为长期激励的一种手段,激励员工从"要我做"转变为"我要做",使员工和企业长期利益保持一致。与薪酬激励、精神激励等相比,股权激励不仅是激励员工为企业长期发展服务的一种制度安排,更是国企混改和员工薪酬制度改革的重要突破口。虽然在探索的过程中遇到了一些坎坷,但我们可以看到,自 2018 年开始,国有企业股权激励的路子是越走越宽。

2018 年 3 月 10 日,第三批国有企业混改试点名单确定,一共 31 家:中央企业子企业是 10 家,地方国有企业 21 家,三批混改试点加起来一共是 50 家。目前 18 家中央企业集团、39 户子企业在试点。在国企混改的良好预期下,国有企业股权激励已箭在弦上,蓄势待发,有望在接下来 3—5 年出现爆发性增长。中国联通、云南白药、东航物流的混改尝试,将为国有企业混改提供范本。

与民营上市公司相比,国有股权激励之所以少,主要是因为国有上市公司受到证监会和国资委的双重监管。在这种状况下,国有上市公司实施股权激励的业绩要求更为苛刻,方案设计约束条件更多,激励对象的收益设置了明确上限,从而给国有上市公司实施股权激励带来非常大的困难和阻力。所以,国有上市公司想要实施股权激励,还真不是头脑一热说干就干的。

三、戴着镣铐跳舞：上市国企的特殊待遇

（一）企业要符合激励条件

支持性条件	①治理结构上：股东大会、董事会、经理层职责明确，在董事会组成人员中，外部董事的人数占一半以上；薪酬委员会由外部董事构成。 ②财务状况上：公司有良好的财务状况、稳健的经营业绩，最近三年无违规违法记录。 ③发展战略上：公司有明确的发展战略。 ④公司制度上：公司有规范的基础管理制度、完善的内控制度、市场化的劳动人事分配制度、劳动用工制度、有效的绩效考核体系。
限制性条件	① 财务会计报告：若注册会计师最近一个会计年度出具过否定意见或者无法表示意见的审计报告，则该企业不可实施股权激励。 ②内部控制：若注册会计师最近一个会计年度针对该企业财务报告内部控制发表过否定意见或无法表示意见，则该企业不可实施股权激励。 ③利润分配违规：若公司上市后最近36个月内出现利润分配违规的情形，则该企业不可实施股权激励。

（二）员工要符合激励条件

1. 确立激励对象的依据

国有上市公司在确定股权激励的员工范围时，要充分考虑该员工的职务、为企业服务的年限、业绩贡献、前景、管理员工的范围、职业稀缺程度、影响力等要素，确定各要素的权重，对多个因素进行加权评分。

2. 可以成为激励对象的员工范围

①国有上市公司董事、高级管理人员、对公司整体业绩和持续发展有直接影响的核心技术人员和核心业务人员。上述高级管理人员包括：经理、副经理、董事会秘书、财务负责人及公司章程认定的其他高级管理人员。

②若担任上述职务的人员为外籍人员，只要其在境内工作，可被列入股权激励范围。

③国有上市公司母公司的负责人在国有上市公司担任职务的，可被列入股权激励范围。

④若实施股权激励的企业属于中关村国家自主创新示范区企业，其激励对象可以是在本企业连续工作超过三年的下述人员：重大开发项目的负责人、关键科技成果的主要完成人、核心技术及主导产品的主要技术成员、主持企业全面生产经营的高级管理人员、负责企业的主要产品合计占主营业务收入一半以上的中、高级经营管理者。

⑤如果股权激励的对象不是国有上市公司的董事、高管、核心业务人员、核心技术人员的，国有上市公司在股权激励计划中应仔细分析其与国有上市公司的业绩或者业务方面的关联关系大小，进一步阐述将其作为股权激励对象的合理性，防止利益输送，造成国有资产流失。

3. 不能成为激励对象的员工范围

①国有上市公司独立董事。
②由国有上市公司母公司以外的人员担任的外部董事。
③国有上市公司监事。
④已参加其他上市公司股权激励计划的员工。
⑤未在国有上市公司任职,未与国有上市公司(包括其母公司的员工)签署劳动合同的员工。
⑥最近一年内被证券交易所、中国证监会或其派出机构公开为不适当人选;最近一年内因重大违法违规行为被中国证监会及派出机构予以行政处罚或采取措施。
⑦在股权授予日,任何持有上市公司5%以上有表决权的股份的人员,未经股东大会批准,不得参加股权激励计划。
⑧根据《公司法》规定不得担任公司董事、监事、高管的人员亦不得参与股权激励计划。

(三)实施方式

国有控股上市公司股权激励的方式通常有三种:期权、限制性股票和员工持股计划。目前使用较多的是期权、限制性股票。

(四)激励份额

国有控股上市公司如果实施员工持股计划,则在激励份额方面与普通上市公司没有差别。但如果通过期权或限制性股票进行股权激励,则首次实施股权激励时激励份额总量不得超过当前股本的1%。

在股权激励计划有效期内授予的股权总量,应结合上市公司股本规模的大小和股权激励对象的范围、股权激励水平等因素,在0.1%—10%之间合理确定,但股票总数累计不得超过公司股本总额的10%。

(五)激励价格

目前来说国有控股上市公司股权激励的方式主要是期权和限制性股票。期权是要有行权价格的,根据《试行办法》的规定,应当按照公平市场价原则,确定股权的授予价格(行权价格)。

1. 上市公司股权的授予价格应不低于下列价格中较高者:

(1)股权激励计划草案摘要公布前一个交易日的公司标的股票收盘价;

(2)股权激励计划草案摘要公布前30个交易日内的公司标的股票平均收

盘价。

2. 上市公司首次公开发行股票时拟实施的股权激励计划，其股权的授予价格在上市公司首次公开发行上市满 30 个交易日以后，依据上述原则规定的市场价格确定。

（六）收益方面的限制

国企员工参与期权或限制性股票时，每年最终收益不得超过其获授期权（限制性股票）时总收入（含股权激励收益）的 40％，超额部分将上交公司。这对于员工采用期权或限制性股票的积极性有所打击，而在员工持股计划方面无此限制。

（七）禁售安排

国有控股上市公司期权和限制性股票的锁定期是不得少于 24 个月，而普通上市公司锁定期是不得少于 12 个月。此外，对于国有控股上市公司高管来说，有不得少于 20％的期权或限制性股票需在任期结束后考核达标方可行权或解锁。

四、在实践中突破：政策框架应更接地气

有人问：既然国企股权激励力度小、难度大，在很大程度上沦为"鸡肋"，那么国企股权激励还有没有必要做呢？答案是肯定的。

事实上，对于国资委来说，其在审批国企股权激励时也有着自己的难处。"一管就死，一放就乱"。国企的所有者与经营者分离是基本现实，多数国有企业监管机构也是隔好几层集团、控股平台来间接监管上市国企，所以为避免国有资产流失而设计的相关政策多其实也无可厚非。

基于此，我总结出几处关键政策约束及其现实背景下的一些不太合理的影响，以及企业在实践中努力争取的一些空间以做分享。

1. 政策中较为重点的几处限制及其不合理影响

要项	监管出发点	实践中的不合理影响
激励授予有业绩前提	防止经营团队把公司做太差，然后再提升业绩水平以实现收益。	确实有一大批企业并非主观意愿做低企业，而是整个行业在走下坡路，或是上一任经营班子留下的业绩困境，但这样基础差的企业可能失去实施股权激励的机会。

续表

要项	监管出发点	实践中的不合理影响
收益兑现业绩条件	防止经营团队把公司业绩目标定太低以实现收益。	更多是跟行业比而不是跟自身比,对于基础较差的企业来说反而失去了激励的机会。
激励对象仅限公司员工	避免变激励为福利激励非重要人士,避免经理人操控激励自身利益相关人。	确实有一部分企业由于历史原因导致部分人员在上市公司任职但劳动关系不在上市公司;另有一些特别市场化的企业还有相关人士可一并参与激励有利于绑定其贡献。
激励水平设限	避免激励水平过高造成管理层为获得收益铤而走险弄虚作假。	对于充分市场化竞争的国有企业而言,其核心人才待遇水平(无论是薪酬还是股权激励)无法达到行业吸引力,人才吸引与保留都是难题。
时间周期5年	坚持长期激励原则	实践中由于国企领导人任期为3年一期,许多企业一届领导人激励计划时间超过了其实际任期。

2. 具体政策及部分企业在实践中的一些突破

要项	政策约束	实践中的突破
激励授予前提	启动授予时当期业绩不得低于: ①公司前3年平均业绩水平 ②公司上一年度实际业绩水平 ③公司同行业平均业绩(或对标企业50分位值)水平	对于基础较差的企业,选择更有针对性的对标企业,除了经营业务范围更相似外,包括资产规模、收入规模都可以作为筛选条件。
收益兑现业绩条件	原则上指标要求有三种: ①当期业绩不低于公司前3年平均水平 ②不低于上一年度业绩水平 ③不低于同行业平均水平(或对标企业75分位水平)	多家企业并未严格按照办法中的三种类型作为指标;部分指标(如净资产收益率)亦不严格按照同行业水平比较;多家企业灵活约定激励对象未来收益与公司经营业绩增长匹配,提升方案的整体激励性。
激励对象	原则上限于上市公司董事、高级管理人员以及对上市公司整体业绩和持续发展有直接影响的核心技术人员和管理骨干。	部分企业亦激励了实际在公司任职的母公司、相关联公司高管,一些外部重要资源人士。比如青岛双星控股股东双星集团有限责任公司党委书记、董事长、总经理柴永森参加股权激励,获授限制性股票35万股。

续表

要项	政策约束	实践中的突破
激励水平	①总体不超过股本的10% ②首次授予原则上不超过股本的1% ③单人12个月内授予不超过股本的1% ④原则上收益水平不超过薪酬总水平要求，A股40%、H股40%、红筹50%	多数企业突破了国资政策首次1%的授予总量限制，比如高鸿股份3.00%、光迅科技3.32%、中国联通2.90%、青岛双星2.96%。超过收益水平上限后，部分企业自愿上缴（或超出部分自愿放弃行权或主动终止回购注销），多家企业实际并未执行。
时间限制	①至少5年，等待期（锁定期）不少于2年，行权期（解锁期）不少于3年； ②在行权有效期内原则上采取匀速分批行权办法。	多数企业采取最短时限5年；解锁比例安排采取了前高后低的方式，由此激励对象能相对更早地获得收益。

五、结语

通过分析政策明确企业是否适合开展股权激励是表面的第一步，国资监管机构的沟通报批也很关键，实际中有许多企业并不隶属国务院国资委，另有各地国资委、各部委直属企业以及校属企业等不同的国资监管机构，多数监管机构还单独设有规定，对所辖企业做了更有针对性的政策要求。有的企业两三个月就能审批通过，有的企业沟通上报时间长达数年终于艰难分娩，有的企业则在报批过程中悄然终止上报。因此，建议上市国企实施股权激励除充分理解政策以外，针对自身企业做出合情合理的方案设计、充分与国资主管机构沟通是最终激励成型的关键。

为一张牌照抢破头,上市公司抢滩布局的"融资租赁"到底是啥?

2018 - 07 - 04

2018年5月14日,商务部办公厅发布通知,已将制定融资租赁公司、商业保理公司、典当行业务经营和监管规则职责划给中国银行保险监督管理委员会,自4月20日起,有关职责由银保监会履行。对融资租赁行业而言,两类三机构的管理模式正式成为历史,融资租赁行业就此进入大监管时代。

在融资租赁监管划转至银保监会的背景下,上市公司对融资租赁牌照的热情更盛。作为"类金融"牌照里申请门槛最低的一张,2018年上半年已有12家上市公司加入了这场"牌照大战"中。

随着划转后的监管趋严,在注册收紧之前,谁拿到了融资租赁牌照,就可掌握先发优势。简单说来,就是以后融资租赁牌照的申请将越来越难,物以稀为贵,先抢一张攥在手心,就算用不到还能升值呢!

正是在这种背景下,融资租赁,作为一种新型融资工具,一夜之间变得大红大紫起来。那么到底什么是融资租赁呢?

一、什么是融资租赁?

融资租赁(Financial Leasing)又称设备租赁(Equipment Leasing)或现代租赁(Modern Leasing),是指实质上转移与资产所有权有关的全部或绝大部分风险和报酬的租赁。资产的所有权最终可以转移,也可以不转移。

融资租赁的基本形式包括直接租赁、售后回租、杠杆租赁。

(一)直接租赁

直接租赁是融资租赁的主要形式。《合同法》第二百三十七条:融资租赁合同是出租人根据承租人对出卖人、租赁物的选择,向出卖人购买租赁物,提供给承租人使用,承租人支付租金的合同。

【案例】
甲企业急需资金买设备,但因为种种原因,无法从银行贷款或其他渠道融资。租赁公司这时出手相助,出钱将设备买下来,然后租给甲企业,设备相当于一种抵押。甲企业分期将租金付给租赁公司,几年之后,租赁公司将设备折价卖给企业。

优点:这种方式可以缓解企业前期资金压力,尤其是一些中小型企业。

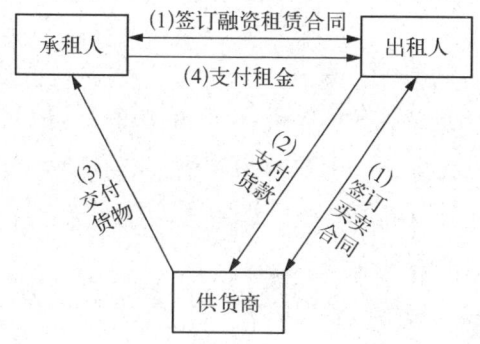

（二）售后回租

售后回租是指承租方由于急需资金等各种原因,将自己的资产出售给出租方,然后以租赁的形式从出租方原封不动地租回资产的使用权。在这种租赁合同中,除资产所有者的名义改变之外,其余情况均无变化。

【案例】
乙企业急需资金加大生产,因为种种原因,无法从银行贷款或其他渠道融资。无奈之下,乙企业把厂里的一台生产设备出售给租赁公司,但因为还需要用该设备进行生产,所以又重新向租赁公司租用该设备。

优点:它使设备制造企业或资产所有人在保留资产使用权的前提下获得所需的资金,同时又为出租人提供有利可图的投资机会。

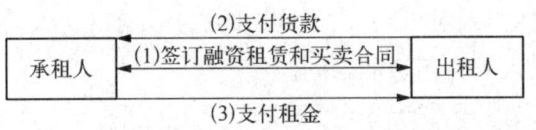

（三）杠杆租赁

杠杆租赁是指涉及承租人、出租人和资金出借人三方的融资租赁业务。一般来说，当所涉及的资产价值昂贵时，出租方自己只投入部分资金，通常为资产价值的20%—40%，其余资金则通过将该资产抵押担保的方式，向第三方（通常为银行）申请贷款解决。租赁公司然后将购进的设备出租给承租方，用收取的租金偿还贷款，该资产的所有权属于出租方。出租人既是债权人也是债务人，如果出租人到期不能按期偿还借款，资产所有权则转移给资金的出借者。

【案例】

丙企业急需一组大型成套设备，由于金额巨大，他找到了租赁公司为其融资。租赁公司成立了一个脱离租赁公司主体的操作机构——专为本项目成立资金管理公司垫付出项目总金额25%的资金，其余部分资金来源主要是吸收银行和社会资金。

优点：通过"以二博八"的杠杆效应，吸收项目中的资产折旧和利息扣减，最充分地享受税收的好处，在出租人（项目发起人）、承租人和贷款人之间实现多赢，适合应用于大型特大型项目。

二、融资租赁有哪些好处？

融资租赁相较于发行股份和银行借款而言，具有手续更简单、门槛更低等优势，对中小企业来说，不失为一个选择。

1. 融资功能

帮企业缓解资金压力，是企业扩大投资、进行技术改造、实现资产变现、增加资产流动性，缓解债务负担的有效筹资渠道。

2. 融物功能

帮企业获取所需设备，实现商品在不同的市场主体之间的自由流动。

3. 投资功能

融资租赁公司作为一个载体,可以通过吸收股东投资、借贷、发债、上市等融资手段拉动银行贷款,吸收社会投资。

4. 资产管理功能

融资租赁公司可以帮助经营困难的企业盘活资产,使企业的资产物尽其用,真正实现企业的价值增值。

三、融资租赁业务常见的法律风险

(一)融资租赁法律关系的认定风险

实践中,融资租赁合同常常与借贷合同相混淆,融资租赁合同与单纯的借贷最大的区别即在于是否存在租赁物,这一区别在有物作为抵押的情况下不难从法律上进行区别,但在售后回租型的融资租赁中尤其难以辨认。

如融资租赁合同转化为借贷合同关系审理,企业间借贷合同有效的条件为:①借款系生产经营需要;②融资租赁公司以自有资金拆借;③融资租赁公司并不以资金拆借为常业。如符合上述条件继而认定借贷关系成立,融资租赁公司的租金和利息条款受到法律保护。

(二)出租人的风险防控机制存在疏漏

在缔约过程中没有建立完善缜密的资信审查和风险管理机制,承租人容易出现下落不明、偿付能力不足等情况;售后回租业务中出租人对承租人提供的标的物资产,疏于查验和办理过户、登记等必要手续,存在标的物资产价值与融资额差距较大的情况;甚至出现承租人与出卖人恶意串通,虚构租赁物及虚假交付,套取出租人资金的行为。

(三)融资租赁合同条款设计不够缜密

对一些业务术语和容易引发争议的问题未作清晰明确的约定,容易引发合同纠纷。

(四)租赁物未办理登记公示手续

融资租赁关系中租赁物所有权和使用权相分离的特点,使得租赁物风险问题显得尤为突出。未办理租赁物登记公示手续,极易出现承租人擅自处分(转卖、抵押等)的情况,从而影响交易安全。

　　为防范以上法律风险,融资租赁企业需要做到:①加强对承租人、回购人、保证人的资信审查;②完善合同条款、重视解释说明;③建立承租人经营跟踪机制;④办理登记公示手续、加强对租赁物的监控等。

四、结语

　　当然,融资租赁企业也可以根据项目需要,聘请律师团队进行法律尽职调查,获取目标项目之相关资料并揭示真实客观情况,明确风险与排除风险。

"熬"了八年的小米香港上市,何时重启 CDR 仍是未知数

2018 - 07 - 10

小米上市的事儿,相信地球人都知道。2018 年 7 月 9 日,小米在港交所正式挂牌上市,成为港股新规"同股不同权"政策下的第一股。

为了给上市造势,此前小米已经开启了持续多日的预热活动,但让人略感尴尬的是,小米首日的开盘价就跌破发行价,报 16.6 港元,比 17 港元的发行价跌了 2.35%。

除了"破发",还有更多人把关注的焦点放到了小米的 CDR 发行上——本计划尽早乘 CDR 之东风的小米,却在审批关口突然改变策略紧急撤回。

在昨天接受记者采访的时候,雷军也免不了被问到这一问题。"机智"的雷军给出了滴水不漏的答案:"我们两周前跟证监会反复沟通后,达成一致,决定暂缓。我们先上港股,等港股运转合适后,再上 CDR。原因是,CDR 是很重要的试点,要确保万无一失。同时上港股和 CDR,现在不是最佳时间点。"

想从大佬嘴中撬出真话,确实比较难。笔者就和大家来聊聊这个让小米"拿不起又放不下"的 CDR。

一、 证监会修路,企业家们还不赶紧练车?

什么是 CDR?根据证监会《存托凭证发行与交易管理办法(试行)》(以下简称《管理办法》)的规定,CDR(中国存托凭证,Chinese Depository Receipt)是指由存托人签发、以境外证券为基础在中国境内发行、代表境外基础证券权益的证券。换言之,CDR 就是实现在境外(包括中国香港)上市的公司将部分已发行上市的股票在中国境内 A 股市场上市、以人民币交易结算、供国内投资者买卖的投资凭证。

讨论 CDR 之前，先看一组背景资料：

管理层发声：

国务院总理李克强：支持优质创新型企业上市融资。

证监会副主席姜洋：证监会将出台措施支持新经济企业上市。

证监会副主席阎庆民：证监会对新经济企业上市制度改革有很多创新。

深交所总经理王建军：腾讯没在深交所上市，我们一直在反思制度问题，将对"独角兽"企业在深交所上市开设绿色通道。真诚地邀请新经济企业能够留在境内，也真心地欢迎新经济企业来深交所。

企业家表态：

腾讯马化腾：条件成熟会考虑回 A 股上市。

搜狗王小川：有意愿回归 A 股，会跟着政策走。

京东刘强东：只要制度允许，我们非常愿意回来 A 股。

网易丁磊：网易将寻求在中国上市，没有计划剥离其他业务。

百度李彦宏：归国上市一直是百度的梦想，百度时刻准备着。

一边是管理层对独角兽企业表示欢迎，另一边是企业发声愿意回归或者愿意直接在 A 股上市。那么问题来了，这些独角兽企业如果注册地不在境内，又如何实现在境内上市呢？这就要请出 CDR 了。

为了助推"独角兽"的回归，2018 年 6 月 6 日深夜，证监会发布《管理办法》及相关配套措施等九份规章与规范性文件，对于 CDR 发行与上市等细节问题予以明确规定。根据规定，6 月 7 日起，符合标准的创新型企业即可向证监会递交 CDR 发行申请材料。

二、小米 CDR 发行：从火速上会到突然熄火

政策刚落地，小米就递交了首次公开发行存托凭证并上市的申请，其后的 12 天里，小米开启了狂飙模式，眼看就要刷新富士康 IPO 的火箭速度。然而，就在沪深交易所全部做好准备的时刻，小米却选择为"CDR 第一股"之旅按下暂停键。

小米的 CDR 之路：

6 月 7 日　小米向证监会提交了首发申请材料。当天，证监会接收并受理了小米的首次公开发行股票并上市申请。由此，小米成为 CDR 试点的第一单。

6月14日　证监会官网披露了小米CDR反馈意见以及小米更新后的CDR招股书。

6月15日　据证监会网站消息,第十七届发行审核委员会定于2018年6月19日召开2018年第88次发行审核委员会工作会议,审核小米集团公开发行存托凭证申请。

6月19日　小米官方微博发布消息称:公司经过反复慎重研究,决定分步实施在中国香港和内地的上市计划,即先在香港上市之后,再择机通过发行CDR的方式在内地上市。

小米为何在只差临门一脚的时候暂停发行CDR?对此,业内人士猜测不断,其中比较主流的有以下四个观点:

① 小米对目前在A股上市的估值不满意;

② 在证监会"2万字84问"的"穿透式审问"下感到了超出预期的压力;

③ 在目前A股对风险极其厌恶的情绪下,贸然发行CDR要面临很大的市场波动风险,这可能也是小米的短期顾虑之一;

④ 小米选择先去H股IPO,再择机CDR,这样"走一步看一步"的做法比较保险。

三、解读CDR:如何才能拿到入场券

由此可见,回归的理想是美好的,但现实却需要直面。CDR虽然火,但这波热点也不是什么公司都能蹭的。

(一) CDR的发行条件

相对于股票发行,存托凭证发行条件较为宽松,没有最低市值的限制,为更多公司通过存托凭证的方式回归股市带来机遇。

参见《管理办法》第五条公开发行以股票为基础证券的存托凭证的,境外基础证券发行人应当符合下列条件:

1.《证券法》第十三条第(一)项至第(三)项关于股票公开发行的基本条件;

2. 为依法设立且持续经营三年以上的公司,公司的主要资产不存在重大权属纠纷;

3. 最近三年内实际控制人未发生变更,且控股股东和受控股股东、实际控制人支配的股东持有的境外基础证券发行人股份不存在重大权属纠纷;

4. 境外基础证券发行人及其控股股东、实际控制人最近三年内不存在损害投资者合法权益和社会公共利益的重大违法行为；

5. 会计基础工作规范、内部控制制度健全；

6. 董事、监事和高级管理人员应当信誉良好，符合公司注册地法律规定的任职要求，近期无重大违法失信记录；

7. 中国证监会规定的其他条件。

（二）CDR 试点企业的标准

同日发行并实施的《试点创新企业境内发行股票或存托凭证并上市监管工作实施办法》规定，试点企业应当是符合国家战略、科技创新能力突出并掌握核心技术、市场认可度高，属于互联网、大数据、云计算、人工智能、软件和集成电路、高端装备制造、生物医药等高新技术产业和战略性新兴产业，达到相当规模，社会形象良好，具有稳定的商业模式和盈利模式，对经济社会发展有突出贡献，能够引领实体经济转型升级的创新企业。

试点企业可以是已在境外上市的红筹企业，或尚未在境外上市的企业（包括红筹企业和境内注册企业）。

已境外上市的试点红筹企业，市值应不低于 2000 亿元人民币。该市值按照试点企业提交纳入试点申请日前 120 个交易日平均市值计算，汇率按照人民银行公布的申请日前 1 日中间价计算。上市不足 120 个交易日的，按全部交易日平均市值计算。

尚未境外上市的试点企业，应符合下列标准之一：

1. 最近一年经审计的主营业务收入不低于 30 亿元人民币，且企业估值不低于 200 亿元人民币。

2. 拥有自主研发、国际领先、能够引领国内重要领域发展的知识产权或专有技术，具备明显的技术优势的高新技术企业，研发人员占比超过 30%，已取得与主营业务相关的发明专利 100 项以上，或者取得至少一项与主营业务相关的一类新药药品批件，或者拥有经有权主管部门认定具有国际领先和引领作用的核心技术；依靠科技创新与知识产权参与市场竞争，具有相对优势的竞争地位；主要产品市场占有率排名前三，最近三年营业收入复合增长率 30% 以上，最近一年经审计的主营业务收入不低于 10 亿元人民币，且最近三年研发投入合计占主营业务收入合计的比例10%以上。对国家创新驱动发展战略有重要意义，且拥有较强发展潜力和市场前景的企业除外。

四、回归之路还有这些障碍需要突破

不得不说，《管理办法》赚足了关注度，其原因在于CDR的发行可以带来巨大的经济效益，但是，CDR本身及现今制度下我国发行CDR还存在着一定的障碍。

（一）市场监管障碍

CDR作为一个创新金融品种，其发行会涉及许多方面的问题，特别是在证券监管不完善的情况下推出会产生较大的风险。近年来，我国虽然不断加大金融监管力度，监管水平也日益提高，但综观我国当前的证券市场，缺陷还是较为明显：①"政策市"的问题未能有实质性的改观；②上市公司信息披露还存在着不规范的现象，虚假信息多；③证券管理层对徇私舞弊的调查和惩罚力度还不够；④上市公司和中介机构存在着一定的诚信缺失，等等。由于CDR的发行公司主要是按照境外证券市场的规定运行和披露信息，而不一定符合内地的监管要求和惯例，客观上就给内地监管部门的监管增加了难度。并且由于发行公司同时在两个市场融资，监管时也就有赖于双方及多方市场监管部门的协作和分工，协调不好则会出现"监管真空"的现象。

（二）法律规制障碍

CDR业务的运作涉及投资者、存托人、托管人、存券信托公司以及经纪人等不同的利益主体，需要有较为完善的法律制度作为保障。

《关于开展创新企业境内发行股票或存托凭证试点的若干意见》明确，存托协议应约定因存托凭证发生的纠纷适用中国法律法规规定，由境内法院管辖。但基于CDR参与主体的广泛性，CDR法律关系复杂，涉及国家地区和主体众多，产生法律争议时，会涉及复杂得多的法律适用问题，如发行人与存托机构之间股权投资争议、基础证券发行交易争议、CDR发行交易争议、红筹公司治理争议等，法律适用都存在差异和交织，都需要明确。此外，在发生民事争议诉讼时，财产所在地、公司注册地、CDR发行地都有可能主张司法管辖权，产生复杂的管辖权冲突问题。为此，必须对有关法律适用和管辖问题加以明确，避免在

当事人发生法律争议时缺乏相应的解决法律及管辖权冲突的原则和依据。

（三）外汇体制障碍

我国目前的外汇制度尚未允许人民币在资本项目下自由兑换。然而基础股票与 CDR 分别处于不同的市场之中,并且市场之间相互割裂,这样会导致基础股票与 CDR 之间的转换出现困难;另外,由于内地市场相对较高的市盈率,就会形成同股不同价的情形,使 CDR 失去原有的性质。

（四）存托机构障碍

在 DR(存托凭证,Depository Receipt)的设计中,存托机构负责发行或取消存托凭证、发放股利、提供发行公司信息及担保等一系列业务。因此存托机构的作用举足轻重,有无高水平的存托机构将直接影响到 DR 的运作及作用的发挥。

ADR(美国存托凭证)中,存托机构一般由美国跨国金融机构担任。《管理办法》规定中国证券登记结算有限责任公司及其子公司、经国务院银行业监督管理机构批准的商业银行及证券公司可以担任存托机构。相对于国际大型金融集团而言,我国银行业水平整体还较弱。

五、结语

随着 CDR 即将正式落地,A 股的市场热情应该也会再一次被点燃。需要正视的是,在保留 VIE 架构发行 CDR 方式下,一方面公司主体在外、资产在外、控制权在外等问题仍然存在,VIE 的风险问题、安全问题没有得到根本解决;另一方面,CDR 模式将国内投资者利益进一步捆绑,境外机构更易通过负面攻击等方式影响相关公司股价、影响国内资本市场稳定和国内投资者利益,进一步加大了安全风险,反而成为国家经济安全博弈的软肋。

总之,独角兽们通过 CDR 回归 A 股,有利好也有挑战。具体会怎样发展,时间会给出答案。

不仅仅是一场原创与盗版的博弈,背后的法律知识你了解多少?

2018 - 07 - 15

有人说,《我不是药神》很可能是 2018 年最有价值的中国影片。其豆瓣评分也曾一度蹿上 9 分。犹记得上一部超过 9 分的华语电影,还是 2002 年的《无间道》,至今已过去整整 16 年。

是不是最有价值,每个人都有自己的评判标准。但不可否认的是,《我不是药神》确实引起了一场全民热议。有的人笑着笑着就哭了,有的人哭着哭着就愤怒了,更多的人,开始思考和发问:

中国人为什么用不上平价救命药?

仿制药,为什么印度行,中国不行?

保护专利难道只有高价这一条出路?

……

一、杀人的,是医药专利权?

"我病了三年,4 万块钱一瓶的正版药,我吃了三年,房子吃没了,家人被我吃垮了。"——《我不是药神》

电影中最让人印象深刻的是高价专利药面临的情与理的困境:没有人愿意死,但没有钱,只能死。正版专利药一年吃穷一个家庭,仿制药仅为专利药价格的二十分之一,但因为没有药监局批准,在国内属于违禁药品,无法通过合法渠道购买。

甚至,有人说:"杀人的,是医药专利权"。医药专利有错吗?

新药研发投入成本是巨大的,研究和临床试验动辄花费十几亿美元,同时要承受高风险和大量失败。药企在药品上市前的投入需要从后续市场上得到补偿,只有通过专利保护,才能鼓励药企创新的积极性,鼓励新药研发。

公司名称	股票代码	被批准的药品数量	每种药的研发投入(亿美元)	总研发投入(亿美元)
阿斯利康	AZN	5	117	589
GSK	GSK	10	81	817
赛诺菲	SNY	8	79	632
罗氏	RHHBY	11	78	858
辉瑞	PFE	14	77	1081
强生	JNJ	15	58	882
礼来	LLY	11	45	503
雅培	ABT	8	44	359
默沙东	MRK	16	42	673
雅培	BMY	11	41	456
诺华	NVS	21	39	836
安进	AMGN	9	36	332

根据福布斯公布的全球主要跨国药企近年研发支出,诺华公司2007年到2011年之间的研发成本是836亿美金,然而被批准上市的药只有21种,而且并不是每一种都能卖出好价格的。格列卫这样的研发周期和投入,如果没有专利,估计就再也没有企业愿意生产了。

影片刻意将药企代表作为隐性的反面角色,是一叶障目不见森林的恶意遮蔽,这是本片中最大的硬伤。事实上,对原研药缺乏专利保护的印度,其药企除了能生产仿制药以外,基本上已经自废了自主研发的武功。而在欧美,其蓬勃的研发实力一直占据着药品研发的前沿,与其运行良好、高效的专利保护制度不无关系。所以,作为研发者的药企即便是救命药卖高价,也真的没有原罪。

二、怎样才能吃上平价专利药?

那么,通过正规渠道购买的专利药,怎样才能降到"亲民价格"呢?

专利药的降价一般有4种途径：

(1) 随着专利到期，仿制药进入市场，药价一般会降到原来的20%；

(2) 跟印度一样，实施对于药品的强制许可；

(3) 政府通过相关政策及医保谈判，降低药品价格；

(4) 去掉人为的中间环节，"没有中间商赚差价"。

我们先来谈谈第一个途径：等专利到期。药品专利的保护有一定期限，和其他专利一样是20年的保护期，但药品和其他商品不同的是，其开始申请专利时是化合物，需要经过病理、毒理实验、临床、审批等漫长的周期才能成为药品上市，所以实际上药品的专利保护期从其成为药品（可上市流通）之日起算是不足20年的。

2013—2020年，全球每年专利到期品种平均超过200个，其中不乏明星品种。2014年，全球有326个原研药的专利到期，都可以合法仿制。仿制药在专利到期之前就可以研制，但只有等专利到期了才能获准上市。对于一个病人来说，每一分每一秒都代表着生命，等专利到期降价？病人不敢等，也等不起。

仿制药，为什么印度行，中国不行？对印度人而言，原版药价格高昂并不十分要紧，因为印度实行了一套独特的制度来保证仿制药的生产，使得印度成为世界公认的仿制药第一大国。其中一项就是"药品专利强制许可"。

所谓"药品专利强制许可"，简单来讲，就是当重大公共健康危机发生——比如说传染病、发病率高的重大疾病，而该国又没有能力生产"救命药"时，就可以通过一系列法律框架和谈判，强行取得专利。

印度仿制药出口量约占全球20%。2016年，印度出口仿制药价值168.9亿美元，增速为9.44%；预计到2020年，印度仿制药出口额将达到400亿美元。

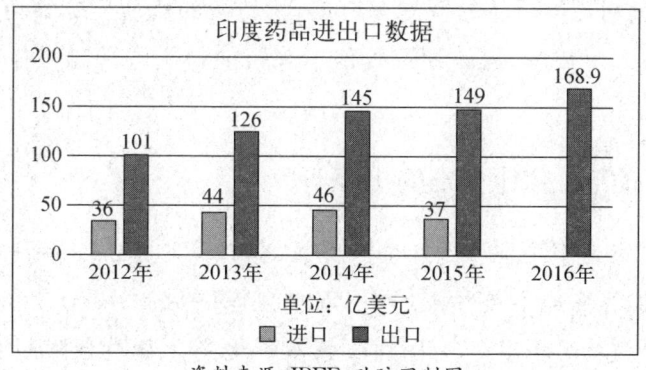

资料来源：IBEF，动脉网制图

早在 2006 年 1 月,中国就通过了《涉及公共健康问题的专利实施强制许可办法》。2015 年,卫计委又出台了《关于印发中国癌症防治三年行动计划(2015—2017 年)的通知》,其中提到了"探索通过利用专利实施强制许可制度提高药物可及性的可行性,国内尚不能仿制的,通过建立谈判机制,降低采购价格,加快国内相关药品上市速度"。

按理说,中国可以拥有跟印度一样强大的"药品专利强制许可"谈判能力。不过,由于各方利益难以平衡,这项规定在中国《专利法》颁布 30 年以来,一次都没有被实践过。

法的本质在于其施行,而这一制度 30 年来并没有先例,理论界一直在探讨修改《专利法》的这一条文,降低强制许可的实施门槛,使之在现实中具有更强的可操作性,同时也可以在国外原研药进入中国市场时,增加中国方面的议价能力。

三、纳入医保就可以"高枕无忧"?

《我不是药神》电影片尾,伴随一句"没人再会用那印度药了,格列宁进医保了",医保似乎成了新一代"药神"。医保坐拥团购优势又互济互助,能压价、可兜底,买不起药找医保,似乎是再简单不过的逻辑。

随着"慢粒"被国家纳入大病保障和救助试点范围,好几个省份都已经将格列卫纳入新农合医保报销范围。如果在买三送九的基础上,负担进一步能降到每年 3 万元左右,那么对于大多数家庭,都可以勉力负担得起。

根据江苏省人力资源厅 72 号文件精神,格列卫已纳入江苏医保,在南京和苏州等城市患者已享有报销政策。然而,因为各地每年医保可报销的总经费是固定的,且各地对乙类药品的调整权有限,将昂贵的格列卫专利药品纳入报销的范围会挤占大量费用,从而导致其他本来可能报销的药品被排除出医保的范围。

四、那么,还有什么别的出路吗?

如果只是寄希望于现行的社会医保靠增加筹资、提高待遇来解决一切,显然是不现实的,光从药品入手解决这一现象也是不够的。

医药体制改革环环相扣,有医疗服务体系(医疗)、医疗保障制度(医保)、医药生产和流通体制(医药)。"三医联动"成为国家深化医改的核心,虽然我国人口基数大,但已基本实现医疗保险覆盖,只是保障水平还比较低。

适时探索医保支付方式改革,对住院医疗服务、基层医疗服务等服务项目采用不同支付方式。对诊疗方案和出入院标准比较明确、诊疗技术比较成熟的疾病实行按病种付费,探索建立按疾病诊断相关分组付费体系。建立更持续的基本保险筹资机制,引导医疗项目价格合理形成。

五、结语

儿时记忆中,门前有家小药铺,门口对联上写着"只愿世间无疾病,何愁架上药染尘"。这与片尾程勇在法庭上的那段独白何其相似:

"今后都会越来越好吧,希望这一天早点来。"

这句话给生而为人的无力透出了一道光,只希望,这样的电影多一部是一部,向着美好,走一步是一步。

股东会决议有瑕疵？不想利益被侵犯，三大"救命法宝"看过来

2018 - 09 - 10

电视剧中经常会出现以公司的权力争夺为背景的剧情，现实世界则更加精彩。近年来，通过钻"股东会决议"的空子侵犯其他股东的案例越来越多：比如大股东利用优势地位做出损害他人利益的股东会决议；再比如冒充他人在股东会决议中的签字非法牟利的……面对这种有瑕疵的股东会决议，我们究竟应该如何维权？谢菊萍律师来支招。

一、没参加公司股东会，股权却被稀释40%

小张最近很苦恼。由于当初甲公司经营过程中出现了资金链断裂的情况，为获取投资人的资金，小张被吸收成了公司股东，占股比例达到了60%。但小张的本职工作是从事金融方面的业务，并不实际参与甲公司的经营和管理。

前不久，律师因其他事务做尽调时，意外发现小张在甲公司的股权比例为20%。这下小张彻底懵圈了，为何自己没有参加过股东会会议，也并未在股东会决议中签过字，股权却因为自己毫不知情的增资被稀释了那么多？

在去工商部门调取了公司工商底档后，小张发现公司增资的工商手续齐全，但问题是股东会决议、公司章程修正案等文件上的签字均非其本人签字，是别人冒名顶替的签字。

像小张这种只投钱不主动参与经营的投资者比比皆是，他们往往不会在第一时间知道自己的股东权益被侵害了，当发现时早已生米煮成熟饭。

小张拿着别人模仿签字的股东会决议一时陷入了困局：工商登记早已变更了，他该怎么维权呢？官司肯定要打，但是又该怎么打？股权莫名缩水，小张一筹莫展。如果你和小张一样遇到有人冒充你在股东会决议中签字，该怎么办呢？

二、这三个"救命法宝"了解一下

股东会的进行要遵循程序严谨、内容合法的要求，但事实上并非每一次股东会的程序与内容都完美无瑕，股东会决议总会或多或少存在瑕疵。（想必这其中的弯弯绕大家都懂。）

如果遇到和小张一样的情况，莫慌莫急，决议出现瑕疵后想得到最准确有效的司法救济，有三种"救命"方式你需要了解一下。

对不少股东而言，2017年9月1日无疑是值得撒花庆祝的一天，新生效的《公司法》解释（四）设置了"决议不成立"之诉，将决议不成立作为一种独立的瑕疵决议效力类型。自此它与《公司法》第22条规定的"确认决议无效"之诉及"决议撤销"之诉一起，构成了决议效力瑕疵的三大司法救济支柱。

这三大决议效力瑕疵的司法救济途径，倒逼公司决策的民主性、严谨性与合法性，力求实现公司治理的有效性，同时也是权益受到侵害股东的救生圈。

"决议不成立""确认决议无效""决议撤销"，看到这里，或许会有不少人脑袋都大了：这三个条款长得像孪生兄弟一样，到底怎么区分，又怎么使用呢？

确实，对于股东来说，如何准确适用法律、如何确定诉讼地位、何时起诉受保护等，都是设置在他们面前的难题。如果诉请错误，极有可能面临需要撤诉或是被驳回诉讼请求的尴尬局面。笔者做了一个"三大司法救济对比表"给大家，作为判断提起何种诉讼的依据之一。

救济方式	可撤销	无效	不成立
主要法律依据	《公司法》第二十二条第二款；《公司法》司法解释（四）第四条	《公司法》第二十二条第一款	《公司法》司法解释（四）第五条

续表

救济方式	可撤销	无效	不成立
法定情形	1. 股东会或者股东大会、董事会的会议召集程序、表决方式违反法律、行政法规或者公司章程，或者决议内容违反公司章程的，但会议召集程序或者表决方式仅有轻微瑕疵，且对决议未产生实质影响的除外； 2. 决议内容违反公司章程	公司股东会或者股东大会、董事会的决议内容违反法律、行政法规的无效	1. 公司未召开会议的，但依据《公司法》第三十七条第二款或者公司章程规定可以不召开股东会或者股东大会而直接作出决定，并由全体股东在决定文件上签名、盖章的除外； 2. 会议未对决议事项进行表决的； 3. 出席会议的人数或者股东所持表决权不符合《公司法》或者公司章程规定的； 4. 会议的表决结果未达到《公司法》或者公司章程规定的通过比例的； 5. 导致决议不成立的其他情形
时效问题	60天除斥期间	决议无效之诉，在实体法上属于形成权，在程序法上属于确认之诉，决议无效之诉一般不应适用诉讼时效制度	并未明确规定，目前存在争议
诉讼地位	1. 原告：仅限于股东且在起诉时保有股东资格； 2. 被告：公司； 3. 第三人：决议涉及的其他利害关系人	1. 原告：包括股东，也包括董事监事等； 2. 被告：公司； 3. 第三人：决议涉及的其他利害关系人	1. 原告：包括股东，也包括董事监事等； 2. 被告：公司； 3. 第三人：决议涉及的其他利害关系人

值得留意的是《公司法》解释（四）第四条引入了合理容错机制。股东请求撤销决议时，倘若"会议召集程序或者表决方式仅有轻微瑕疵，且对决议未产生实质影响的，人民法院不予支持"。这意味着法院不允许个别股东吹毛求疵，随意动摇公司决议效力，也避免了司法资源的浪费。

三、法律延伸：股东会决议到底应该怎么做？

（一）如果你是负责召开股东会议的股东

在目前的司法实践中，法院在判断股东会决议无效、不成立或是可撤销的审查重点在于股东会决议的召开、形成是否符合法律法规和章程的规定。如果你负责召开股东会议的话，程序无瑕疵就至关重要，就有限责任公司股东会会议的召开而言，下面的知识点是你必须要知道的。

会议形式		召集条件
首次股东会议		由出资最多的股东召集和主持
临时会议		代表 1/10 以上表决权的股东，1/3 以上的董事，监事会或者不设监事会的公司的监事提议召开
定期会议	设董事会的	股东会会议由董事会召集，董事长主持；董事长不能履行职务或者不履行职务的，由副董事长主持；副董事长不能履行职务或者不履行职务的，由半数以上董事共同推举一名董事主持
	不设董事会的	股东会会议由执行董事召集和主持
	监事会或监事	董事会或者执行董事不能履行或者不履行召集股东会会议职责的，由监事会或者不设监事会的公司的监事召集和主持；监事会或者监事不召集和主持的，代表 1/10 以上表决权的股东可以自行召集和主持

以上为《公司法》规定的条件，但如果公司章程对股东会召开时间及次数有特别约定的，以公司章程为准。

除了上述召集条件以外，股东会会议召开的整个流程活动包括但不限于：收集会议议题，确定会议议题，制作议案，发出会议通知和议案，预定会议室，参会人员的会前提醒，提前安排外地股东、董事、高管行程，会议资料准备，会议室提前调试，会场布置，资料准备，股东签到，统计到会股东人数及股份数额，分发表决票、纪要，收取表决票、计票、监票、统计票数，完成决议、纪要，主持人宣读决议并询问股东是否有异议，股东及股东代表在决议、纪要上签字，会场清理，会后重要事项，会议资料整理归档，决议执行情况跟踪，等等。这些都需要符合法律及公司章程的规定。

（二）如果你是参加会议的投资人股东

那么下面几个问题你需要格外留意：

1. 股东会议题

股东会的议题包括决定公司的经营方针和投资计划，选举和更换非由职工代表担任的董事、监事，决定有关董事、监事的报酬事项，审议批准董事会的报告，审议批准监事会或者监事的报告，审议批准公司的年度财务预算方案、决算方案，审议批准公司的利润分配方案和弥补亏损方案等属于股东应行使权力的内容。

股东会议题需要符合公司法及公司章程规定，部分董事会议案通过后还应报请股东会审议通过后生效，具体以公司章程为准。如果公司股东会的决议内容违反法律、行政法规的，应提起确认无效之诉；如果决议内容违反公司章程的，则应提起可撤销之诉。

2. 表决权通过

股东会会议股东一般按照出资比例行使表决权，但是公司章程另有规定的除外。股东会的议事方式和表决程序，除《公司法》有规定外，由公司章程规定。股东尤其需要关注的是特别决议和普通决议的表决权通过问题。

股东会会议作出修改公司章程、增加或者减少注册资本的决议，以及公司合并、分立、解散或者变更公司形式的特别决议，必须经代表 2/3 以上表决权的股东通过。其他由普通决议通过的事项，须经代表 1/2 以上表决权的股东通过。

3. 是否不开会就可以形成股东会决议

《公司法》规定召开股东会会议，原则上应当于会议召开十五日前通知全体股东，但是公司章程另有规定或者全体股东另有约定的除外。有很多规模小的公司为避免麻烦和程序上的烦冗，很多股东甚至都没有见面开会，而是采取决议轮流签字的方式通过决议，那是否不开会就可以形成股东会决议呢？

答案是可以，但前提是对表决事项股东以书面形式一致表示同意的，可以不召开股东会会议，直接作出决定，并由全体股东在决定文件上签名、盖章。或是公司章程明确规定可以不召开股东会或者股东大会而直接作出决定，并由全体股东在决定文件上签名、盖章。如果发现自己的签字是被人冒名仿签的，应提起决议不成立之诉来维护自身合法权益。

华谊兄弟"解除质押—再质押"游戏继续，究竟什么叫"股权质押"？

2018-09-18

> 股权质押不是抛售股票，更不代表不看好华谊未来，也不会影响华谊兄弟的正常经营。
>
> ——华谊兄弟

2018年6月，华谊兄弟"清仓式股权质押"公告一出，立即引起广泛讨论。也让外界对此产生了诸多质疑：这是要学贾跃亭套现的节奏吗？更有自媒体爆出"大股东跑路"的说法。

自此，华谊兄弟的股价"跌跌不休"。为挽回二级市场信心，王中军曾于6月18日晚表示，计划在未来12个月内增持公司股份。三个月已经过去，王中军不仅没有增持，反而以个人融资需求为由继续玩着"解除质押—再质押"的游戏。

9月13日晚，华谊兄弟发布公告称，部分股份解除质押后，王中军和王中磊又将所持有的公司部分股份质押，质押用途是个人融资需求（拟用于项目投资及股权投资等）。那么问题来了，究竟什么是"股权质押"？为什么这个行为会引起外界如此大的反响？甚至让人认为华谊兄弟的高管要卷钱走人？

一、A股股权质押的现状

其实，股权质押是一个非常普遍的中国上市企业现象。

由于股权质押来钱快、融资成本相对更低，因而股权质押成为上市公司大股东重要的融资工具，近年来股权质押规模呈现递增趋势：截至2018年6月，A股质押总规模约5.4万亿，较去年同期增长约30%。截至6月中旬，A股上市公司中有约98%的上市公司进行股票质押。在进行股票质押的A股公司中，质押比例超过 20% 的有 1250 家上市公司,质押比例超过 50% 的有 129 家。

从 6 月份开始,市场对于股权质押的担忧不绝于耳,市场的大幅下挫使得数百家上市公司大股东股票质押触及平仓线。仅 6 月 19 日以来,就有近 100 家上市公司发布了股东补充质押的公告。其中,超过 50 家公司控股股东进行了补充质押,原因都是质押股份面临平仓压力。

(一)股权质押是什么?

所谓股权质押,也是权利质押的一种,是股东常用的一种融资手段,为的是缓解短期流动资金不足的压力。

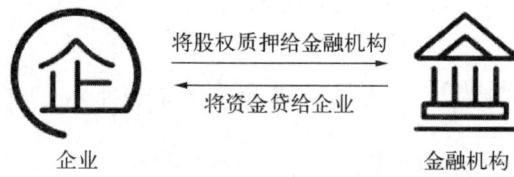

在质押过程中,金融机构为规避风险,一般会评估股权价格,在进行一定的"打折"后贷款给企业。这里就涉及了三个概念:质押率、预警线、平仓线。

质押率决定了出质人的股权质押融资额,通常公司经营越稳定、业绩越好,质押率越高。质押率说白了,就是打了个折扣,举个例子:

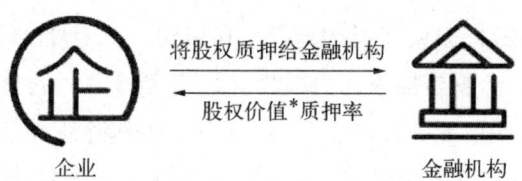

假设质押率是 40%,企业质押给金融机构的股权市值 1000 万元,那么金融机构能够提供给企业的资金就是 1000 万×40%=400 万元。

一般情况下,主板、中小板、创业板质押率分别约为 50%、40%、30%。除此之外,质押率也随交易期限、是否为限售股等情况而变化。通常来讲,限售股的平均质押率低于无限售条件股份。

由于股票质押贷款属高风险贷款业务,为控制股价波动带来的未能偿付风险,质押方还设立警戒线和平仓线。警戒线和平仓线是质押股票市值/质押融资额,警戒线一般为 1.5 倍至 1.7 倍,平仓线一般为 1.3 倍至 1.5 倍。

当质押股票市值/质押融资额小于警戒线时,质押方将通知出质人追加担保品或补充保证金,但不作强制性要求。

当质押股票市值/质押融资额小于平仓线时,质押方将要求出质人追加担保品或补充保证金,否则质押方将采取平仓措施。

举个例子:

假设质押时股价为10元,质押率是40%,预警线为150%,平仓线为130%,那么:

预警价格 = 10*40% * 150% = 6,也就是说当股价下跌40%,到6元每股时,机构就会要求大股东补仓了。

平仓线算法相同,当股价达到平仓线,但大股东无法补仓也没有办法赎回的时候,机构就会将股票放到二级市场进行交易。

公司股东也会通过补充标的证券及其他质押物、合同延期、展期等方式避免被强平。最近就有上市公司因股价连续下跌,股权质押已突破平仓线,公司股东开始积极与质权人进行磋商签署补充协议,通过追加商业用房、住宅等质押物来应对平仓风险。

理清了股权质押的概念,再给大家科普下股权质押中的两个要点:① 股权质押的限制条件;② 股权质押的相关政策。

(二)股权质押的限制条件

可分为直接限制和间接限制。

1. 直接限制即直接对质押的股权或者质押条件进行法律限制

如规定:

(1)公司不得接受本公司的股票作为质押权的标的;

(2)管理层受让企业国有产权时,不得向包括标的企业在内的国有及国有控股企业融资,不得以这些企业的国有产权或资产为管理层融资提供质押;

(3)国有股东授权代表单位持有的国有股只限于为本单位及其全资或控股

子公司提供质押,用于质押的国有股数量不得超过其所持该上市公司国有股总额的50%,且必须事先进行充分的可行性论证,明确资金用途(不得用于买卖股票)、制订还款计划,并经董事会(不设董事会的由总经理办公会)审议决定;

(4) 外商投资企业的投资者不得质押未缴付出资部分的股权,经企业其他投资者同意质押股权的,还须经审批机关批准和备案,否则质押行为无效。

2. 间接限制,主要表现为我国对股权转让的限制

由于股权质押的潜在后果,就是在债务人不偿还债务时,可以折价或者拍卖或协议转让出质股权,因此,股权质押与股权转让两者密不可分,"依法可以转让"是股权质押的必要前提。但基于法人治理、国有资产保值、国家经济安全等考虑,我国《公司法》以及外商投资、证券监管及国有资产管理等部门对股权转让进行了诸多限制,客观上起到了限制股权质押的后果。

因此,要有效设定股权质押,各方就必须认真对待上述及类似有关股权质押与转让的法律限制。而由于股东可通过公司章程依法限制股权转让和股权质押,质押各方还必须同时审查公司章程。否则,整个担保方案可能因质押合同或股权出质的效力问题而功亏一篑。

(三) 股权质押的相关政策

1. "四条警戒线""新老划断"

2018年1月12日,上交所、深交所与中国证券登记结算有限责任公司发布《股票质押式回购交易及登记结算业务办法(2018年修订)》,并于3月12日起正式实施。新规最值得注意的是对股票质押划定的"四条警戒线",即股票质押率上限不得超过60%;单一证券公司、单一资管产品作为融出方接受单只A股股票质押比例分别不得超过30%、15%;单只A股股票市场整体质押比例不超过50%。

为减轻对存量业务的影响,将适用"新老划断"原则,相关修订内容仅适用于新增合约,此前已存续的合约可以按照原有规定执行和办理延期,不需要提前了结。

2. 质押融资面临更多限制,拓展融资渠道成一大问题

5月30日证券业协会发布通知,要求证券公司、证券公司子公司及其管

的集合资产管理计划或定向资产管理客户,不得作为融出方参与场外股权质押交易;不得提供上市公司股票质押融资的第三方中介服务。

通知自发布之日实施,存续合约可以延期购回,期限不超过1年。今年1月的新业务办法提高场内业务门槛,对质押率、质押比例、资金用途均有严格规范要求。而5月的通知推动质押融资交易向标准化发展,抑制高风险标的融资杠杆。

未来上市公司在股票质押方面将面临更多限制,融资难度进一步加大,通过质押手段获得融资的总规模预计也会有所收窄。对于此前股权质押融资依赖度较高的企业而言,在现有合约陆续到期的情况下,如何拓展融资渠道成为一大问题。

二、高比例股权质押缘何出现? 两个字:缺钱!

股权质押的根本目的是为了什么?答案自然是为了融资借钱。知道了这一点,也就解开了上市公司大股东高比例股权质押的原因:

(1) 市场环境差,直接融资变得异常困难;

(2) 减持新规发布,大股东二级市场直接套现路径基本被堵死;

(3) 高杠杆运作是中国企业的常态;

(4) 中小创公司享有的高估值和高市值让大股东将风险置之度外。

股权质押融资本身并没有问题,就像普通投资者信用卡消费一样,问题就在于你不能过度消费。A股上市公司的股权质押问题也是出在了"过度"二字上,质押比例太高了。

三、高比例股权质押的风险? 一个字:高!

股票质押作为常见的融资手段,能增加股东的资产流动性,但过高比例的股权质押往往潜藏信用风险,尤其是当资本市场波动加大时,企业面临的风险将加速暴露。

1. 股价剧烈波动影响投资者利益

股权质押一定是和股价挂钩的,但股价接近平仓线的时候,很容易出现股价的剧烈波动,影响包括大股东在内的所有股东利益。

2. 股价下跌影响大股东流动性

股价下跌超过平仓线的时候,大股东有几个途径可以避免强制平仓,追加保证金、增加抵押品、重复质押,无论哪一条都需要大量资金作为后备力量,这对大股东流动性提出了极大考验。例如,ST信通自2017年12月27日复牌以来连续跌停,公司公告称已触及警戒平仓线,截至发稿,六连一字跌停板成交量仅日均30万,流动性极差,市场抛售压力剧增。

3. 股价下跌影响上市公司控制权

一旦大股东没有新的资金追加保证金或者新的抵押物出现,就不得不强制卖出股票来还钱。这样大股东持股比例就会下降,对上市公司的控制权也就会大大减弱甚至出现控股权变更。例如,此前ST山水的实际控制人黄国忠质押了所有的股权,却无力偿还债务,股权被强制执行拍卖,导致公司实际控制人发生转移,公司经营业绩出现了明显的下滑,从而引发股价进一步下跌。

4. 引发资本市场恐慌

一旦大股东高比例股权质押融资投资的项目没有达到预期,势必让投资人对上市公司发展失去信心。而在弱势市场环境中,股票大范围下跌导致高比例股票强制平仓,引起投资者的恐慌情绪,这就是为什么市场上的"闪崩股"越来越多的原因。

5. 公司再融资风险

正如之前所说,过高的质押比例会使控股股东处于控制权转移的风险中,因此当财务状况健康时,控股股东大概率不会选用此种明显激进的质押比例。换句话说,如果控股股东的质押比例过高,则很有可能是因为其穷尽了其他的融资方式,公司之后的再融资能力令人担忧。

四、如何化解风险?

实践中资金融出方主要通过与融入方协商,通过以下几种方式进行处理,在一定时间内逐步化解风险:(1)及时筹集资金回购质押股票;(2)及时补充质押物;(3)合同延期;(4)实施临时停牌,控制风险发展,赢得筹资时间,但复牌后,风险可能加大。

最终确实需要进行违约处置的,受股份减持规定等因素影响,直接从二级市场减持的金额较为有限。对于最终确需处置的交易,证券公司也不会简单通过二级市场"一平了之",更倾向于寻找有意整体承接股权的主体,通过协议转让达成交易。

如果相关股份仍处于限售期，短期内是无法通过集中竞价卖出的方式进行处置的。对于可以通过集中竞价处置的股份，对5%以上股东、董监高、特定股东的违约处置，仍需遵守上市公司股份减持规定中关于减持时间、比例和信息披露等方面的要求。

> 正常情况下，股权质押对出质人、质权人而言都是很好的选择，有着广泛的应用前景，但高比例的股权质押又会使各方主体面临风险，不管是出质人、质权人还是普通投资者都应谨慎面对。一旦面临风险，资金融入方与融出方也可以通过协商处理逐步化解风险，尽可能减少双方的损失。质押新规出台后，限制更多，融资难度更大了，某些依赖股权质押融资的企业感受到了压力，但同时也是新的契机，建议积极拓宽融资渠道，减少对某一种融资方式的依赖性。